国信研究院丛书

投资非洲

王 胜 胡 剑 主审
袁蔡群 李 强 张海平 主编

中国建筑工业出版社

图书在版编目（CIP）数据

投资非洲 / 袁蔡群，李强，张海平主编 . — 北京：中国建筑工业出版社，2019.11
（国信研究院丛书）
ISBN 978-7-112-24355-6

Ⅰ. ①投… Ⅱ. ①袁… ②李… ③张… Ⅲ. ①对外投资—直接投资—研究—中国②中外关系—对外援助—研究—非洲　Ⅳ. ① F832.6 ② D822.24

中国版本图书馆 CIP 数据核字（2019）第 224200 号

责任编辑：牛　松　冯江晓　张国友　赵梦梅
责任校对：赵听雨

国信研究院丛书
投资非洲

王　胜　胡　剑　主审
袁蔡群　李　强　张海平　主编

*

中国建筑工业出版社出版、发行（北京海淀三里河路9号）
各地新华书店、建筑书店经销
北京点击世代文化传媒有限公司制版
北京建筑工业印刷厂印刷

*

开本：787×1092 毫米　1/16　印张：21　插页：2　字数：306 千字
2020 年 5 月第一版　　2020 年 5 月第一次印刷
定价：68.00 元
ISBN 978-7-112-24355-6
（34852）

版权所有　翻印必究
如有印装质量问题，可寄本社退换
（邮政编码 100037）

国信研究院丛书

《投资非洲》编委会

主　审：王　胜　胡　剑

主　编：袁蔡群　李　强　张海平

编　委：梁莺莺　周　楠　王　佳　董　瑞

　　　　张莹莹　文　飞　卢静静　窦文苹

　　　　魏玉洁　王养军　李焕英　王晨瑶

　　　　白　璐　石高飞　李　论　黄大辉

　　　　董亚楠　王　盈　李　娜　李　欣

　　　　陈轩雯

作者简介：

袁蔡群

国信招标集团股份有限公司国际业务总监。高级经济师、注册咨询工程师（投资）、FIDIC认证咨询师。毕业于哈尔滨工业大学（工学学士），清华大学（管理学硕士、博士）。主要致力于我国对外援助项目、政策性银行贷款项目、企业对外投资项目的机会识别、可行性研究论证、质量管理评估以及项目建成后的绩效评价、后评估工作。

前　言

在过去十多年间，非洲大陆有力地扭转了自己的命运，在这个地区，许多国家正受益于令人瞩目的经济增速和稳定的宏观经济环境，这其中离不开中国企业的身影和贡献；而"一带一路""构建人类命运共同体"等倡议和实践，进一步将国人的目标聚焦到这片广袤的大地。

作为人类的发源地，人类曾经无数次尝试走出非洲，上百万年前，"直立人"就从非洲扩张到亚欧大陆，"尼安德特人"四十万年前就生活于欧洲，然而后来这些人种都灭绝了；十二万年前，现代人类的祖先"智人"再一次走出非洲，进入两河流域，但约八万年前，他们也消亡了，又过了两万年，"智人"再一次踏上走出非洲的征程，这一次，他们成功了，成功的走到世界各地，约五万年前进入中国南部，约四千年前，驾驶着独木舟把茫茫太平洋上的诸多岛屿——变成家园。

百万年前的光荣与梦想，一直照耀着非洲大地，然而这块曾经承载着人类共同命运的大陆，在漫长的时光和时代的演变中衰落了，战乱与纷争、贫穷与饥饿、羸弱的身体、渴望的眼神，令全世界为之叹息，但是，非洲以及非洲大陆上的生灵脉动从未停歇，纵使时光不再眷顾这块土地，纵使黄沙肆虐，恩贡山下清朗安逸的农场、马赛马拉国家公园奔腾的猎豹、赞比西河上霹雳般的维多利亚瀑布、非洲高原上耸立夺目的乞力马扎罗依然在迎接每一个日出日落，即使是撒哈拉，也有动人的爱情和撒哈拉威人质朴的渴望。

在这顽强的脉动中，希望的嫩芽悄悄萌发，在人类的又一个千年，非洲大地也迎来了新生，十多年来的发展，让这个世界上人口最年轻的大洲焕发了活力。作为非洲人民一直以来的好朋友，中国正积极发挥自己的力量，帮助建立一个繁荣的非洲，目前有上百万中国人在非洲大地挥洒汗水，而这百万人背后凝聚了中国政府以及无数同事、亲友们的支持，继坦赞铁路、蒙内铁路后，非洲第一条电气化铁路亚吉铁路在中国的帮助下投入运行，中国的工程队、医疗队、农业技术专家、技术合作专家在各个领域为非洲提供无私的支持，中国的企业也在非洲落地生根，建立了现代化的科技园、工业园，现代化的企业，现代化的农产品加工车间，利用政企合作的形式帮助非洲二十多个国家，一万多个村庄通上电视……

非洲，沉寂了几千年后的非洲，也许又将是人类新的辉煌的起点，从百万年前人类历经艰辛不屈不挠走出非洲，到今天我们走进非洲，这将是一个使命的轮回。国信招标集团作为长期从事国际援助项目咨询的单位，参与了大量的非洲建设项目，调研走访了很多非洲国家，因此也与非洲大地结缘，系统整理这些所见所闻，并将它们汇聚起来，让更多的读者与非洲相识相知，是我们的初衷，希望通过我们的点滴努力，为中国企业更好的走进非洲提供支持。

由于时间原因，书中难免有错误和疏漏之处，敬请批评指正。

献给国信招标集团股份有限公司成立 20 周年!

献给在援外咨询岗位上努力奋斗的同仁们!

致 谢

本书编写过程中得到了中国电力建设集团有限公司、中国河南国际合作集团有限公司、四达时代集团、阳光集团、隆平高科国际培训学院、人福非洲药业股份有限公司等单位，以及北京市建筑设计研究院有限公司窦文苹等专家的支持，在此一并表示感谢！

考察组与贝宁经参处领导合影

考察组与多哥洛美医院院长合影

考察组与哥伦比亚机场业主代表合影

几内亚比绍国家体育馆调研

几内亚农场调研

津巴布韦野生动物保护设备项目调研

科摩罗广播电视项目调研

考察组与科特迪瓦相关部委官员合影

利比里亚农机设备调研

毛里塔尼亚项目调研

坦桑尼亚项目调研

走进乍得田间地头

目　录

第1章　中国对非投资政策　　1
  1.1　中国宏观对非投资政策　　1
    1.1.1　中国对外投资重大战略　　1
    1.1.2　综合性投资政策　　12
  1.2　各级部委对非洲投资举措和相关政策　　15
  1.3　政策性银行和发展（合作）基金对非洲投资政策　　32
    1.3.1　国家开发银行和中非发展基金　　32
    1.3.2　中国进出口银行和中非产能合作基金　　34
    1.3.3　亚投行　　35

第2章　中国政府对非援助　　37
  2.1　对非援助及其构成　　37
    2.1.1　中国对非援助的发展历程　　38
    2.1.2　中国对非援助的理念　　38
    2.1.3　中国对外援助的构成　　44
    2.1.4　中国对非援助的特点　　46
    2.1.5　中国对非援助面临的挑战和问题　　48
  2.2　援助的总体情况及效果　　49
    2.2.1　主要援助内容　　50
    2.2.2　援助效果　　51

第3章　中国对非投资　　54
  3.1　现阶段中国企业投资非洲的机遇与挑战　　54

		3.1.1	我国对非投资整体情况	55
		3.1.2	非洲的商业机遇	56
		3.1.3	投资非洲存在的风险	58
		3.1.4	投资非洲风险应对措施	62
		3.1.5	总结	64
	3.2	**中国企业在非投资概况**		64
		3.2.1	投资背景	64
		3.2.2	投资概况	65
		3.2.3	央企参与非洲交通基础设施建设的现状及特点	67
		3.2.4	民营企业	75
	3.3	**中国电力建设集团有限公司**		80
		3.3.1	中国电建海外业务总体发展情况	80
		3.3.2	中国电建投资非洲的发展历程	83
		3.3.3	中国电建投资非洲的成功经验与启示	84
		3.3.4	中国电建投资非洲的典型案例	85
	3.4	**中国河南国际合作集团有限公司**		89
		3.4.1	河南国际海外业务总体发展情况	89
		3.4.2	河南国际投资非洲的发展历程	91
		3.4.3	河南国际投资非洲的成功经验与启示	92
		3.4.4	投资非洲的典型案例	94
	3.5	**四达时代集团**		95
		3.5.1	四达时代集团海外业务总体发展情况	95
		3.5.2	四达时代集团投资非洲的发展历程	98
		3.5.3	四达时代集团投资非洲的成功经验与启示	98
		3.5.4	四达时代集团投资非洲的典型案例	100
	3.6	**阳光集团**		106
		3.6.1	阳光集团海外业务总体发展情况	106
		3.6.2	阳光集团投资非洲的发展历程	106

		3.6.3 阳光集团投资非洲的成功经验与启示	108
		3.6.4 阳光集团投资非洲的典型案例	113
	3.7	隆平高科	116
		3.7.1 隆平高科海外业务总体发展情况	116
		3.7.2 隆平高科投资非洲的发展历程	116
		3.7.3 隆平高科投资非洲的成功经验与启示	119
		3.7.4 隆平高科投资非洲的典型案例	121
	3.8	人福药业	124
		3.8.1 人福药业简介	124
		3.8.2 人福药业的国际化战略	125
		3.8.3 人福非洲药业股份有限公司案例简介	125
		3.8.4 案例分析	126
		3.8.5 总结	129

第 4 章 典型国家营商环境分析 130

4.1	非洲投资环境的总体情况	130
4.2	非洲市场潜力	131
4.3	非洲商业环境	132
4.4	中国政策	133
4.5	典型国家	140
	4.5.1 苏丹	140
	4.5.2 贝宁	153
	4.5.3 津巴布韦	166
	4.5.4 几内亚	176
	4.5.5 科特迪瓦	187
	4.5.6 利比里亚	199
	4.5.7 南苏丹	211
	4.5.8 坦桑尼亚	223

4.5.9 乍得	234
4.5.10 布隆迪	245
4.5.11 毛里塔尼亚	254
4.5.12 科摩罗	263
4.5.13 加纳	271
4.5.14 多哥	283
4.5.15 圣多美和普林西比	291
4.5.16 尼日尔	298
4.5.17 塞拉利昂	306
4.5.18 几内亚比绍	316

第1章 中国对非投资政策

1.1 中国宏观对非投资政策

1.1.1 中国对外投资重大战略

为应对经济全球化带来的机遇和挑战，中国持续努力推进南南合作进程，加强与发展中国家的合作已成为中国全方位对外开放战略的一部分，合作内容不断丰富，规模迅速扩大，形成经济上合作共赢局面。为进一步加强中国与非洲国家在新形势下的友好合作，共同应对经济全球化挑战，谋求共同发展，在中非双方共同倡议下，中非合作论坛于2000年正式成立，目前已经成为中国与非洲国家集体对话合作的重要平台和促进务实合作的有效机制。中国对非洲经济发展的贡献率显著提升。中非合作论坛已成为引领中非合作的一面旗帜，为南南合作树立了典范。同时，面临着国际投资贸易格局和多边投资贸易规则酝酿的深刻调整，特别是贸易保护主义不断冲击，2013年中国国家主席习近平提出"一带一路"建设的重要合作倡议，以推动沿线各国实现经济政策协调，共同打造开放、包容、均衡、普惠的区域经济合作架构。"一带一路"为加强南南合作的机制建设提供了新的契机，推动南南合作水平实现跃升。

1. 中非合作论坛

中非合作论坛，是中国和非洲国家之间在南南合作范畴内的集体对话机制，成立于 2000 年。论坛的宗旨是平等互利、平等磋商、增进了解、扩大共识、加强友谊、促进合作，成员包括中国、53 个与中国建交的❶非洲国家、非洲联盟委员会。中非合作论坛部长级会议每三年举行一届；高官级后续会议及为部长级会议作准备的高官预备会分别在部长级会议前一年及前数日各举行一次；非洲驻华使节与中方后续行动委员会秘书处每年至少举行两次会议。部长级会议及其高官会轮流在中国和非洲国家举行。中国和承办会议的非洲国家担任共同主席国，共同主持会议并牵头落实会议成果。部长级会议由外交部长和负责国际经济合作事务的部长参加，高官会由各国主管部门的司局级或相当级别的官员参加。

根据中非关系发展需要，中非双方将 2006 年 11 月在北京举行的论坛第三届部长级会议和 2015 年 12 月在约翰内斯堡举行的论坛第六届部长级会议升格为峰会。2006 年北京峰会决定中非外长在每届部长级会议次年的联合国大会期间举行集体政治磋商。中非外长分别于 2007 年、2010 年、2013 年和 2017 年在纽约举行四次政治磋商。为共同推动落实约翰内斯堡峰会成果，中非双方于 2016 年 7 月在北京举行了中非合作论坛约翰内斯堡峰会成果落实协调人会议。

随着中非合作不断拓展和深化，中非民间论坛、中非青年领导人论坛、中非部长级卫生合作发展研讨会、中非媒体合作论坛、中非减贫与发展会议、中非合作论坛——法律论坛、中非地方政府合作论坛、中非智库论坛、对非投资论坛等中非合作论坛分论坛陆续成立。

1）第一届部长级会议

2000 年 10 月 10—12 日，中非合作论坛第一届部长级会议在北京举行，中国和 44 个非洲国家的 80 余名部长、17 个国际和地区组织的代表及部分中

---

❶ 中非、乍得、赞比亚、乌干达、突尼斯、坦桑尼亚、索马里、苏丹、塞舌尔、埃及、阿尔及利亚、塞内加尔、埃塞俄比亚、塞拉利昂、安哥拉、尼日利亚、尼日尔、贝宁、南非、博茨瓦纳、布隆迪、纳米比亚、莫桑比克、摩洛哥、赤道几内亚、毛里塔尼亚、多哥、毛里求斯、厄立特里亚、马里、佛得角、马达加斯加、卢旺达、莱索托、几内亚、肯尼亚、几内亚比绍、科特迪瓦、科摩罗、加纳、喀麦隆、津巴布韦、加蓬、冈比亚、圣多美和普林西比、南苏丹、马拉维、利比亚、利比里亚、刚果（布）、刚果（金）等国家。

非企业界人士出席会议。会议的两个两议题是"面向21世纪应如何推动建立国际政治经济新秩序"和"如何在新形势下进一步加强中非在经贸领域的合作"。会议通过了《中非合作论坛北京宣言》和《中非经济和社会发展合作纲领》，为中国与非洲国家发展长期稳定、平等互利的新型伙伴关系确定了方向。中国政府宣布了减免非洲重债穷国和最不发达国家100亿元人民币债务和设立"非洲人力资源开发基金"等举措。

2）第二届部长级会议

2003年12月15—16日，中非合作论坛第二届部长级会议在埃塞俄比亚首都亚的斯亚贝巴举行，中国和44个非洲国家的70多名部长及部分国际和地区组织的代表参加会议。会议主题为：务实合作、面向行动。会议回顾了第一届部长级会议后续行动落实情况，通过了《中非合作论坛——亚的斯亚贝巴行动计划(2004—2006年)》。中国政府宣布在论坛框架下继续增加对非援助，3年内为非洲培养1万名各类人才以及给予非洲部分最不发达国家部分输华商品免关税待遇等举措。

3）2006年北京峰会暨第三届部长级会议

2006年11月4—5日，中非合作论坛北京峰会隆重举行，会议主题为：友谊、和平、合作、发展。会议通过了《中非合作论坛北京峰会宣言》和《中非合作论坛——北京行动计划（2007—2009年）》，决定建立和发展政治上平等互信、经济上合作共赢、文化上交流互鉴的中非新型战略伙伴关系。中国政府宣布了旨在加强中非务实合作、支持非洲国家发展的8项政策措施，包括增加对非援助、提供优惠贷款和优惠出口买方信贷、设立中非发展基金、援建非盟会议中心、免债、免关税、建立经贸合作区、加强人力资源开发以及教育、医疗等领域的合作。

4）第四届部长级会议

2009年11月8—9日，中非合作论坛第四届部长级会议在埃及沙姆沙伊赫举行。会议主题是：深化中非新型战略伙伴关系，谋求可持续发展。会议审议了中方关于论坛北京峰会后续行动落实情况的报告，通过了《中非合作论坛沙姆沙伊赫宣言》和《中非合作论坛——沙姆沙伊赫行动计划（2010—2012年）》

两个文件，规划了此后 3 年中非在政治、经济、社会、人文等各领域的合作。中国政府宣布了对非合作新 8 项举措，涉及农业、环境保护、促进投资、减免债务、扩大市场准入、应对气候变化、科技合作、医疗、教育、人文交流等方面。

5）第五届部长级会议

2012 年 7 月 19—20 日，中非合作论坛第五届部长级会议在北京举行。来自中国和 50 个非洲国家的外交部长和负责国际经济合作事务的部长或代表参会，部分国际和非洲地区组织代表分别以嘉宾和观察员身份列席开幕式和会议。会议主题是：继往开来，开创中非新型战略伙伴关系新局面。会议审议了中方关于论坛第四届部长会后续行动落实情况的报告，通过了《中非合作论坛第五届部长级会议北京宣言》和《中非合作论坛第五届部长级会议——北京行动计划（2013—2015 年）》两个文件，全面规划了今后 3 年中非关系的发展方向和中非合作的重点领域。

胡锦涛同志在开幕式上发表了题为《开创中非新型战略伙伴关系新局面》的重要讲话，代表中国政府宣布了今后 3 年在投融资、援助、非洲一体化、民间交往以及非洲和平与安全等五大领域支持非洲和平发展、加强中非合作的一系列新举措。主要包括：向非洲国家提供 200 亿美元贷款额度，重点支持非洲基础设施、农业、制造业和中小企业发展；继续扩大对非援助，适当增加援非农业技术示范中心，为非洲培训 3 万名各类人才，提供政府奖学金名额 18000 个，并为非洲国家援建文化和职业技术培训设施，派遣 1500 名医疗队员，同时继续为非洲白内障患者提供相关免费治疗，继续援助打井供水项目；同非方建立非洲跨国跨区域基础设施建设合作伙伴关系，为项目规划和可行性研究提供支持，鼓励有实力的中国企业和金融机构参与非洲跨国跨区域基础设施建设；倡议开展"中非民间友好行动"，在华设立"中非新闻交流中心"，继续实施"中非联合研究交流计划"，资助双方学术机构和学者开展 100 个学术研究、交流合作项目；发起"中非和平安全合作伙伴倡议"，深化同非盟和非洲国家在非洲和平安全领域的合作，为非盟在非开展维和行动、常备军建设等提供资金支持，增加为非盟培训和平安全事务官员和维和人员的数量。

6）约翰内斯堡峰会暨第六届部长级会议

2015年12月4—5日，中非合作论坛约翰内斯堡峰会隆重举行，包括43位国家元首和政府首脑在内的论坛52个成员代表出席。中非领导人紧紧围绕"中非携手并进：合作共赢、共同发展"的主题，就深化中非传统友谊、促进务实合作、谋求共同发展等重大议题进行了富有成果的讨论。峰会回顾了论坛成立15年来中非友好关系和务实合作取得的成就，审议通过了《中非合作论坛约翰内斯堡峰会宣言》和《中非合作论坛——约翰内斯堡行动计划（2016—2018年）》，双方同意将中非新型战略伙伴关系提升为全面战略合作伙伴关系，做强和夯实政治上平等互信、经济上合作共赢、文明上交流互鉴、安全上守望相助、国际事务中团结协作"五大支柱"。习近平主席在峰会开幕式上发表题为《开启中非合作共赢、共同发展的新时代》的重要讲话，宣布中方将着力实施"十大合作计划"。为确保"十大合作计划"顺利实施，中方决定提供总额600亿美元的资金支持，包括：提供50亿美元的无偿援助和无息贷款；提供350亿美元的优惠性质贷款及出口信贷额度，并提高优惠贷款优惠度；为中非发展基金和非洲中小企业发展专项贷款各增资50亿美元；设立首批资金100亿美元的"中非产能合作基金"。

十大合作计划　　　　　　　　　　　　　表1-1

序号	名称	内容
1	中非工业化合作计划	中方将积极推进中非产业对接和产能合作，鼓励支持中国企业赴非洲投资兴业，合作新建或升级一批工业园区，向非洲国家派遣政府高级专家顾问。设立一批区域职业教育中心和若干能力建设学院，为非洲培训20万名职业技术人才，提供4万个来华培训名额
2	中非农业现代化合作计划	中方将同非洲分享农业发展经验，转让农业适用技术，鼓励中国企业在非洲开展大规模种植、畜牧养殖、粮食仓储和加工，增加当地就业和农民收入。中方将在非洲100个乡村实施"农业富民工程"，派遣30批农业专家组赴非洲，建立中非农业科研机构"10+10"合作机制。中方高度关注非洲多个国家受厄尔尼诺现象影响致粮食歉收，将向受灾国家提供10亿元人民币紧急粮食援助
3	中非基础设施合作计划	中方将同非洲在基础设施规划、设计、建设、运营、维护等方面加强互利合作，支持中国企业积极参与非洲铁路、公路、区域航空、港口、电力、电信等基础设施建设，提升非洲可持续发展能力；支持非洲国家建设5所交通大学

续表

序号	名称	内容
4	中非金融合作计划	中方将同非洲国家扩大人民币结算和本币互换业务规模,鼓励中国金融机构赴非洲设立更多分支机构,以多种方式扩大对非洲投融资合作,为非洲工业化和现代化提供金融支持和服务
5	中非绿色发展合作计划	中方将支持非洲增强绿色、低碳、可持续发展能力,支持非洲实施100个清洁能源和野生动植物保护项目、环境友好型农业项目和智慧型城市建设项目。中非合作绝不以牺牲非洲生态环境和长远利益为代价
6	中非贸易和投资便利化合作计划	中方将实施50个促进贸易援助项目,支持非洲改善内外贸易和投资软硬条件,愿同非洲国家和区域组织商谈包括货物贸易、服务贸易、投资合作等全面自由贸易协定,扩大非洲输华产品规模。支持非洲国家提高海关、质检、税务等执法能力,开展标准化和认证认可、电子商务等领域合作
7	中非减贫惠民合作计划	中方将在加强自身减贫努力的同时,增加对非援助,在非洲实施200个"幸福生活工程"和以妇女儿童为主要受益者的减贫项目;免除非洲有关最不发达国家截至2015年底到期未还的政府间无息贷款债务
8	中非公共卫生合作计划	中方将参与非洲疾控中心等公共卫生防控体系和能力建设;支持中非各20所医院开展示范合作,加强专业科室建设,继续派遣医疗队员,开展"光明行"、妇幼保健在内的医疗援助,为非洲提供一批复方青蒿素抗疟药品;鼓励支持中国企业赴非洲开展药品本地化生产,提高药品在非洲可及性
9	中非人文合作计划	中方将为非洲援建5所文化中心,为非洲1万个村落实施收看卫星电视项目;为非洲提供2000个学历学位教育名额和3万个政府奖学金名额;每年组织200名非洲学者访华和500名非洲青年研修;每年培训1000名非洲新闻领域从业人员;支持开通更多中非直航航班,促进中非旅游合作
10	中非和平与安全合作计划	中方将向非盟提供6000万美元无偿援助,支持非洲常备军和危机应对快速反应部队建设和运作。中方将继续参与联合国在非洲维和行动;支持非洲国家加强国防、反恐、防暴、海关监管、移民管控等方面能力建设

2006年,中国政府首次发表《中国对非洲政策文件(2006)》,政策文件内容得到全面有效落实,为指导中非关系全面发展发挥了重要作用。在中非合作论坛成立15周年,2015年12月南非举办的中非合作论坛第二次峰会上,中国政府发表第二份《中国对非洲政策文件(2015)》,旨在进一步明确中国致力于发展对非友好合作关系的坚定决心和良好意愿,全面阐述新形势下中国对非洲政策新理念、新主张、新举措,以指导此后一段时期中非各领域交流与合作。

7)中非合作论坛约翰内斯堡峰会成果落实协调人会议

2016年7月29日,中非合作论坛约翰内斯堡峰会成果落实协调人会议在北京举行，中非合作论坛 52 个非方成员 100 多位部级官员、论坛中方后续行动委员会成员单位代表和非洲驻华使节共计 300 多人出席。会议审议并通过了《中非合作论坛约翰内斯堡峰会成果落实协调人会议联合声明》，中非双方一致同意秉持共同发展、集约发展、绿色发展、安全发展、开放发展五大合作发展理念，为推动落实中非合作论坛峰会成果凝聚了共识。

8）2018 年北京峰会第七届部长级会议

2018 年 9 月 3—4 日，中非合作论坛第七届部长级会议在北京举行。国务委员兼外交部长王毅、商务部部长钟山同论坛共同主席国南非国际关系与合作部长和贸易与工业部长共同主持会议。论坛其他 53 个非方成员负责外交和对外经济合作事务的部长或代表出席会议。峰会通过了《关于构建更加紧密的中非命运共同体的北京宣言》和《中非合作论坛——北京行动计划（2019—2021 年）》两个重要成果文件。

为落实会议成果，中非共同推出了以实施"八大行动"为核心的上百项全面深化中非合作的新举措，涉及政治合作、经济合作、社会发展合作、人文合作、和平安全合作、国际合作等方面。

（1）政治合作

中非将继续密切高层交往、深化治国理政经验交流。加强中国与非洲国家合作机制和政治磋商机制。加强与非洲国家议会、政党、各类理事会等相关机构、地方政府的经验交流。加强与非盟及非洲次区域组织的深化务实合作。

（2）经济合作

①支持非洲实现农业现代化，共同制定中非农业现代化合作规划和行动计划，支持非洲应对粮食安全及粮食短缺问题。同时加强中非棉花、蔗糖业、农产品加工领域的贸易合作。

②发挥中方在装备、技术方面的实力和金融贷款的支持力度，支持非洲工业化进程。提升非洲国家经济多元化程度和自主发展能力。

③积极落实"中非基础设施合作计划"，支持中国企业利用先进装备、技术、标准、服务等帮助非洲改善基础设施条件，促进互联互通。重点加强能源、交通、信息通信、跨境水资源、民用支线客机、中非航线、建设机场配套基

础设施、云计算、大数据、移动互联网等新技术应用、非洲国家光缆骨干网、跨境互联互通、国际海缆、新一代移动通信网络、数据中心等通信基础设施建设。

④加强能源、资源领域政策对话和技术交流，鼓励和支持中非企业按照互利共赢的原则开展能源贸易、能源项目投资、建设和运营，发挥各自优势，为非洲能源发展提供政策建议，推动项目取得进展。

⑤加深海洋经济领域的合作，共同推进蓝色经济互利合作。在编制海岸带、海洋经济特区、港口和临港工业区建设以及海洋产业相关规划、近海水产养殖、海洋运输、船舶修造、海上风电、海上信息服务、海上安全、海洋资源开发利用、海岛保护与管理、海洋科学研究、海洋观测、极地考察、海上执法和海洋环境保障能力建设等方面开展合作与交流。

⑥在旅游方面进行深度合作，努力提升旅游便利化水平。在旅游展会、旅游和旅游贸易、旅游业发展相关的基础设施、赴非洲国家邮轮旅游、过境旅游方面增进对话，加强合作，力争实现双向旅游交流人数稳步增加。

⑦积极落实"中非工业化合作计划"，支持非洲经济转型，提高产业竞争力，增加就业。推动中国企业未来3年对非洲投资不少于100亿美元，扩大中国企业对非投资，在非洲新建和升级一批经贸合作区。

⑧积极落实"中非贸易和投资便利化合作计划"，建设非洲大陆自由贸易区，支持非洲国家提高海关、税务等执法能力，升级海关设施、交通运输设施，扩大进口非洲商品特别是非资源类产品，重点关注扩大非洲含附加值农产品和工业制成品对华出口，支持设立50亿美元的自非洲进口贸易融资专项资金。

⑨向非洲国家提供优惠性质贷款、出口信贷及出口信用保险额度支持，适当提高优惠贷款优惠度，创新融资模式，优化贷款条件，支持中非共建"一带一路"，支持双方政策性银行、开发性金融机构、商业银行、多边金融机构、股权投资基金、出口信用保险机构间加强合作，建立中非开发性金融论坛和中非金融合作银联体，为非洲国家提供形式多样的资金组合安排。

（3）社会发展合作

①积极落实"中非公共卫生合作计划"，继续扩大对非医疗卫生援助力度，

支持非洲国家提升医疗卫生服务水平和医院管理能力，重点援建非洲疾控中心总部、中非友好医院等旗舰项目，支持中非双方开展药品医疗器械监管合作，共同应对重大突发性疾病挑战，支持非洲公共卫生防控和救治体系建设。

②积极落实"中非人文合作计划"，支持非洲升级改造文化艺术设施，落实卫星电视项目，支持非洲现有孔子学院（课堂）发展，提供学历学位教育和政府奖学金名额，促进双方在文化艺术、新闻媒体、学者智库、社会组织、青年妇女等领域交流合作，夯实中非友好合作关系社会基础。

③积极落实"中非减贫惠民合作计划"，与非洲国家及相关机构开展联合研究，合作开发减贫知识产品，开展村级（社区）减贫试点项目，加强减贫经验交流和共享，提升非洲乡村公共服务能力，加强就业技能培训，改善乡村社区环境和生活条件，保护非洲妇女儿童健康。

④推进实施"一带一路"科技创新行动计划和"中非科技伙伴计划2.0"，加强科技人文交流合作，支持对非技术转移。鼓励双方大学、科研机构和企业在重点领域共建联合实验室，支持"中非联合研究中心"建设和发展，重点围绕生态环境保护和生物多样性保护、农业和粮食安全、水环境治理与饮用水安全、公共健康、先进适用技术研发和示范等方面开展科研和人才培养合作。

⑤积极落实"中非绿色发展合作计划"，重点加强在应对气候变化、海洋合作、荒漠化防治、野生动物和植物保护等方面的交流合作，支持非洲气象（天气和气候服务）战略的实施，提供风云气象卫星数据和产品以及必要的技术支持、完善多层次的防灾减灾救灾合作对话机制，扩大在旱灾风险监测与风险评估、实用抗旱技术推广、增强社区抵御旱灾风险能力、灾害应急、灾后恢复重建等领域的交流。

（4）人文合作

①持续推进中非文化交流，探索中非文化产业合作的可能性，鼓励和支持双方政府和业界在文化产业和文化贸易领域加强交流与合作。

②共同打造中非媒体合作网络。积极为非方广播电视数字化建设和产业发展提供技术支持和人才培训。开展广播电视传输播出网络建设、运营及节

目营销等投资合作。积极推动与非方在新闻出版领域的交流与合作。

③深度贯彻"中非联合研究交流计划",加强中非智库学者的合作交流,在中非智库论坛框架下建立中非智库合作网络。鼓励中非企业、金融及学术机构等为促进中非学术互动、民间交往和文化交流提供支持。

④继续加强中非民间在康复、教育、就业、社会保障、社会工作、扶贫开发、无障碍设施建设、体育文化等领域的交流合作。

⑤推动非洲青年参与中非合作,在非洲设立10个鲁班工坊,向非洲青年提供职业技能培训,加强性别平等与妇女赋权领域的交流与合作,鼓励并支持开展高层女性对话、专题研讨、技能培训、女企业家对口交流等,共同促进妇女全面发展。

(5)和平安全合作

①落实"中非和平与安全合作计划",继续向非方提供维和警务培训支持,增强维和行动能力,积极推进落实1亿美元的对非无偿军事援助,以支持非洲常备军和危机应对快速反应部队建设,拓展防务和军事领域人员培训合作。继续加大对非军事人员培训,深化中非军队院校、科研机构间的学术交流与合作。

②加强反腐败合作,支持非洲国家加强反腐败能力建设,并在2019—2021年间,每年为非洲国家举办一期培训班,在未来三年向非洲国家提供警用装备援助,并开展来华短期执法培训,加强中非警务交流合作。

(6)国际合作

支持联合国在国际事务中发挥重要作用。在联合国等多边场合加强协调与配合,在贸易、金融、环境保护、和平安全、人文、经济社会发展和人权等领域加强合作,推动国际秩序朝着更加公正合理的方向发展,推动经济全球化朝着更加开放、包容、普惠、平衡、共赢的方向发展,维护发展中国家共同利益。

除此以外,中国将以政府援助、金融机构和企业投融资等方式,再向非洲提供600亿美元支持,其中包括:提供150亿美元的无偿援助、无息贷款和优惠贷款;提供200亿美元的信贷资金额度;支持设立100亿美元的中非开发性金融专项资金和50亿美元的自非洲进口贸易融资专项资金；推动中国企业未来3年对非洲投资不少于100亿美元。同时，免除与中国有外交关系的非洲最不发达国家、重债穷国、内陆发展中国家、小岛屿发展中国家截至2018年底到期未偿还政府间无息贷款债务。此外，会上中非双方见证签署的各类合作协议近150份，特别是28个国家和非盟委员会同中方签署共建"一带一路"合作文件，本次峰会成果将把中非的"一带一路"合作推向新阶段，并为非洲经济社会发展注入强大动力。

2. "一带一路"倡议

2013年9月和10月由中国国家主席习近平分别提出建设"新丝绸之路经济带"和"21世纪海上丝绸之路"（简称"一带一路"）的合作倡议。根据"一带一路"走向，陆上依托国际大通道，以沿线中心城市为支撑，以重点经贸产业园区为合作平台，共同打造新亚欧大陆桥、中蒙俄、中国—中亚—西亚、中国—中南半岛等国际经济合作走廊；海上以重点港口为节点，共同建设通畅安全高效的运输大通道。"一带一路"延伸国内18个省，影响范围辐射至亚欧非三大洲，涉及60多个国家、44亿多人口，已经成为我国对外开放过程中重要的组成部分。

2013年11月，十八届三中全会通过《中央关于全面深化改革若干重大问题的决定》。《决定》提出"建立开发性金融机构，加快同周边国家和区域基础设施互联互通建设，推进丝绸之路经济带、海上丝绸之路建设，形成全方位开放新格局"。

2014年12月，中央经济工作会议提出优化经济发展空间格局，重点实施"一带一路"、京津冀协同发展、长江经济带三大政策。其中"一带一路"为对外政策。

2016年9月份，《建设中蒙俄经济走廊规划纲要》公布，标志着"一带一路"框架下第一个多边合作规划纲要正式启动实施。同年10月份，中国与哈萨克斯坦联合发布《"丝绸之路经济带"建设与"光明之路"新经济政策对接合作规划》，这是"一带一路"框架下签署发布的第一个双边合作规划。

2016年12月中央经济工作会议强调继续实施京津冀协同发展、长江经济带发展、"一带一路"建设三大政策。中央经济工作会议定调未来发展规划,"一带一路"仍将是 2017 年发展重点。

2017 年 1 月,国家发展和改革委员会同外交部、交通运输部等部门和单位共同设立"一带一路"PPP 工作机制,旨在与沿线国家在基础设施等领域加强合作,积极推广 PPP 模式,鼓励和帮助中国企业走出去,推动相关基础设施项目尽快落地。

2017 年 5 月份,首届"一带一路"国际合作高峰论坛在北京成功举办,这是中华人民共和国成立以来由我国首倡和主办的层级最高、规模最大的多边外交平台,在国内外引起巨大反响。29 个国家的元首和政府首脑出席,140 多个国家和 80 多个国际组织的 1600 多名代表参会。

截止 2018 年 9 月,已有 100 余个国家和国际组织同中国签署了近 120 份共建"一带一路"合作协议。"一带一路"倡议持续凝聚国际合作共识,在国际社会形成了共建"一带一路"的良好氛围。中国与"一带一路"相关国家货物贸易累计超过 5 万亿美元,成为 25 个相关国家最大贸易伙伴,对外直接投资超过 700 亿美元。在相关国家建设 82 个境外经贸合作区,总投资 289 亿美元,为当地创造 24.4 万个就业岗位和 20 多亿美元税收。

1.1.2 综合性投资政策

2014 年 3 月,国务院发布《关于进一步优化企业兼并重组市场环境的意见》(国发〔2014〕14 号),提出简化海外并购的外汇管理,进一步促进投资便利化;优化国内企业境外收购的事前信息报告确认程序,加快办理相关核准手续;落实完善企业跨国并购的相关政策,鼓励具备实力的企业开展跨国并购,在全球范围内优化资源配置;规范企业海外并购秩序,加强竞争合作,推动互利共赢;积极指导企业制定境外并购风险应对预案,防范债务风险。

2014 年 4 月,国务院批转国家发展和改革委员会《关于 2014 年深化经济体制改革重点任务意见的通知》(国发〔2014〕18 号),提出建立健全对外投资贸易便利化体制。主要包括:推进对外投资管理方式改革,实行以备案为主、核准为辅的管理方式,缩小核准范围,确立企业和个人对外投资主体地位;健全金融、法律、中介、领事等服务,引导有实力的企业到海外整合和延伸产业链,支持企业打造自主品牌和国际营销网络,提高其在全球范围内配置资源要素的能力。

2015年3月28日,国家发展和改革委员会、外交部、商务部联合发布了《推动共建丝绸之路经济带和21世纪海上丝绸之路的愿景与行动》。在对外投资合作方面提出:基础设施互联互通是"一带一路"建设的优先领域;加强基础设施建设规划、技术标准体系的对接;加强交通基础设施、能源基础设施、通信干线网络建设等的互联互通合作。着力研究解决投资贸易便利化问题,消除投资和贸易壁垒;加强信息互换、监管互认、执法互助的海关合作;加强双边投资保护协定、避免双重征税协定磋商,保护投资者的合法权益。拓展相互投资领域,推动新兴产业合作,优化产业链分工布局。

2015年5月,中共中央、国务院发布《关于构建开放型经济新体制的若干意见》(中发〔2015〕13号),明确提出建立促进"走出去"战略的新体制,其中涉及对外投资合作的内容主要包括:在推进境外投资便利化方面,研究制定境外投资法规;简化境外投资管理,除少数有特殊规定外,境外投资项目一律实行备案制;加快建立合格境内个人投资者制度;加强境外投资合作信息平台建设。在对外投资合作方式创新方面,允许企业和个人发挥自身优势到境外开展投资合作,允许自担风险到各国各地区承揽工程和劳务合作项目,允许创新方式"走出去"开展绿地投资、并购投资、证券投资、联合投资等;鼓励有实力的企业采取多种方式开展境外基础设施投资和能源资源合作;促进高铁、核电、航空、机械、电力、电信、冶金、建材、轻工、纺织等优势行业"走出去";提升互联网信息服务等现代服务业国际化水平,推动电子商务"走出去";支持重大技术标准"走出去";创新境外经贸合作区发展模式,支持国内投资主体自主建设和管理。在加快实施"一带一路"方面,推进基础设施互联互通,深化与沿线国家经贸合作,积极推进海洋经济合作,扎实推动中巴、孟中印缅经济走廊建设等五个方面全方位推进与沿线国家合作。在拓展国际经济合作新空间方面,巩固和加强多边贸易体制,加快实施自由贸易区战略,积极参与全球经济治理,做国际经贸规则的参与者、引领者,扩大国际合作与交流,努力形成深度交融的互利合作网络。在构建开放安全的金融体系方面,提升金融业开放水平,推动资本市场双向有序开放,建立"走出去"金融支持体系,稳步推进人民币国际化,扩大人民币跨境使用范围、方式和规模,完善汇率形成机制和外汇管理制度,加快实现人民币资本项目可兑换等。

2015年5月,国务院发布《中国制造2025》(国发〔2015〕28号),将"自主发展,开放合作"作为四个基本原则之一,提出在关系国计民生和产业安全的基础性、战略性、全局性领域,着力掌握关键核心技术,完善产业链条,形成自主发展能力。继续扩大开放,积极利用全球资源和市场,加强产业全球布局和国际交流合作,形成新的比较优势,提升制造业开放发展水平。

2015年5月,国务院发布《关于推进国际产能和装备制造合作的指导意见》(国发〔2015〕30号),提出对外投资合作的重点行业,包括钢铁、建材、铁路、电力、化工、轻纺、汽车、通信、工程机械、航空航天、船舶和海洋工程等。在对外合作方式方面,积极开展"工程承包+融资"、"工程承包+融资+运营"等合作,鼓励采用BOT、PPP等方式;与具有高端装备制造优势的发达国家合作共同开发第三方市场;根据所在国实际和特点灵活采取投资、工程建设、技术合作、技术援助等多种方式开展合作。在具体运作模式方面,积极参与境外合作园区建设,营造良好区域投资环境,引导企业集群式"走出去";借助互联网企业境外市场、营销网络平台,开辟新的商业渠道;"以大带小"合作出海,构建全产业链战略联盟。在支持方式上,完善财税支持政策,加大金融支持力度,发挥人民币国际化积极作用,扩大融资资金来源,增加股权投资来源,加强和完善出口信用保险。

2015年7月,国务院发布《国务院关于积极推进"互联网+"行动的指导意见》(国发〔2015〕40号),明确提出加快推动互联网与各领域深入融合和创新发展。在拓展海外合作方面,结合国家重大战略,支持和鼓励具有竞争优势的互联网企业联合制造、金融、信息通信等领域企业率先"走出去";鼓励"互联网+"企业整合国内外资源,面向全球提供工业云、供应链管理、大数据分析等网络服务,培育具有全球影响力的"互联网+"应用平台;充分发挥政府、产业联盟、行业协会及相关中介机构作用形成支持"互联网+"

企业"走出去"的合力。

2015年8月,中共中央、国务院出台《关于深化国有企业改革的指导意见》(中发〔2015〕22号),对深化国有企业改革作出重大部署。在完善国有资产管理体制方面,提出支持国有企业开展国际化经营,鼓励国有企业之间以及与其他所有制企业以资本为纽带,强强联合、优势互补,加快培育一批具有世界一流水平的跨国公司。

2016年5月20日,国务院印发《关于深化制造业与互联网融合发展的指导意见》(国发〔2016〕28号),明确提出推动融合发展国际合作交流。推动建立中外政府和民间对话交流机制,围绕大型制造企业互联网"双创"平台建设、融合发展标准制定以及应用示范等,开展技术交流与合作。结合国家重大战略,运用丝路基金、中非发展基金、中非产能合作基金等金融资源,支持行业协会、产业联盟与企业共同推广中国制造业与互联网融合发展的产品、技术、标准和服务,推动制造业与互联网融合全链条"走出去",拓展海外市场。

2018年1月23日,中共中央办公厅、国务院办公厅印发了《关于建立"一带一路"国际商事争端解决机制和机构的意见》,为推进"一带一路"建设、实行高水平贸易和投资自由化便利化政策、推动建设开放型世界经济提供更加有力的司法服务和保障。

1.2 各级部委对非洲投资举措和相关政策

1. 外交部

外交部积极运筹中非政府高层互访,通过现有机制和倡议推动国际事务合作,做好领导人重大外交活动服务工作,配合高层互访和重要活动,推进项目合作取得成果;加强与外方政策沟通和对接,系统阐述中国政策主张,通过出访、演讲、撰文等多种形式积极宣介"一带一路";做好中方企业的领事保护和服务工作;支持、配合和引导地方、企业、智库、高校、媒体等参与"一带一路"建设。

外交部实施了"中非联合研究交流计划"和"中非智库10+10合作伙伴计划",鼓励中非双方智库开展课题研究,举办研讨会,开展学术交流,支持著作出版。目前已出版的专著包括《中国和世界主要经济体与非洲经贸合作研究》《中非合作论坛研究》《中非低碳发展合作的战略背景研究》等。开展的课题研究包括《新形势下中非关系的国际贡献研究》《中国企业在非洲履行社会责任调查》《中国对非经济外交面临的挑战及政策工具创新》《新兴大国对非合作比较》《西方对非公共外交的经验及对中国的启示》《网络新媒体对非洲国际政治发展的影响》《非洲农村土地制度与粮食生产安全》等。

2. 商务部

商务部围绕深化改革、创新制度、完善服务、营造环境、保护权益等重点,积极推进"一带一路"建设,稳步开展国际产能合作,有效实施"中非工业化伙伴行动计划"等重要专项工作,不断完善各项政策措施,推动我国对外投资合作继续保持良好发展态势。

2015年,商务部优化对外援助战略布局,改进援外资金和项目管理,改革援外管理体制机制,将过去对外援助以受援方需求为导向,调整为以援外整体工作与国内国际战略的相互协调和促进为导向,通过援外帮助"走出去"的中国企业软着陆。2015年12月,商务部在原有对外投资和经济合作网站的基础上进一步整合资源,把公共服务的流程和信息统一进行梳理,形成新的公共服务的平台——"走出去"。平台涵盖国别(地区)指南、"一带一路"、推进国际产能合作,境外经贸合作区,投资合作促进,统计数据,政策法规及业务指南,企业名录,在线办事,境外安全风险防范等十个板块。《对外投资合作国别(地区)指南》(以下简称《指南》)涵盖了全球172个国家和地区,其中包括54个非洲国家和地区。《指南》介绍中国企业投资目的地国家、地区的基本情况,全面反映各国的经济形势和投资环境,客观体现各国的商业机遇和经营风险,使对外投资的企业能够了解投资的目的地国别情况。《中国对外投资合作发展报告》(以下简称《发展报告》)涵盖了部分省(区)市开展对外投资合作的情况、取得的成效和地方支持政策措施,并列举了企业典型实践案例分析和相关建议,为社会各界更好地了解我国对外投资合作工作提供了有益参考。《指南》和《发展报告》每年度进行更新，《对外直接投资统计公报》包含年度和月度更新。另外，商务部还发布了《国别投资经营便利化状况报告2016》，汇编《"走出去"典型案例》、《国别投资经营障碍报告汇编2014》，以便于中国企业了解世界各国投资合作环境。

近年来，商务部在促进中国企业特别是民营企业投资非洲上不断加大力度，积极促进与非洲国家经贸政策对接，推动在双边经贸混委会框架下商签共同加强"一带一路"建设的有关合作文件。商务部与相关非洲国家开展自有贸易协定可行性研究，同时搭建中非经贸合作平台，推动与非洲国家的投资和经济技术合作，促进中非经贸合作区建设全面提速。

2014年9月商务部出台了新的《境外投资管理办法》（商务部令2014年第3号），实行"备案为主、核准为辅"的管理模式，并引入了负面清单的管理理念，除在敏感国家和地区、敏感行业的投资实行核准管理外，其余均实行备案。为了更好地指导中国企业"走出去"，加强对外投资合作企业建设，指导企业依法合规经营、强化风险防控和权益保障、积极履行社会责任，商务部在对外投资、对外承包工程、对外劳务合作和信用体系建设等四大方面出台了更为细化的政策。详见下表。

对外投资方面的政策法规　　　　　　　　　　　　表1-2

时间	政策全称	出台部门	要点
2011	《境外中资企业（机构）员工管理指引》	商务部会同外交部、国资委等	指导境外企业树立"互利共赢、共同发展"的经营理念，进一步加强规范境外中资企业（机构）员工管理工作，遵守我国对外投资合作和东道国劳动用工相关的政策法规
2012	《中国境外企业文化建设若干意见》	商务部等六部委	要求境外企业合法合规、强化道德规范、履行社会责任、加强与当地融合
2013	《对外投资合作环境保护指南》	商务部等	指导中国企业在对外投资合作中提高环境保护意识，了解并遵守东道国环境保护政策法规，实现互利共赢
2013	《境外中资企业商（协）会建设指引》	商务部	进一步支持境外中资企业商（协）会建设和发展，发挥境外中资企业商（协）会的作用

续表

时间	政策全称	出台部门	要点
2013	《境外经济贸易合作区确认考核和年度考核管理办法》	商务部会同财政部	进一步创新境外经济贸易合作区发展模式，做好建设境外经济贸易合作区的指导和服务工作
2015	《境外经贸合作区服务指南范本》	商务部	在信息咨询服务、运营管理服务、物业管理服务、突发事件应急服务四方面加强对合作区投资企业的指导
2018	《对外投资备案（核准）报告暂行办法》（商合发〔2018〕24号）	商务部等七部门	建立了"管理分级分类、信息统一归口、违规联合惩戒"的对外投资管理模式，明确对外投资备案（核准）按照"鼓励发展+负面清单"进行管理，明确对外投资备案（核准）实行最终目的地管理、"凡备案（核准）必报告"等原则

注：2014年以来，商务部还先后建立并完善了境外投资联合年检、对外直接投资统计、企业境外并购事项前期报告、境外中资企业（机构）报到登记、境外经贸合作区招标及确认考核等方面的制度。

对外承包工程方面的政策法规　　　　表1-3

时间	政策全称	出台部门	要点
2008	《对外承包工程管理条例》	国务院	对企业资格、经营活动、安全质量、风险防范等明确责任和要求
2009年出台，2015年修订	《对外承包工程资格管理办法》	商务部	对中国的企业承包境外建设工程项目，包括咨询、勘察、设计、监理、招标、造价、采购、施工、安装、调试、运营、管理等活动的资格和申请条件提出要求
2011年出台，2017年修订	《对外承包工程项目投标(议标)管理办法》	商务部等	规范对外承包工程项目投标（议标）活动，保障对外承包工程项目经济效益与社会效益，促进对外承包工程健康发展。2017年《办法》进行修订，包括删除"依法取得对外承包工程资格的"等条款
2012	《对外承包工程行业社会责任指引》	商务部与中国对外承包工程商会	针对质量安全、员工发展、业主权益、供应链管理、公平竞争、环境保护和社区发展等七个核心议题，对企业履行社会责任提出了具体工作要求，明确了社会责任管理的要点
2013	《规范对外投资合作领域竞争行为的规定》	商务部	系统阐述对外投资合作企业不正当竞争行为的表现及处罚措施
2015	《关于规范对外承包工程外派人员管理的通知》	商务部、外交部、国资委	规范对外承包工程外派人员管理，保障对外承包工程项目顺利实施，从高度重视外派人员管理工作、履行用人单位责任、做好现场管理等方面明确提出相应要求

续表

时间	政策全称	出台部门	要点
2017	《对外投资合作"双随机一公开"监管工作细则（试行）》	商务部	进一步规范对外投资合作事中事后监管行为，引导企业健康有序开展对外投资合作

注：2017年，商务部对《对外承包工程业务统计制度》、《对外劳务合作业务统计制度》进行了修订。

对外劳务合作方面的政策法规　　　　　　　　　　　　　表 1-4

时间	政策全称	出台部门	要点
2010	《关于对外劳务合作经营资格核准有关事宜的通知》	商务部	将对外劳务合作经营资格核准下放至地方商务主管部门
2012	《对外劳务合作管理条例》	国务院	在对外劳务合作企业经营资格、备用金管理、企业及劳务人员经营活动、合同关系等方面进一步明确了责任和要求，同时也明确了政府部门的服务和管理职责
2014	《对外劳务合作风险处置备用金管理办法（试行）》	商务部	对对外劳务合作企业缴纳备用金的银行选择、缴存时间、缴存标准（300万元人民币）、缴存方式、存款手续、归属使用、备用金的管理等进行了规定
2017	《关于开展规范外派劳务市场秩序专项行动的通知》	商务部	规范对外劳务合作企业、对外承包工程企业经营秩序，严厉打击外派劳务领域违法违规行为

其他政策法规　　　　　　　　　　　　　　　　　　　　表 1-5

时间	政策全称	出台部门	要点
2004	《中国对外投资合作企业建设文件汇编》	商务部	收录了2013年3月以前印发的对外投资合作企业建设规范方面的主要文件
2009	《对外投资合作和对外贸易领域不良信用记录试行办法》	商务部等9部门	详细阐述对外投资企业和个人等不良信用记录表现和相应处罚措施
2018	《关于加强对外经济合作领域信用体系建设的指导意见》	商务部	规范对外经济合作秩序，提高对外经济合作领域参与者的诚信意识，营造良好的对外经济合作大环境，并提出建立健全对外经济合作领域信用信息采集、共享规则，严格保护组织、个人隐私和信息安全，依法依规推进信用信息公开和应用，加强对外经济合作信用记录建设等具体要求

3. 国家国际发展合作署

为充分发挥对外援助作为大国外交的重要手段作用，加强对外援助的战略谋划和统筹协调，推动援外工作统一管理，改革优化援外方式，更好服务国家外交总体布局和共建"一带一路"等，国务院机构改革方案提出，将商务部对外援助工作有关职责、外交部对外援助协调等职责整合，组建国家国际发展合作署，作为国务院直属机构。2018年3月，十三届全国人大一次会议表决通过了关于国务院机构改革方案的决定，组建中华人民共和国国家国际发展合作署。

国家国际发展合作署主要负责拟订对外援助战略方针、规划、政策，统筹协调援外重大问题并提出建议，推进援外方式改革，编制对外援助方案和计划，确定对外援助项目并监督评估实施情况等。

商务部2014年出台的《对外援助管理办法（试行）》第五条规定，商务部援外司负责对外援助工作。具体职责包括：拟订并执行对外援助政策和方案，编制对外援助计划，确定对外援助项目并组织实施，管理援外资金的使用，开展对外援助国际交流与合作，从级别上来说，号召力是不够的，与现在中国作为一个全球化大国地位也不匹配，成立国家国际发展合作署，是把对外援助工作上升到国家高度，与国际接轨。

相比商务部原有的对外援助职责，新组建的国家国际发展合作署的职能多了"拟定对外援助战略方针、规划"、"统筹协调援外重大问题并提出建议"、"监督评估"外援项目的实施情况。并且，"援外的具体执行工作仍由相关部门按分工承担"。这意味着，新部门将引领对外援助总体战略，从顶层应对对外援助面临的挑战，协调各部门落实对外援助，并按照国际发展合作的潮流，更加重视对外援助的有效性。

目前由国家国际发展合作署牵头，于2018年11月制定了援外综合性部门规章《对外援助管理办法（征求意见稿）》，向社会公开征求意见。

《对外援助管理办法》的定位是对外援助管理的统领性文件，之后还将陆续出台规范援外管理的一系列规章制度，加强对外援助的战略谋划和统筹协调，规范对外援助管理，提升对外援助效果，更好服务国家外交总体布局。

4.国家发展和改革委员会

境外投资方面，国家发展和改革委员会（以下简称"国家发改委"）主要在国务院规定的职责范围内,会同有关部门根据国民经济和社会发展需要制定完善相关领域专项规划及产业政策,为投资主体开展境外投资提供宏观指导;会同有关部门加强国际投资形势分析,发布境外投资有关数据、情况等信息,为投资主体提供信息服务等。2004年10月,国家发改委根据《国务院关于投资体制改革的决定》和《中华人民共和国行政许可法》有关规定,对外发布了《境外投资项目核准暂行管理办法》(国家发展改革委令第21号),以此确立中国境内企业境外投资核准制度,对促进和规范中国境外投资发挥了重要的作用。2011年2月14日,《关于做好境外投资项目下放核准权限工作的通知》(发改外资〔2011〕235号)将一部分国家发改委的核准权限下放至省级发改部门,并扩大了项目备案管理的范围、缩小了应进行信息报告的项目范围,开始确立了特殊项目的核准制度。根据国家"走出去"战略的总体要求,2012年6月,国家发改委会同外交部等十二个国务院有关部门研究制定和联合发布了《关于鼓励和引导民营企业积极开展境外投资的实施意见》,从大力加强宏观指导、切实完善政策支持、简化和规范境外投资管理、全面做好服务保障和加强风险防范、保障人员资产安全等五个方面,提出了鼓励和引导民营企业开展境外投资的18条主要措施,是中国首次制定和发布的鼓励引导民营企业开展境外投资的综合性文件。2014年4月8日,国家发改委发布《境外项目核准和备案管理办法》(国家发改委2014年第9号令),确立了"备案为主、核准为辅"的境内企业境外投资项目管理制度。

近些年来,根据中国境外投资形势的发展变化,国家发改委不断完善和修订境外投资的法规和管理制度。2014年12月27日,国家发改委做出《关于修改〈境外投资项目核准和备案管理办法〉和〈外商投资项目核准和备案管理办法〉有关条款的决定》(国家发改委令第20号),进一步下放了权限,将核准的范围仅限于敏感类项目。2016年2月3日,国务院颁布了《国务院关于第二批取消152项中央指定地方实施行政审批事项的决定》(国发〔2016〕9号),取消了省级发改部门对上报国家发改委的境外投资项目核准、备案初审,简化了境外投资审批的程序。2017年8月4日,国家发展改革委、商务部、中国人民银行、外交部联合发文《关于进一步引导和规范境外投资方向的指导意见》(国办发〔2017〕74号)("74号文"),将境外投资分为鼓励、限制和禁止类,实施分类管理。2017年12月,国家发改委正式颁布了《企业境外投资管理办法》(国家发改委11号令),以替代2014年发布并修订的《境外投资项目核准和备案管理办法》,11号令除了进一步简政放权、优化境外投资监管程序、减少企业境外投资监管负担的趋势以外,还增加了指导和服务企业境外投资的职能和加强对企业境外投资事中事后监管的相关规定。2018年1月,国家发改委发布了《境外投资敏感行业目录(2018年版)》,明确提出武器装备的研制生产维修、跨境水资源开发利用、新闻传媒为境外投资敏感行业,将对房地产、娱乐业、体育俱乐部等6个行业企业境外投资进行限制。

5. 工业和信息化部

工业和信息化部(简称"工信部")发挥熟悉产业、熟悉技术、贴近企业、贴近市场的优势,加强部门联动、完善顶层设计,推动完善制造业"走出去"规划体系、政策体系和标准体系。同时,立足行业管理职责,综合运用现有政策手段,调动地方主管部门积极性,联合重点工业行业协会,构建内外结合的行业"走出去"工作机制,抓好支撑服务体系建设,协调落实重点任务、重点项目,服务企业"走出去"。

在推动国际产能合作方面,工信部结合"一带一路"、中非"三网一化"等重大政策,从加强规划指导、推动银企合作、建立重点装备"走出去"标准体系、加大多双边外交合作协调等方面入手,加快推进国际产能合作。工信部与国家开发银行、中国进出口银行等政策性金融机构建立合作机制,推动搭建"产业+金融"的合作平台,重点加大对装备制造业"走出去"的金融支持。

在行业支持方面,2014年以来工信部先后出台支持制造业"走出去"的政策措施,包括《关于加快我国彩电行业品牌建设的指导意见》(工信部电子〔2014〕69号),会同财政部等出台《关于加快推进我国钟表自主品牌建设的指导意见》《国家增材制造产业发展推进计划(2015—2016年)》(工信部联装〔2015〕53号),《2015年原材料工业转型发展工作要点》(工信厅原函〔2015〕106号),加强"走出去"工作的行业协调服务,支持有条件的钢铁、有色、建材等企业，以及彩电行业、钟表行业、增材制造行业"走出去"开展国际合作，推动企业推广自主标准、技术、品牌，扩大影响力，设立海外研发中心和生产基地。2017年10月，工信部发布《高端智能再制造行动计划（2018—2020年）》（工信部节〔2017〕265号）鼓励高端智能再制造企业"走出去"，探索市场化国际合作机制，服务"一带一路"沿线国家工业绿色发展。2017年12月，为推进我国增材制造产业快速可持续发展，加快培育制造业发展新动能，工信部联同国家发改委等十一个部门制定发布了《增材制造产业发展行动计划（2017—2020年）》（工信部联装〔2017〕311号），支持国内企业积极开展并购、股权投资、创业投资及建立海外研发中心，鼓励国外企业在华设立研发基地、研发中心，共同推进提升增材制造研发产业化水平。依托"一带一路"倡议，推进增材制造技术在沿线国家的推广应用。

在对外合作机制方面，工信部利用各层次合作机制，推动与德国、俄罗斯、法国、韩国、美国、欧盟、非洲国家等就高端装备制造、民用航空航天、新一代信息技术、节能环保等加强交流，推动对外投资合作。推动中国与坦桑尼亚、南非深化在信息通信领域及产能和装备制造方面的合作；主动对接坦桑尼亚、南非两国宽带骨干网建设需求，签署重要合作文件和项目协议。工信部牵头的"核高基"、"宽带移动通信"等重大专项已向国际开放，凡是中国境内注册的内资企业或外资企业均可申报，欧洲企业已参与承担移动通信相关研发任务。

为贯彻落实国务院关于支持中小企业发展的决策部署，推进"一带一路"建设和供给侧结构性改革，提高中小企业技术、品牌、营销、服务的国际竞争力，2016年8月，工信部联合中国银行制定《促进中小企业国际化发展五年行动计划（2016—2020年）》。为推进国家"一带一路"倡议实施，2017年，工信部与中国出口信用保险公司（以下简称"中国信保"）签订《关于推动工业通信业"走出去"实施"一带一路"倡议的合作备忘录》。双方通过优势互补，完善产融合作工作协调机制，更好地发挥出口信用保险的作用，推动我国工业通信业"走出去"。2017年8月，工信部、中国国际贸易促进委员会联合印发《关于开展支持中小企业参与"一带一路"建设专项行动的通知》（工信部联企业〔2017〕191号），通过建立经贸技术合作平台等十条具体措施，鼓励和支持我国中小企业参与"一带一路"建设。

6. 自然资源部（原国土资源部）

原国土资源部深化与相关国家和地区在地质调查领域的合作，与中亚、东南亚、南美洲、非洲等多个国家地区合作开展地球化学填图工作，编制相关图件；举办"丝绸之路经济带矿产资源国际合作论坛"。2016年，原国土资源部与"一带一路"沿线27个国家合作，完成境外地质、地球化学填图面积360余万平方千米。为400余家企业境外矿业投资和国际产能合作提供服务，与15个国家新签、续签谅解备忘录和合作协议，合作国家增加到55个。2017年，原国土资源部与阿根廷签署了化学地学大科学计划和全国地球化学填图，锂矿、地热资源调查的项目合作协议，与伊朗签署了海洋地质调查和岩溶、水文地质研究项目合作协议；与尼日尔、苏丹、孟加拉国等国在地学研究、矿产勘查开发方面签署多项谅解备忘录和合作协议，有效促进与相关国家在矿产领域的务实合作。

在公共服务方面，原国土资源部编制发布世界重要国家矿产资源风险勘查投资指南，目前已完成了85个国家的矿产勘查投资指南编制和世界矿业投资环境分析报告编制，通过全球地质矿产信息系统发布矿业投资信息，为矿山企业"走出去"提供坚强支持，包括国家概况、地质矿产特征、矿产资源勘查开发利用与服务、矿业投资准入、矿业权制度、土地准入、矿业权经营、投资风险与投资机会等内容，为有意向到国外投资的矿业企业，及国内的金融保险机构、行业协会等提供免费信息服务。同时，建立了覆盖全球重点国家和重点成矿带的全球地质矿产信息系统，面向矿业企业及社会公众开放，已在原国土资源部门户网站开通。系统包括地质矿产、政策法规、矿权状况和跨国矿业公司活动四个子库，数据涵盖全球主要矿产地、矿权地、资源储量、矿产品、政策法规、矿业项目和矿业公司等信息。此外，联合有关高等院校开展矿产资源领域对外投资合作中高级人才的培养，提升人才队伍能力水平。

在对外合作机制方面，原国土资源部利用商务部援外资金，针对亚洲、非洲等地区发展中国家政府官员和科技人员举办培训和研修班。累计培训来自亚洲，非洲，南、北美洲等 70 多个国家和地区的 700 多名官员与技术人员，与受援国建立了良好合作关系，促进了专业技术领域合作与后续合作项目开展，为企业境外勘查开发搭建了桥梁。加强与世界重要矿产资源国家的合作，与美国、加拿大、澳大利亚、俄罗斯、南非、智利、印度、老挝、缅甸、柬埔寨等 30 多个重要矿产资源国家和周边国家建立政府间对口合作机制。通过双边机制性会议和国际性会议，为国际矿业合作搭建重要平台。加强同国内外矿业项目信息发布与合作对接。

7. 教育部

2016 年 4 月，中共中央办公厅、国务院办公厅印发了《关于做好新时期教育对外开放工作的若干意见》，提出要坚持"围绕中心、服务大局，以我为主、兼容并蓄，提升水平、内涵发展，平等合作、保障安全"的工作原则，并对做好新时期教育对外开放工作进行了重点部署。《意见》要求大力提升教育对外开放治理水平，加强对教育对外开放工作的组织领导。

2016 年 7 月 13 日，教育部印发了《推进共建"一带一路"教育行动》，教育部紧紧抓住教育在"一带一路"建设大局中，"促进民心相通，提供人才支撑"的定位，携手部内各司局、有关部委、地方共同推进。在加强政策沟通方面，先后与 46 个国家和地区签订了学历学位互认协议。其中，"一带一路"国家 24 个，包括中东欧 8 国（波兰、立陶宛、爱沙尼亚、拉脱维亚、匈牙利、罗马尼亚、保加利亚、捷克）；东南亚 5 国（泰国、越南、菲律宾、马来西亚、印度尼西亚）；中亚 5 国（哈萨克斯坦、土库曼斯坦、吉尔吉斯斯坦、乌兹别克斯坦、亚美尼亚）；独联体 3 国（俄罗斯、乌克兰、白俄罗斯）；南亚 1 国（斯里兰卡）；东亚 1 国（蒙古）；北非 1 国（埃及）。

在助力教育合作渠道畅通方面，根据中央部署，教育部和中央外办等部门合作起草并由中办、国办转发了《关于加强和改进教学科研人员因公临时出国管理工作的指导意见》，为广大教学科研人员扩大和深化国际学术交流提供了政策支持，得到了广泛欢迎和肯定。

在促进沿线国家语言互通方面，教育部国际司与北京外国语大学签署合作协议，支持该校通过引进国外师资、公派留学、与国外高校开展合作等多种方式，使该校开设的外国语言专业在2018年达到94种，实现外语专业设置全覆盖。

在推进沿线国家民心相通方面，重点组织开展国别和区域研究，全面加强对沿线国家经济、政治、教育、文化等各方面的了解和理解，为推进民心相通提供智力支撑。一是设立专项课题，共发布了141项研究课题，其中70项涉及"一带一路"的46个沿线国家。二是形成系列智库报告，设立"一带一路"沿线国家研究智库报告课题，系列报告覆盖66个沿线国家，一国一本，共计66本。

在推动学历学位认证标准连通方面，推动落实联合国教科文组织《亚太地区承认高等教育资历公约》，协调世界银行编写了《关于国际教育趋势及经验的政策建议》，由我国牵头组织制定了《亚太经合组织教育战略》《中国落实联合国2030可持续发展议程国别方案》。

8. 农业农村部（原农业部）

原农业部制订《落实"一带一路"建设战略的实施方案》，明确在"一带一路"框架下推动农业合作的总体思路；启动《农业部推进"一带一路"建设农业合作规划》编制；围绕落实《国务院办公厅关于促进农业对外合作的若干意见》，部署农业"走出去"工作重点，组织开展相关农业、渔业、生态环境合作等支撑性专题研究工作。2017年，原农业部等四部委联合出台了《共同推进"一带一路"建设农业合作的愿景与行动》，为新时期农业"走出去"做出了顶层设计。

在公共服务方面，原农业部加快建立健全公共信息服务平台，向"走出去"企业提供农业对外投资的政策、法律、市场、项目、咨询、风险预警与防控等公共服务，密切跟踪有关企业境外项目进展，加强分析研究，做好风险预警和防控。同时，加快推进《农业对外合作规划（2016—2020年）》编制工作，做好和指导重点行业规划、国别规划和重点省份规划编制，形成推动农业"走出去"的规划体系。建立农业对外合作信息和统计制度，不断完善现有农业对外投资信息采集系统，运用该系统对近500家农业对外投资企业进行数据采集，加强数据分析应用，编制并发布《中国对外农业合作报告》。启动农业对外合作公共信息服务平台筹建工作，开展前期调研，制定平台建设方案。建立农业"走出去"重点项目库，形成定期更新机制，检测项目进展。推动金融支持农业对外投资合作，加强与国家开发银行、中国进出口银行等政策性金融机构的协调与合作，积极争取信贷支持涉农企业境外投资开发，研究创设金融支持政策，为涉农企业"走出去"创造宽松环境。

在推动国际产能合作方面，原农业部着力推动国内强农惠农政策向境外延伸，促进农业领域国际产能合作。结合农业"走出去"企业实际需求，积极开展相关政策试点，支持企业境外农业合作开发和机械化作业，助推农业机械装备"走出去"；推动编制农业对外合作规划、重点国别规划、重点产业规划等，为农业优势产能国际合作提供宏观指导。

在对外合作方面，原农业部积极参与中美、中欧投资协定谈判等涉农投资谈判，争取规则制定权和话语权，维护农业"走出去"企业合理权益和国内农业产业安全。中国已与60多个国家建立了农业合作联合委员会或工作组等双边机制；与联合国粮农组织、世贸组织、世界粮食计划署、世界动物卫生组织、世界银行、亚洲基础设施银行、亚太经合组织（APCE）、金砖国家、二十国集团、上合组织、国际植物新品种保护联盟、非盟等组织建立稳定的农业合作关系；形成了东盟与中日韩（10+3）农业合作、上合组织农业合作、中国与联合国粮农组织"粮食安全特别计划"框架下的"南南合作"、中国与中东欧国家农业合作论坛等机制，充分利用涉农展会平台推动农业对外合作项目对接，组织企业参加境外展会、农业经贸合作论坛，以及通过推介活动平台达成合作意向，促成项目对接。

通过发挥示范中心服务功能，助推农业企业对外投资。支持农业产业化龙头企业依托援外农业技术示范中心与受援国开展产业化合作。推进农业科技交流、人员培训、政策建议、规划编制等，向全球分享中国农业发展成果和中国经验，为当地人民改善生活贡献中国力量。一方面，原农业部将编制农业发展规划，启动中非农业科研10+10计划，打造中国援非农业示范中心升级版，推动农业援外与农业"走出去"升级衔接；另一方面，进一步推进混合所有制试点改革,加快培育五到十家国际大粮商和跨国农业企业,鼓励中国企业跨国并购,特别是鼓励中国企业开展境外全产业链布局,不断优化农业对外服务,建设好农业对外合作公共信息服务平台。在系统组织农业试验示范、技术推广和人员培训,帮助受援国提高农业综合生产能力的同时,带动农业企业"走出去"。

9. 中国人民银行、中国银行保险监督管理委员会(原银监会和原保监会)

中国人民银行不断推进金融机构和金融服务网络化布局,支持中外双方金融机构互设,加大融资保险支持力度。通过推动金融服务对接、资本市场和基础设施的融通、发挥国际金融中心的作用、加强金融监管当局的交流与合作等方式,有效调动国内和国际资源,为"一带一路"建设提供长期、可靠的金融支持。2014年5月22日,中国人民银行与非洲开发银行在卢旺达首都基加利签署规模为20亿美元的"非洲共同增长基金"融资合作协议。"非洲共同增长基金"总资本20亿美元全部来自中国,期限30年,面向全非洲提供融资,由非洲开发银行推荐项目。"非洲共同增长基金"的签署是落实我国与非洲国家开展务实、高效合作的重要举措。通过多种渠道增加对非洲投融资援助,包括设立多方参与的基础设施与工业化合作基金等形式,以推进非洲基础设施发展和区域互联互通,支持非洲经济升级转型。

原中国银行业监督管理委员会(简称"银监会")推动银行业在商业可持续和风险可控的前提下,自主决策、自担风险,支持国家"一带一路"建设;督促银行业加强金融服务,特别是开发性金融机构和政策性金融机构加强和改善金融服务,利用项目储备库发展境外业务;鼓励有实力、有条件的银行发挥好对外投资作用,开展跨区域金融合作。截止2017年末,一方面,已经有10家中资银行在26个"一带一路"国家设立了68家一级分支机构。"一带一路"倡议提出以来,中资银行共参与了"一带一路"建设相关项目2600多个,累计发放贷款超过2000多亿美元,主要集中于交通基础设施、能源和装备制造及出口;另一方面,共有来自21个"一带一路"国家的55家银行已经在华设立了机构,近期正在积极稳妥的推进银行业进一步的对外开放,也宣布了一系列对外开放的措施,将为外资金融机构在华经营提供更大的发展空间。为了加强中国的银行和"一带一路"国家银行的合作，原银监会已经和32个"一带一路"国家的监管当局签订了监管合作备忘录，这为下一步中资银行和"一带一路"国家银行的合作创造更好的条件，提供更好的保障。中资银行也在不断加强在产品、服务和合作模式方面的创新，着力满足"一带一路"建设多元化的金融需求。在产品方面，除提供传统信贷支持外，中资银行积极开展跨境人民币融资业务，发行"一带一路"主题债券，并通过投贷联动等方式开展"一带一路"的项目融资。部分中资银行积极践行绿色金融理念，探索发展绿色信贷和发行绿色债券，为绿色经济提供重要的金融支持。除大型项目外，中资银行还积极支持"一带一路"国家中小企业的发展和民生建设，建立中小企业专项贷款，积极发展和提供普惠金融服务。

原中国保险监督管理委员会（简称"保监会"）研究探索建立保险行业投资基金，利用债券投资计划、股权投资计划等方式，支持"一带一路"沿线重大项目建设；鼓励保险公司参与"一带一路"沿线国家基础设施建设和产业投资；鼓励保险公司通过投资企业股权、债券、基金、资产支持计划等多种方式，在风险可控的前提下，为"一带一路"相关企业提供资金支持；推动中资保险机构在"一带一路"沿线国家设立营业机构，为中国企业在当地投资项目提供保险保障。2017年4月，原保监会发布了《中国保监会关于保险业服务"一带一路"建设的指导意见》，除了大力发展出口信用保险和海外投资保险、提供创新保险产品服务外，还支持保险资金直接或间接投资"一带一路"重大投资项目。鼓励保险机构发挥保险资金优势，积极创新保险资金运用方式，多渠道、多方式投资"一带一路"重大投资项目，促进共同发展、共同繁荣。

中国银行保险监督管理委员会（简称"银保监会"，由原银监会和原保监会于2018年3月21日合并成立）目前正加快落实银行及保险业对外开放的相关措施和实质性举措，包括放宽对外资入股银行业金融机构和保险公司的股比限制，放宽外资设立机构的条件和业务经营范围等，目前正加快完善相关法律法规和配套制度建设。

10. 财政部和国家税务总局

为推动"一带一路"融资体系建设，在中方的倡议和推动下，2017年5月，中国财政部与阿根廷、俄罗斯、苏丹、肯尼亚等 26 国财政部共同核准了《"一带一路"融资指导原则》，该原则是各方在"一带一路"倡议下首次就资金融通问题制定的指导性文件，主要目标是本着"平等参与、利益共享、风险分担"的原则，推动建设长期、稳定、可持续、风险可控的多元化融资体系。参与各国积极支持沿线国家政府加强政策协调，完善融资环境，充分发挥市场力量动员多渠道资金，通过推动金融创新和密切金融监管合作，更好服务于沿线国家融资体系建设。2017 年 6 月，财政部印发《国有企业境外投资财务管理办法》（财资〔2017〕24 号），加强国有企业境外投资财务管理，防范境外投资财务风险，提高投资效益，提升国有资本服务于"一带一路"、"走出去"等国家政策的能力。

国家税务总局印发《关于落实"一带一路"发展战略要求做好税收服务与管理工作的通知》（税总发〔2015〕60 号），从"谈签协定维权益、改善服务促发展、加强合作谋共赢"三个方面服务"一带一路"：建立"一带一路"税收服务网页；加大税收协定宣传力度；设立 12366 纳税服务热线专席解答政策咨询，回应服务诉求；引导注册会计师事务所、注册税务师事务所等中介机构"走出去"，为企业提供专业服务；针对"走出去"企业政策诉求，开展面对面宣传活动。

国家税务总局优化出口退税服务，2014 年发布《关于逾期未办理的出口退（免）税可延期办理有关问题的公告》（国家税务总局公告 2014 年第 20 号），规定出口企业由于非主观原因未能及时办理退（免）税申报的，允许延期申报。实施出口退（免）税企业分类管理，于 2015 年 1 月出台《关于发布〈出口退（免）税企业分类管理办法〉的公告》（国家税务总局公告 2015 年第 2 号），根据纳税信用、税收遵从、内部风险控制等情况，对出口企业实施分类管理。对纳税信用好、税收遵从度高的一类企业简化管理，申报退税时不需提供纸质凭证，电子信息核对无误的，在 2 个工作日内办结退税；对纳税信用差的企业，强化管理，从严审核，排除疑点后方可退税。先后发布《关于出口企业申报出口退（免）税免予提供纸质出口货物报关单的公告》（国家税务总局公告 2015 年第 26 号）、《关于出口退（免）税有关问题的公告》（国家税务总局公告 2015 年第 29 号），规定自 2015 年 5 月 1 日起出口的货物，企业在申报退税时，不再提供纸质出口报关单，并取消了 3 项退税申报资料，进一步减轻纳税人的办税负担。明确对外承包工程企业的分类管理。考虑到从事对外承包工程企业的特殊性，为支持企业"走出去"，明确从事对外承包工程的企业在上一年度内，累计 6 个月以上未申报退税的，其出口退（免）税企业分类管理类别可不评定为三类。下放出口退（免）税审批权限，将管理难度小、便于征退税衔接的生产企业和部分外贸企业的出口退税下放到县（区）国税局审批，便于出口企业就近办理退税，也便于税务机关更好地为企业提供有针对性的服务。

11. 国家外汇管理局

国家外汇管理局（简称"外汇局"）2014 年 5 月出台《关于发布〈跨境担保外汇管理规定〉的通知》（汇发〔2014〕29 号），取消所有与跨境担保相关的事前审批，取消担保履约事前核准以及大部分业务资格条件限制，取消不同担保方式、不同金融机构之间管理政策的差别，实现中外资企业统一待遇。2015 年 2 月印发《关于进一步简化和改进直接投资外汇管理政策的通知》（汇发〔2015〕13 号），简化和改进直接投资外汇管理政策，规定自 2015 年 6 月 1 日起取消境外直接投资项下外汇登记核准，境外投资企业的境内投资主体可直接到银行办理境外直接投资项下相关外汇登记；取消境外再投资外汇备案；取消境外直接投资外汇年检，改为实行境外直接投资存量权益登记，并放宽登记时间、简化登记内容，允许企业通过多种渠道报送相关数据。

近年来外汇局积极应对国内外市场形势变化，深化外汇管理改革，推动金融市场双向开放，综合探索跨境融资宏观审慎管理和微观监管有机联动新举措，稳妥有序推进人民币资本项目可兑换，建立健全开放的、有竞争力的外汇市场。一方面，积极开展创新业务试点，出台外汇管理措施，支持自由贸易试验区建设；及时总结评估，推广先行先试经验。探索支持贸易新业态发展，推进跨境电子商务和外贸综合服务企业试点。积极支持地方国际贸易"单一窗口"平台建设。另一方面，配合中国人民银行进一步完善全口径跨境融资宏观审慎管理政策，丰富境内主体融资渠道。允许银行间债券市场境外机构投资者在具备资格的境内金融机构办理人民币对外汇衍生品业务，提高外汇市场开放水平。对境外机构投资者的外汇衍生品业务提供多样化的交易工具和交易机制选择，便利外汇风险管理。

12. 海关总署

海关总署加强跨部门、跨地区和国际合作；出台《落实〈丝绸之路经济带和 21 世纪海上丝绸之路建设战略规划〉实施方案》和《2015 年海关推进"一带一路"建设重点工作》（署研发字〔2015〕16 号），从"畅顺大通道、提升大经贸、深化大合作"三个方面推出 16 条措施，全面推进"一带一路"建设；举办海关高层论坛，加强国际海关间合作；推进丝绸之路经济带海关区域通关一体化；支持"一带一路"沿线国家中欧货运班列建设，加强与相关部门的合作。

13. 国家市场监督管理总局（原国家质量监督检验检疫总局等）

原国家质量监督检验检疫总局（简称"质检总局"）成立原产地工作委员会和"走出去"原产地工作组。建立并维护"三目录、一方案"，"三目录"即"一带一路"沿线国家自贸区和普惠制关系目录，第一批重点产品自贸协定原产地标准和降税目录，重点企业"走出去"、在外投资建厂、承揽工程项目目录；"一方案"即各直属检验检疫局推荐重点帮扶企业名单，结合产品出口情况，制定"一对一"原产地签证帮扶方案。落实简政放权、放管结合，切实履行签证管理职能。原产地签证"放、管、治"结合，便利证书申领、实施事后监管、取消涉企收费。

1.3 政策性银行和发展（合作）基金对非洲投资政策

1.3.1 国家开发银行和中非发展基金

1. 国家开发银行

国家开发银行（简称"国开行"）作为中国政府的开发性金融机构，也是全球最大的开发性金融机构，一直把对非合作作为国际业务重点。自 2006 年全面启动对非融资合作以来，国开行不断扩大深化与非洲各国金融机构的合作，累计向 43 个非洲国家近 500 个项目提供投融资 500 多亿美元，支持了中小企业等非洲经济社会发展重点领域项目建设，带动中资企业对非投资，帮助当地解决发展面临的资金短缺、基础设施建设滞后等问题，着力发展经贸合作和扩大就业，为非洲国家经济发展和民生改善作出了积极贡献。

2015 年，国开行和世界银行共同倡议发起成立了"对非投资智库联盟"，在对非投融资领域整合智力资源、开展创新研究、深化对非投资合作等方面发挥积极作用。国开行还与联合国工发组织签署了合作备忘录，推进双方在非洲乃至"一带一路"沿线地区的合作。

2017 年 9 月，国家开发银行与中国财政部、世界银行、联合国非洲经济委员会在论坛上共同签署《对非投资智库联盟合作谅解备忘录》。各签署方表示愿意凝聚合力，优势互补，共同搭建一个开放包容的多边知识合作平台，促进对非投资和可持续发展。国开行和世行共同发布了《创新实现非洲跨越式发展》研究报告，标志着智库联盟在研究合作方面迈出了坚实的第一步。这份报告由国开行和世行研究团队合作撰写，主要分析非洲在农业、教育、能源、金融、信息技术、治理等六大领域创新发展的主要情况，总结非洲经验，以及国际上特别是中国可供借鉴的先进经验，识别在这些领域的发展投资机会和有关风险。此外，鉴于中国开发区和经济特区的发展经验受到非洲国家广泛关注，国开行组织专家撰写了《中非经济合作：知识分享 共同发展》报告，并在第三届对非投资论坛期间发布，为推动非洲国家工业化及城乡一体化和中非合作进行知识分享。

2018 年 9 月，中国国家开发银行等 17 家成员行签署《中非金融合作银联体成立协议》，宣布成立中非银联体，标志着中国与非洲间首个多边金融合作机制成立。中非银联体由中国国家开发银行牵头，非方创始成员行包括南非联合银行、莫桑比克商业投资银行、埃及银行、中部非洲国家开发银行、埃塞俄比亚开发银行、泛非经济银行、肯尼亚公平银行、尼日利亚第一银行、刚果（金）罗基银行、毛里求斯国家银行、南非标准银行、东南非贸易与发展银行、乌干达开发银行、非洲联合银行、西部非洲开发银行等具有区域代表性和影响力的非洲金融机构。

2. 中非发展基金

中非发展基金，是中国政府在 2006 年中非合作论坛北京峰会上宣布的对非务实合作 8 项举措之一，目的是支持和鼓励中国企业对非投资。基金初始设计规模 50 亿美元，由国家开发银行承办，2007 年 6 月开业运营，外汇储备以市场化方式提供了资金支持。

中非发展基金作为中国第一支专注于对非投资的股权基金，实际运作中秉持"真、实、亲、诚"的对非合作理念，坚持政府指导、企业主体、市场运作、合作共赢的原则，着力支持非洲破解基础设施滞后、人才不足、资金短缺三大发展瓶颈，加快非洲工业化和农业现代化进程，帮助其实现自主可持续发展。自成立以来，中非发展基金积极支持中非经贸合作，重点投资了一批农业、基础设施、加工制造、产业园区和资源开发等项目，有力促进了中国企业对非投资，为所在国基础设施建设、技术进步、出口创汇和增加就业发挥了重要作用，推动了中非产业对接和产能合作，促进了非洲经济社会发展和在全球经济格局中竞争力提升，受到了非方的普遍欢迎。

2018 年 9 月，在第四届对非投资论坛上，中非发展基金积极发挥平台作用，与国际机构、非方政府、中非企业等签署 6 个对非合作协议，在产能合作、基础设施、医疗民生、金融合作等领域共同推动对非合作。

1.3.2 中国进出口银行和中非产能合作基金

1. 中国进出口银行

中国进出口银行（简称"进出口银行"）对非业务以基础设施建设、工业化建设、能源资源开发等领域为重点，支持社会民生领域建设。在对非融资合作过程中，进出口银行形成了适合非洲国家国情和基础条件、可为非洲带来长远收益的做法，提高了非洲地区经济发展和人民生活水平。一方面，以准确对接需求为导向。进出口银行根据非洲国家的发展阶段、现实条件、主要诉求，帮助非洲国家筛选项目、设计方案，通过关键项目建设助力东道国打破发展瓶颈。秉持互利共赢理念，坚持市场化运作，着力建立发挥金融机构专业能力和企业市场主体能力的投融资机制、项目运作机制。合作项目的落实在共商共建基础上予以推进，遵循商业规律，强调实施现代化、商业化管理运营。在实现项目经济和社会效益同时，重视保障金融资产安全，提高运作效率。另一方面，以推动重大项目为抓手。进出口银行在"一带一路"、中非"十大合作计划"、非洲"三网一化"等对非经贸合作框架下积极开展业务，支持了安哥拉本格拉铁路、坦桑尼亚天然气管道、埃塞俄比亚基础设施改造和产能合作项目等大批中非合作的标志性项目，与非洲国家共同打造新的产业链条，支持非洲改善基础设施条件、推动工业化进程、更好融入全球经济体系。

中国进出口银行作为中国对非洲地区的融资主渠道，在进出口银行对非贷款余额中，基础设施建设领域贷款占比超八成。截至2018年6月末，进出口银行对非业务覆盖45个非洲国家，成为推进"一带一路"建设和中非务实合作的重要力量。

2. 中非产能合作基金

中非产能合作基金是由外汇储备、中国进出口银行共同出资设立的中长期开发投资基金，于2015年11月在北京注册成立，首批资金100亿美元。中非产能合作基金通过以股权为主的多种投融资方式，坚持市场化、专业化和国际化原则，服务于非洲的"三网一化"建设，覆盖制造业、高新技术、农业、能源、矿产、基础设施和金融合作等各个领域，通过资本运作、资金支持实现中国和非洲共同发展、共同繁荣。中非产能合作基金以股权投资和优先股、可转债等类股权投资为主，辅以夹层融资、债权、股东借款、子基金等多种投融资方式，提供美元和人民币双币种、融资与"融智"相融合的全方位投资方案。以促进中国和非洲的产能合作为目标，围绕中非合作论坛提出的"十大合作计划"，支持贸易、工程承包、并购等各类合作。

1.3.3 亚投行

亚洲基础设施投资银行（简称"亚投行"）是一个政府间性质的亚洲区域多边开发机构，于2015年12月25日正式成立。重点支持基础设施建设，成立宗旨是为了促进亚洲区域的建设互联互通化和经济一体化的进程，并且加强中国及其他亚洲国家和地区的合作，是首个由中国倡议设立的多边金融机构，总部设在北京，目前已成为"一带一路"资金融通的重要平台。截至 2018 年 8 月份，亚投行成员国扩展至 87 个，已投资 28 个项目，投资总额 54.3 亿美元。

2018 年 4 月 18 日，亚洲基础设施投资银行和非洲开发银行在 2018 年世行—IMF 春季年会期间签署加强经济可持续发展合作的谅解备忘录。亚投行和非开行的宗旨和比较优势集中在基础设施建设领域，特别是能源、电力、交通及通信等关键领域。这标志着亚投行将把其融资业务延伸至非洲，从一家聚焦亚洲的银行，转型成为一家在结构上类似于世界银行的全球性金融机构。

第 2 章 中国政府对非援助

2.1 对非援助及其构成

援助是当前较为普遍的国际现象，深刻影响着国际发展的进程。发达国家的人们及其政府不仅要管好自己的事，还有义务帮助欠发达地区的人们实现发展，而那些在实现自身发展面临困难的人们，则有权利要求发达国家提供发展资源。这不仅仅是发达国家和欠发达国家的事情，不少顺利步入发展轨道的发展中国家也在对其他更为落后的欠发达地区提供帮助，几乎所有国家都参与进来。

根据不同国家在援助过程中的特殊性将其分为两种角色：传统援助者和新兴援助者，传统援助者主要是被称为"富国俱乐部"的经合组织成员，既包括经合组织发展援助委员会的成员，也包括一部分尚未加入发展援助委员会的经合组织成员；新兴援助者主要包括中国、印度等已走上发展轨道、经济实力较强的发展中大国。

欧盟和中国分别是传统援助者和新兴援助者中最具影响力、最为典型的代表。在二战以后的国际发展进程中，非洲取得了一些成就，但相对其他国家而言，非洲的发展状况是落后的，非洲至少一半人口生活在绝对贫困中，并且至今没有走上发展的轨道，仍在贫困的泥潭中挣扎。非洲的发展状况引起了国际社会的广泛关注，成为国际援助的重点，同样也是中国和欧盟对外援助的重点地区。

2.1.1 中国对非援助的发展历程

五十多年来中非关系发展史表明，对非援助是推动中非关系不断发展的助力，是维系中非友谊的重要纽带。中国对非援助始于1956年，以改革开放为界，大致可以分为两个阶段。

第一阶段：中华人民共和国成立至1978年的改革开放。中华人民共和国成立后，中国面临的国际形势非常严峻，先是遭到以美国为首的资本主义阵营的孤立和排挤，而后又与苏联发生了严重的冲突与对抗。于是，中国面临美、苏两个大国的军事威胁和经济封锁，承受了巨大的国际压力。同一时期，非洲则掀起了民族解放运动的高潮。出于共同的历史命运，非洲成为中国"国际统一战线"阵营中的重要盟友。20世纪50至70年代，中国把亚非拉国家视为反对帝国主义、反对殖民主义的基本力量，将对非援助作为履行无产阶级国际主义义务的重要内容。这一时期，中国对非援助旨在支持非洲国家谋求民族独立斗争及巩固独立成果。

第二阶段：改革开放至今。20世纪80年代以后，中国和非洲国家的形势都发生了重大变化。改革开放后，中国的国家重心转移到经济建设上来；同时，非洲国家随着民族独立历史使命的完成，维护和平与稳定、发展民族经济、改变贫穷落后的面貌成为各国的首要目标。和平与发展成为中非共同的追求，中非关系进一步体现出互惠和务实的特征。

2.1.2 中国对非援助的理念

理念引领实践，认识理念可以更为深刻地把握实践的本质，一个国家或国际行为体对外实行援助包括的内容非常广泛，援助的理念则是该国或国际行为体对外援助的核心。在国际社会对非洲的援助中，我国援助的规模并不是很大，可效果却很好，受到了非洲各国的称赞与欢迎，为巩固中非友谊作出了重要的贡献。

1. 对非援助的目的

促进非洲自主发展作为我国援非的目标，主要包含以下两项内容：为非洲的独立发展创造条件，防止出现受援国产生援助依赖。

（1）促进农业发展

农业发展对发展中国家减少贫困至关重要。中国通过援建农业技术示范中心、派遣农业专家提供咨询和开展技术合作、培训农业技术和管理人员等方式，积极帮助其他发展中国家提高农业生产能力，有效应对粮食危机。

援建农业技术示范中心。农业技术示范中心是中国在农业领域开展对外援助的重要平台。2010—2012年，中国在贝宁、莫桑比克、苏丹、利比里亚、卢旺达等17国援建的农业技术示范中心陆续竣工。中国通过试验、示范、培训等多种方式，将先进适用的农业生产技术推广给当地民众，利比里亚农业技术示范中心推广杂交水稻和玉米种植面积近千公顷，培训当地农业科研人员和农民千余人次。卢旺达农业技术示范中心开展菌草、稻谷等种类的适应性研究、试验和示范工作，结合当地传统农业，并将技术培训推广至卢旺达妇女协会、稻谷种植协会等机构。

派遣高级农业专家和农业技术组。中国向其他发展中国家派遣的农业专家，积极参与受援国农业规划工作，援贝宁专家组协助起草该国《农业法》和《农业管理法》，援几内亚比绍专家组分别参与编写两国的《农业发展规划》，协助受援国完成促进农业发展工作，援毛里塔尼亚专家组协助制定农业综合分析测试中心实验室建设方案。积极推广简单适用的农业技术，援马里专家组设计推广稻田铁制水耙，帮助当地农民进行精耕细作。

开展农业管理与技术培训。中国结合发展中国家农业发展特点和实际需要，举办近300期形式多样、内容丰富的研修和培训项目，培训了近7000名农业官员和技术人员。农业培训项目领域广泛，既涵盖种植业、林业、畜牧业、渔业等农业管理领域，也涉及农村发展与减贫、粮食安全、农业南南合作等宏观政策制订问题，同时关注农业技术推广、农产品加工、储藏、销售与流通等产业链发展议题。

（2）提高教育水平

为帮助其他发展中国家提升教育水平，支持其教育均衡、公平发展，中国通过援建维修校舍、提供教学设备、培养师资力量、增加来华留学政府奖学金名额、支持职业技术教育发展等，不断加大教育援助力度。

改善教学条件。中国援助了80余个教育设施项目，包括援建或维修中小学校、大学院校、图书馆等，有效改善了受援国的教学环境。中国为受援国无偿提供计算机、教学用具、文体用品等大批教学设备物资，帮助受援国建设大学网络平台和远程教学系统，为受援国丰富教学方式、扩大教学覆盖面创造了条件。

培养师资力量。中国举办了30多期院校高级管理人员培训班、高等教育管理培训班、职业教育管理培训班、中小学校长和教师研修班、现代远程教育研修班等，为发展中国家培训千余名教育官员、校长和教职人员。

支持职业技术教育。中国在苏丹援建的恩图曼友谊职业培训中心累计为苏方培训学员数千名，为进一步扩大招生规模，中国已启动该中心的改扩建工程。中国积极帮助受援国发展职业技术教育，2001—2012年，中国与埃塞俄比亚联合开展农业职业技术教育培训，累计向埃方派出400余人次教师，培训当地农业职业院校教师1800名、农业技术人员35000名。

增加来华留学政府奖学金名额。为促进地区发展，中国不断扩大非洲国家来华留学政府奖学金名额，帮助非洲国家培养人才。

（3）改善医疗卫生条件

医疗卫生是中国对外援助的重点领域之一。通过援建医院、提供药品和医疗设备、派遣医疗队、培训医疗人员、与发展中国家共同开展疾病防治交流合作等形式，中国支持受援国进一步改善医疗卫生条件，提高疾病防控水平，加强公共卫生能力建设。

援助设施和设备。中国援建约80个医疗设施项目，其中包括综合性医院、流动医院、保健中心、专科诊疗中心、中医中心等，有效缓解受援国医疗卫生设施不足的问题。同时，中国向受援国提供约120批医疗设备和药品物资，包括多普勒彩超仪、CT扫描仪、全自动生化仪、母婴监护仪、重要手术器械、重症监护检测仪、核磁共振仪等高端医疗设备，以及防治疟疾、霍乱等疾病的药品。

派遣医疗队。中国对外派遣 55 支援外医疗队，累计 3600 名医护人员，在受援国近 120 个医疗点开展工作，培训当地医护人员数万人，一定程度上缓解了受援国医疗服务供需矛盾。在援外医疗工作中，医疗队员通过观摩示范、专题讲座、技术培训和学术交流等方式积极培训当地医务人员，内容涉及疟疾、艾滋病、血吸虫病等传染病防治，病人护理以及糖尿病、风湿病治疗等领域，针灸、推拿、保健、中医药等中国传统医学。

开展"光明行"活动。中国通过政府与民间渠道并进的方式积极开展"光明行"活动，帮助其他发展中国家治疗更多眼病患者。2010 年 11 月，中国"光明行"医疗队首次赴非洲，为津巴布韦、马拉维、莫桑比克、苏丹等国千余名白内障患者进行治疗。

提供传染病防控援助。2010—2012 年，中国向其他发展中国家无偿提供了 60 批抗疟药、甲流疫苗及霍乱疫苗，并开展传染病防治培训，以上援助项目累计金额近 2 亿元人民币。2007 年，中国与科摩罗启动青蒿素复方快速控制疟疾合作项目，使科摩罗莫埃利岛的疟疾发病率较同期下降 90%。2010—2012 年，在进一步巩固已开展灭疟项目地区成效的同时，中国在科摩罗昂儒昂岛推广了灭疟项目。

（4）建设公益设施

为支持其他发展中国家改善民众生活条件，开展社会公共活动，中国积极援建城市和农村公共福利设施、民用保障性住宅以及社会活动场馆，提供相关设备及物资，并开展运营管理技术合作。

实施打井供水项目。中国在发展中国家实施打井供水项目 29 个，共打水井 600 余眼。中国派遣高级水文地质与工程地质专家，克服自然环境恶劣、疾病侵袭及恐怖主义威胁等困难，帮助受援国打井供水。中国在多哥的卡拉区和中央区各打出 200 眼饮用水井，在苏丹达尔富尔地区和南苏丹朱巴市科托尔地区共打出 38 眼水井，并修建配套潜水泵和发电机组。在尼日尔援建的津德尔供水工程，解决了该地区数十万居民的饮水问题。

改善民众居住环境。中国为其他发展中国家援建民用住宅、经济保障性住房等民生项目80个,总建筑面积近60万 m^2。中国结合受援国当地生活习惯和环境特点,科学设计住宅外观,合理安排内部结构,在节约建筑成本的同时,严把建筑质量关,努力为受援国民众建造简洁美观、结实耐用的经济型住房。

援建公用设施。中国在其他发展中国家援建文化场所、体育场馆、办公会议设施等公共设施项目86个,为丰富当地民众文化体育生活、改善所在国政府办公条件、提升城市形象发挥了促进作用。中国为加蓬援建的4万人座体育场,2012年成功承办了第28届非洲杯足球赛决赛和闭幕式。在塞内加尔援建的国家大剧院总建筑面积近2万 m^2,是目前非洲规模最大的剧院之一。

(5) 开展人道主义援救

近年来,地震、飓风、洪涝、干旱等自然灾害和战乱造成的人道主义灾难时常发生,造成受灾国人员伤亡和重大财产损失。中国积极响应国际社会呼吁,及时提供紧急救灾物资或现汇援助,并根据需要派遣救援队和医疗队,帮助受灾国减轻灾害影响,尽快重建家园。

提供紧急救援物资或现汇援助。2010—2012年,中国政府针对海地地震、巴基斯坦洪灾、古巴飓风、利比亚战乱、叙利亚动荡等自然灾害和人道主义灾难,提供了近50批紧急救灾物资,包括帐篷、毛毯、紧急照明设备、发电机、燃油、食品、药品及净水设备等,价值约12亿元人民币。此外,提供现汇援助约3亿元人民币。

帮助非洲国家应对粮食危机。2011—2012年,非洲之角和萨赫勒地区连续遭遇严重旱灾,超过3000万民众陷入饥饿之中。2011年,中国政府先后三次向埃塞俄比亚、肯尼亚、吉布提、索马里等非洲之角国家提供紧急粮食援助,总额达4.4亿元人民币。2012年,中国政府向乍得、马里、尼日尔等非洲萨赫勒地区国家提供了价值总计7000万元人民币的粮食援助。

支持灾后重建。2012年3月,刚果(布)首都布拉柴维尔姆皮拉地区发生爆炸事件后,中国援建了灾民安置住房,积极支持灾后重建。

提高防灾救灾能力。中国通过提供物资、开展培训等方式,帮助受援国提升应急救援水平，增强防灾救灾能力。三年中，中国对外无偿提供了十余批救援车辆及其他设备；为发展中国家举办防灾救灾培训班和研修班约 30 期，与 700 余名官员、技术人员交流分享救灾防灾经验❶。

2. 对非援助的动机

对非援助外交不可避免地服务于中国的对非外交整体目标：

（1）维持好与非洲国家的良好关系

非洲是国际政治舞台上的一支不可忽视的重要力量，在中国外交全局中占有特殊地位。中国的崛起需要得到非洲国家的支持，如果没有非洲国家的支持，中国外交的回旋余地就会减小。中国既是一个大国，同时也是一个发展中国家。这种双重性决定了中国外交的政治根基在发展中国家。不论过去、现在、还是将来，非洲都是中国的战略同盟军，是中国处理好与西方大国关系的重要依托。因此，与非洲国家的良好关系既是一种外交传统，也是一种现实考虑。

（2）维护祖国统一和独立自主的发展道路

中国要实现祖国统一大业离不开非洲国家的支持。中国坚持走中国特色的社会主义发展道路，并注意平衡改革、发展、稳定三者间的关系，这一模式却屡遭西方国家对中国人权状况、民主化进程等问题的非议，在这些问题上，中国需要获得非洲国家在国际事务中的坚定支持和理解，才能有力保证外交上的独立自主和内政不被干涉。

（3）促进中非经济关系的成长

改革开放后，我国的市场经济得到全面发展。从全球化资源有效配置的角度看，特别是从全球竞争的现实状况来分析，中国经济发展必须突破本国经济内自我循环的狭隘眼界，而树立以全球资源为基点，以全球市场为导向的战略观念。非洲自然资源丰富，市场潜力巨大，与中国存在较大的经济互补性，有较大的互利合作空间，是中国实施国际国内"两种资源、两个市场"发展战略的重要组成部分，因此以对非外交确保良好的中非经济关系既有利于非洲国家借助与中国的经济往来实现自身发展，也是中国外交服务国内现

---

❶ 资料来自国务院新闻办公室《中国的对外援助（2014）》白皮书。

代化建设的应有之义❶。

3. 对非援助的原则

1964年1月14日，中国正式宣布对非洲援助的八项原则，同时这也是中国对外援助的八项原则。中国对非洲援助八项原则继承和发扬了中国对外关系中形成的和平共处五项原则和万隆会议十项原则，是中国对外经济援助原则的理论化和系统化，充分体现了中国对外经济技术援助所呈现的独特风格。另外，援助过程中充分体现互不干涉内政原则。

不干涉内政、不附加任何政治条件是中国对非援助理念的集中体现。半个多世纪以来，中国在与非洲国家的交往过程中，无论是提供援助，还是开展经济技术合作，中国始终坚持不干涉内政之原则，始终坚持尊重非洲国家的主权，不附加任何政治条件。这种做法可以让受援国根据自己国家的发展目标决定优先上什么项目。

2.1.3 中国对外援助的构成

亚洲和非洲是中国对外援助的主要地区，为促进实现联合国千年发展目标，中国对外援助资金更多地投向低收入发展中国家。

1. 援助资金

对外援助资金包括无偿援助、无息贷款和优惠贷款三种方式。

无偿援助重点用于帮助受援国建设中小型社会福利项目以及实施人力资源开发合作、技术合作、物资援助和紧急人道主义援助等。

无息贷款主要用于帮助受援国建设社会公共设施和民生项目。

优惠贷款主要用于帮助受援国建设有经济社会效益的生产型项目、大中型基础设施项目，提供较大型成套设备、机电产品等。

援外预算资金由财政部按预决算制统一管理。优惠贷款本金由中国进出口银行通过市场筹措，贷款利率低于中国人民银行公布的基准利率，由此产生的利息差额由国家财政补贴❷。

---

❶ 《中国对非洲国家的援助》—百度文库。
❷ 国务院新闻办公室《中国的对外援助（2014）》白皮书。

2. 援助分布

中国向非洲地区51个国家提供了援助,此外,中国还向非洲联盟等区域组织提供了援助。

3. 援助方式

进入21世纪,中国对非援助的形式和内容日趋丰富。中国对非援助的领域不断扩展,除传统的经济技术援助外,教育、卫生、文化等领域的援助也有了明显的增加。到目前为止,中国对非洲援助有以下方式:政府贴息优惠贷款、援外项目合资合作、减免非洲国家债务、人力资源开发合作和发展经验交流、人道主义援助等。

(1)减免非洲国家债务

在减免非洲国家债务方面,中国不仅在国际上积极呼吁发达国家减免或重新安排非洲国家的债务负担,而且以一个发展中国家的身份主动减免非洲国家的债务,充分体现了中国帮助非洲国家实现共同发展的愿望和决心。

(2)人力资源开发合作与发展

在人力资源开发合作与发展经验交流上,中国为非洲国家培训各类人才,培训内容涉及经济管理、医疗卫生、网络通信、农业技术、环境保护等领域。2009年7月8日,中国政府主办了第二届中非共享发展经验高级研讨会。研讨会阐释了中国在改革与发展过程中所面临的挑战、采取的措施、取得的成就,并对比非洲国家不同的经济、历史和文化背景,从而促进发展经验与发展模式的交流互鉴。在人道主义援助方面,中国已成为对非洲提供人道主义援助的主要国家之一。

(3)医疗援助

中国曾长期向非洲国家派遣医疗队,提供药品和医疗物资援助,帮助非洲国家建立和改善医疗设施:自1963年以来,中国向45个非洲国家和地区派遣医疗队1.6万人次,共诊治病患2.4亿人次。在2006年中非合作论坛北京峰会上,中国政府承诺为非洲援助30所医院,并提供3亿元人民币无偿援助款帮助非洲防治疟疾,用于提供青蒿素药品及设立30个抗疟中心。近年来,中国还加大了对非洲自然灾害和战乱地区的人道主义关切。在援助渠道方面,中国通过双边途径向非洲提供援助，也注重发展多边途径对非洲提供援助。中国不仅通过联合国机构和国际金融组织向非洲提供多边援助，也注重利用中非多边合作机制来提供对非洲援助。这主要表现为通过支持非盟等区域组织的一体化举措，来推动非洲大陆的稳定与发展❶。

中国的对外援助及其构成　　　　　　　　　　表2-1

维度	类别
对外援助方式	无偿援助
	无息贷款
	优惠贷款
对外援助方式	援建成套项目
	提供一般物资
	开展技术合作
	开展人力资源开发合作
	派遣援外医疗队
	派遣志愿者
	提供紧急人道主义援助
	减免受援国债务
对外援助分布	农业
	工业
	物资
	经济基础设施
	社会公共基础设施
	人力资源开发合作
	人道主义
	其他

2.1.4　中国对非援助的特点

中国对非援助不同于西方国家，有自己的独特特点。中国对非援助原则上强调四点：平等相待与互相尊重、互利双赢与共同发展、不附加政治条件与

---

❶ 国务院新闻办公室《中国的对外援助（2014）》白皮书。

不干涉其他国家的内部事务、强调培养自力更生的能力。在全球化日益推进的今天，中国坚持既强调经济合作，又提倡互利双赢；既交流理政经验，又尊重别国主权。

（1）中国援助非洲的平等理念。中国对非援助一向坚持"不附加任何政治条件""互相尊重主权和领土完整""互不干涉内政""平等相待，维护共同利益"的原则，这些都体现了中国援助非洲时的平等思想。在国际发展援助中，捐赠者—受捐者是一对频繁出现的名词，无人对此提出过疑义。然而，只要留意中国的援外记录，中国政府从未使用过"捐赠者—受捐者"这一称呼。由于捐赠者—受捐者反映的是两国关系，这一称呼从词义和实质上已界定了两者地位上的不平等：一方富裕，一方贫穷；一方在上，一方在下；一方优越，一方卑微。这种不平等关系产生了一系列后果，前者的颐指气使成为常态，对后者的各种要求成为援助的必备条件；后者对前者的要求只能服从，否则即可能失去援助。这也是中国援助理念与西方援助理念不同，中国对非援助数额有限而效果较好，西方对非援助数额较大而效果不佳的原因。

（2）援助与经济合作相结合。中国对非洲国家的帮助，本着"授人以鱼，不如授人以渔"的精神，旨在提高他们的自主发展能力，比如采取措施积极扩大对非洲进出口，鼓励中国企业到非洲国家进行平等互利的投资，开展经济技术合作，为他们培养专业人才等。2000年中非贸易额首次突破100亿美元，此后连续八年保持30%以上的增长速度，特别是近年来中非经贸合作发展迅速。2007年，我国已跃居非洲第二大贸易伙伴，仅次于美国。

（3）援助方式多样化。改革开放以前，中国对非援助的主要形式是以无偿赠予、低息或无息贷款等方式提供成套项目援助，改革开放后，中国政府开始调整对外经济技术援助工作。1995年，中国对援外方式进行了改革，政府积极推行优惠贷款和援外合资合作方式，完善新形势下对非援助机制。21世纪初，中国又增加了债务减免这一新的援助方式。到目前为止，中国对非援助大致有以下方式：无偿援助（包括人道主义援助）、援外项目合作合资方式、政府贴息优惠贷款和中非发展基金贷款、援非医疗队、人力资源开发和发展经验交流。

2.1.5　中国对非援助面临的挑战和问题

五十多年来，中国对非洲的援助对非洲的发展做出了一定的贡献，中非关系也有了更进一步的发展。但新形势下，中国援非也面临一些挑战。

（1）新殖民主义的论调。在全球能源安全形势严峻的情况下，非洲已成为大国争夺的重要目标，而中国在非洲的能源开发与合作不可避免地引起了西方大国的关注和戒备。有的西方学者将中国在非洲的能源开发和市场进入定义为"新殖民主义"，将中国对非洲的援助看作是"东方牛仔资本主义"，认为中国对非援助是"不计任何代价地获取资源，无视当地的政治问题，比如苏丹、安哥拉和津巴布韦"。英国路透社认为，中国在非洲的活动"其实是一种战略推进，旨在加强外交联盟，争夺非洲丰富的资源"。西方对这样"一个咄咄逼人的新的竞争者"，不得不感到忧虑。一些西方国家认为中国与非洲的合作对它们的传统势力范围、战略利益和经济利益构成了现实威胁，因此大肆炒作所谓的非洲版的"中国威胁论"。但实际上，准确地说，"殖民主义"是追求从政治上控制别国，在经济上垄断别国的经济命脉，而中国处理对外关系时始终遵循不干涉别国内政的原则。中国不接受别国将意识形态、价值观和发展模式强加于中国，也绝不会把自己的意识形态、价值观和发展模式强加于别国，特别是非洲国家。

（2）利益摩擦。随着中国经济的迅速崛起，中非在国际经济分工中所处层次逐渐拉开，双方利益差距逐渐显现，当前的一个突出的问题即中非贸易摩擦与纠纷。总体上，中非经济存在互补性，但具体到一些特定的产业、行业、产品，却是一种竞争关系。中国的纺织品、服装、轻工等商品大量涌入非洲，一定程度上冲击了非洲刚刚起步的制造业发展，导致部分非洲国家对中国频频发起反倾销、保障措施等贸易救济措施。另外，在外交层面上，中非虽然在一些重大国际问题上保持着密切磋商与合作，但双方的政治诉求不尽一致。

（3）随着中国经济迅速发展，综合国力增强，非洲希望得到中方更多帮助。虽然中国已在努力扩大援助规模、增加进口、鼓励投资、加强人力资源合作，但离非洲国家的期望仍有很大距离。中国经济发展的实际情况决定了在短期内很难完全满足他们的需求。如果中国能够更好地与其他国家合作，更多的投资非洲，与非洲有更多的贸易活动，将能更好地帮助非洲早日实现千年发展目标，促进中非关系的发展。

对上述挑战，我们应充分认识到国际经济环境的严峻性和复杂性，坚持用发展和改革的办法解决前进中的问题，转变发展方式，提高合作质量，推动中非经贸关系全面、协调和可持续发展。

首先，中非友好关系不是近几年才建立的。早在二十世纪五六十年代，中非就在反帝、反殖、反霸的历史浪潮中并肩战斗，在振兴民族经济的艰辛历程中携手同行。中国政府和人民始终尊重非洲国家自主选择社会制度的权利，支持非洲人民探索适合本国国情的发展道路，坚信非洲国家有能力以非洲方式处理好自己的问题。中非经贸合作是建立在互利共赢、开放透明基础之上的，中国对非洲的支持和援助，过去没有、将来也永远不会附加任何政治条件。其次是积极稳妥地开展援外国际交流活动，增信释疑，深入调研国际发展援助形式，适当参与多边援助事务，认真探讨多边合作项目。总之，中非进一步加强互利合作，有利于充分发挥各自优势，实现共同发展；有利于带动国际社会更加关注非洲，帮助非洲加快实现千年发展目标；有利于促进南南合作，提升发展中国家在国际政治、经济格局中的整体地位；有利于推动国际关系民主化和国际秩序公正化，建设持久和平、共同繁荣的和谐世界。当前，非洲面临着国际金融危机、气候变化等全球性挑战，非洲的可持续发展面临着严重威胁。中国对非洲面临的困难和挑战感同身受，将继续扩大对非援助规模，愿同非洲国家不断深化各领域务实合作，全面推进中非新型战略伙伴关系。

2.2 援助的总体情况及效果

非洲是发展中国家最集中的地区。自 2000 年中非合作论坛成立以来，中国积极在论坛框架下同非洲国家开展发展合作，逐步增加对非洲援助力度，有效促进中非关系全面发展。

2.2.1 主要援助内容

（1）优先促进农业发展。中国一贯重视与非洲开展农业合作。2010—2012年，中国在非洲建成了14个农业技术示范中心；派遣了大量农业专家开展技术合作；为非洲国家培训农业技术人员超过5000名。2012年7月，在中非合作论坛第五届部长级会议上，中国政府承诺援建更多农业技术示范中心，进一步加强技术培训和示范推广，帮助非洲国家提高粮食生产、加工、储运和销售能力。

（2）支持基础设施建设和一体化发展。基础设施一直是中国对非援助的重点领域。坦赞铁路是中国早期支持非洲跨国基础设施建设的标志性项目，建成后，中国不间断地开展技术合作，为铁路运营管理提供帮助。2010—2012年，中国在非洲援建了86个经济基础设施项目。2012年，中国宣布同非洲国家建立跨国跨区域基础设施建设合作伙伴关系，为项目规划和可行性研究提供支持，鼓励有实力的中国企业和金融机构参与建设。中国积极支持非洲联合自强和一体化进程，援建了非洲联盟总部大楼和会议中心，同时支持"非洲发展新伙伴计划"，帮助非洲加强能力建设。

（3）推动医疗卫生合作。中国长期致力于帮助非洲国家改善医疗卫生条件。目前，43支中国医疗队分布在42个非洲国家。中国援建了近30所医院和30个疟疾防治中心，提供8亿元人民币的医疗设备物资和抗疟药品，为非洲国家培训医护人员超过3000名。援助利比里亚塔佩塔医院项目医疗设备先进齐全，建成后由中国、埃及、利比里亚三国合作运营，为该项目可持续运营进行了有益尝试。

（4）开展能力建设。中国在非洲国家援建了150所中小学校，培训各类人才约4.7万名。2012年，中国宣布实施"非洲人才计划"，为非洲培训3万名各类人才，提供政府奖学金名额18000个。当年，中国向非洲国家提供的政府奖学金名额已达6717个。

（5）应对气候变化。中国积极帮助非洲国家提高应对气候变化的能力，加强在卫星气象监测、新能源开发利用、沙漠化防治、城市环境保护等领域的合作。中国在非洲援建的 105 个清洁能源和供水项目已陆续开工建设或交付使用。2012 年，中国启动为有关非洲国家援建自动气象观测站、高空观测雷达站等设施，提供森林保护设备，开展人员培训和交流研讨，支持非洲加强生态环境保护，应对气候变化挑战❶。

2.2.2 援助效果

援助工作的最终落脚点及检验其优劣的标准都在于对非援助的成效，通过对中国援助非洲的成效进行分析，进一步证实中国援非模式的合理性与有效性。

1. 中国援非对非洲经济发展的成效

1）中国对非农业援助增加了受援国粮食和经济作物的产量，促进了农业和农村发展。

中国共帮助非洲援建农业项目 140 多个，包括农场、农田水利项目、试验和推广站、农机具加工、畜禽养殖等。中国派遣援外农业专家帮助几内亚比绍建立 11 个水稻生产示范点，示范种植面积 2000ha，繁育良种 530t，推广面积 3530ha，其中多个品种增产 3 倍以上。2008 年，中方农业专家获得几内亚比绍农业部颁发的科技进步一等奖。近年来，中国政府进一步加大了对非农业援助力度，包括建立 20 个农业技术示范中心、派遣农业技术专家、培训农业技术人员等。

2）中国对非基础设施援助改善了当地生活和生产环境，为非洲经济发展创造了更好的条件。

中国援建的毛里塔尼亚友谊港承担了该国 90% 的货物进出口；坦桑尼亚查林兹供水项目，覆盖 18 个村庄，惠及近 10 万人，从根本上解决当地居民的生活用水问题。

3）中国对非债务减免减轻了非洲经济发展的负担。

---

❶ 国务院新闻办公室《中国的对外援助（2014）》白皮书。

自 2000 年以来，中国先后在中非合作论坛和联合国发展筹资高级别会议和联合国千年发展目标高级别会议上 6 次宣布免除与中国有外交关系的重债穷国和最不发达国家对华到期无息贷款债务。非洲是主要的受益国。债务的免除减轻了非洲国家的负担，使其能有更多的资金用于经济发展。

2. 中国援非对非洲社会发展的成效

1) 中国对非人力资源开发合作为非洲培养了人才，增强了其自主发展能力。

例如，中国为利比里亚战后难民、辍学学生、贫困农民举办了多期竹藤编技术培训班，推动当地竹藤产业发展。竹藤编培训班学员通过出售自制产品，月收入可达 150 美元，有效改善了生活条件。此外，中国还向近 3 万人次非洲留学生提供了政府奖学金，派遣了大量专家和技术人员，在当地培养管理和技术人员。

2) 中国对非民生领域的援助使更多非洲人民直接受益，帮助改善当地人民的生活。

近年来，中国政府进一步加大了对教育、医疗、卫生、清洁能源等直接惠及当地民生的援助。中国在联合国发展会议和中非合作论坛等场合宣布的一系列援助措施中，包括修建医院、学校、小型清洁能源项目，提供抗疟药物和医疗设备，培训医生、教师，增加留学生奖学金名额等多方面的行动。对民生项目和人力资源培训的重视也充分体现了中国"以人为本"、构建"和谐世界"的理念。

参考文献

[1] 陈友庚，张才圣. 中国和欧盟对非洲援助比较研究. 北京：中国政法大学出版社，2017.

[2] 林毅夫，王燕. 超越发展援助. 北京大学出版社，2016.

[3] 孙同全，周太东. 对外援助规制体系比较研究. 北京：社会科学文献出版社，2015.

[4] 黄梅波，郎建燕.中国的对非援助及其面临的挑战.国际经济合作，2010（06）：36~42.
[5] 中国南南合作网，http：//www.ecdc.net.cn/.
http：//www.ecdc.net.cn/inve/detail.aspx?ClassID=15&ContentID=250.
[6] 中非合作论坛网，http：//www.focal.org/.

第 3 章　中国对非投资

3.1　现阶段中国企业投资非洲的机遇与挑战

党的十九大对我国构建对外开放新格局提出了新的要求，为中非经贸合作打开了快速发展的大门。自 2013 年 9 月 7 日习近平主席提出"丝绸之路经济带"和 2013 年 10 月 3 日习近平主席提出的"21 世纪海上丝绸之路"至今已经 6 年时间，开展对非投资对"一带一路"建设具有重要的战略意义。中非合作论坛北京峰会上，习近平发表主旨讲话，中国将在推进中非"十大合作计划"基础上，同非洲国家密切配合，未来 3 年和今后一段时间重点实施"八大行动"❶。

当前的非洲是一个充满商业机会的大陆，为响应国家"走出去"战略，伴随着中国对非洲大量项目援助、非洲经济的快速增长及非洲 12 亿人口消费需求为中国传统民营企业转型发展提供了重要机遇。同时开展对非投资是助力"一带一路"建设、推动中国企业"走出去"的重要抓手，也是促进非洲就业、出口及产业升级的有效途径。在新的形势下，中国对非投资迎来了更

---

❶　八大行动即产业促进、设施联通、贸易便利、绿色发展、能力建设、健康卫生、人文交流、和平安全。

多的机遇,而受中非贸易、工程承包及融资合作等面临诸多不利因素的影响,也面临着诸多挑战。

3.1.1 我国对非投资整体情况

截至 2018 年年底,中国对非各类投资存量超过了 1000 亿美元,在非华人自 1996 年的 13.6 万增长至现在的 200 万,增长迅速❶。2017 年流向非洲的投资约为 41 亿美元,同比增长 70.8%❷。

1. 在非投资存量持续上升

据麦肯锡《龙狮共舞:中非经济合作现状如何,未来又将如何发展》报告估测,未来十年内我国有望成为非洲最大的 FDI 来源国。

从长期来看,非洲国家迫切发展的需求及其对外部资金的需要始终存在,随着全球经济日益复苏,中非投资合作将继续保持相对快速的增长态势。

2. 在非投资覆盖率较高

中国企业在非洲地区的 52 个国家开展了投资,投资覆盖率为 87%,设立的境外企业超过 3200 家,占境外企业总数的 8.8%,主要分布在南非、刚果(金)、赞比亚、阿尔及利亚、尼日利亚、埃塞俄比亚、加纳、津巴布韦、安哥拉、坦桑尼亚等。

3. 在非投资主要集中在 5 大行业

投资行业领域不断拓宽,主要集中在 5 个行业领域,分别是建筑业(28.3%)、采矿业(26.1%)、制造业(12.8%)、金融业(11.4%)以及科学研究和技术服务业(4.8%),5 个行业投资存量所占比重达 83.4%。

4. 非洲成为我国对外承包工程第二大区域性市场

由于友好的政治关系和较强的产业互补性,非洲成为中国对外承包工程的主要市场之一,地位仅次于亚洲,居第二大区域性市场。主要国别市场包括:阿尔及利亚、埃塞俄比亚、肯尼亚、安哥拉、尼日利亚、埃及、刚果(布)、

---

❶ https://item.btime.com/33orrkpolib812q10ltfi7fbtmn。
❷ 商务部、国家统计局、国家外汇管理局,2017 年度中国对外直接投资统计公报。

乌干达、赞比亚、坦桑尼亚❶。

3.1.2　非洲的商业机遇

十多年来，我国对非投资取得了长足进展，但规模较西方发达国家仍然偏小，占全球比重相对较低，与我国在非洲的影响力极不相称。从我国对外投资的地区分布来看，对非投资占比仍然偏低，与中非关系在我国对外战略中的重要性也不匹配，对非投资仍有很大的提升空间。近年来，中非合作在顶层设计上已逐渐清晰，在"一带一路"倡议、中非"十大合作计划""三网一化"❷等带动下，对非投资潜力将进一步得到释放。

2018年中非合作论坛北京峰会上，习近平主席已承诺在未来三年期间为非洲发展提供600亿美元，以支持非洲的发展；并表示中国不搞"花架子"，将专注于商业上可行、可持续和绿色的投资项目。强大的资金支持有利于刺激非洲经济的迅速发展。

1. 中非经济具有较强的互补性

中国与非洲均处在经济发展的上升期，彼此处于工业化进程的不同阶段中，因此中非经济存在较强的互补性。中非在各自产业结构调整、增长方式转变的过程中，以及在工业化、城镇化进程中，存在诸多利益交汇点，从而使得中非双方可以基于各自的比较优势，通过发展战略对接，在跨国、跨区域合作中实现优势互补、互利共赢。

2. 非洲人口红利期到来

人口红利期正在到来，整个非洲大陆共有12亿人口，其中40%生活在城市，在撒哈拉以南地区，城市化速度比世界平均水平快一倍。至2050年，该地区城市人口将会由35%增加到67%。城市化进程的加快，刺激了生产力发展、产生了巨大的消费需求和投资需求，促使非洲国家需要修建更多的道路、建筑等基础设施，同时需要大量吸纳农村劳动力，而发展劳动密集型产业正是吸纳农村剩余劳动力、解决就业问题的关键。非洲劳动力队伍在不断扩大，

---

❶　商务部，中国对外投资合作发展报告，2017年。
❷　三网一化即铁路网、公路网、区域航空网、工业化。

也与世界其他地区萎缩的劳动力市场形成了鲜明对照。

3. 基础设施建设能力薄弱带来商机

基础设施建设能力薄弱在很大程度上阻碍了非洲国家之间的贸易联通。当前的非洲对经济发展具有强烈的渴望,中国"要想富先修路"思路同样适用于非洲。非洲要想得到长足发展,必然要加强基础设施建设。因此可以为基础设施建设企业带来巨大的商机。在非洲各国实现城市化和区域一体化的进程中,基础设施建设及相关的电力、电信行业的建设将成为拉动非洲投资的主要动力。

4. 非洲自然资源丰富,有利于中国资金、技术走向国际

非洲的自然资源丰富,像铬、钴、铂等储量占全球的90%以上,黄金储量占全球的50%,此外非洲还有丰富的石油、铜、铁等资源。非洲有19个国家是石油和天然气的主要生产国。近年来非洲石油产量增长速度位居全球首位,天然气增长仅次于中东地区。中国完全可以为这些资源开发提供资金、技术和市场。

5. 非洲收入水平上升,推动消费市场发展

受益于非洲整体经济快速增长及城镇化进程的加快,非洲许多国家人均国民收入正在接近中等收入标准,收入水平的提高将带动非洲消费需求和能力的提升,对非洲经济发展起到积极的推动作用。

6. 非洲整体形式较为复杂,但竞争优势明显

当前国内竞争异常激烈,而在非洲利润率则可以是国内的几倍。由于非洲的高风险性,外资公司往往退避三舍,造成当地市场空白。非洲商品主要依靠进口,定价较高,随着当地人民群众消费能力的提升、购买力的增强,很多经营领域存在非常大的发展空间,对于中国企业来说,不论是在当地建厂还是产品出口,利润空间相当可观。

虽然外国投资不断增加,但仍远远不能满足非洲的发展需要。为了吸引更多投资,一些非洲国家正努力改善投资环境,为投资者营造安全、公平、有法律保障的投资环境,以吸收更多外国投资,推动本国经济发展。根据世界银行发布的全球国家"经商便利性"评估,非洲虽然整体情况较差,但部

分国家如肯尼亚、赞比亚、南非、突尼斯等已经走在了前面，为周边国家起到示范作用。外国投资的不断增长，直接推动了非洲法律、制度和市场建设，促进了非洲投资环境的改善。

3.1.3 投资非洲存在的风险

近年来，越来越多的企业已经或正在筹备投资非洲，但由于中国与非洲各国在政治、法律、经济、文化、宗教、风俗习惯等方面的差异，导致中国企业对非投资存在诸多风险及不确定因素，再加上中国企业海外投资经验的缺乏，很多中国企业在非洲投资的效果并不理想。为了帮助投资企业在非洲投资过程中有效规避风险，下面对相关风险进行详细介绍，并针对具体风险提出应对措施。

根据《中国海外安全风险蓝皮书》(2018)，全球纳入考量范围内的国家中，有9个国家的风险等级为极高，分别为阿富汗、利比亚、叙利亚、也门、南苏丹、苏丹、索马里、中非和委内瑞拉。这9个安全风险极高的国家中，有5个都是非洲国家，对非投资面临的风险很高❶。

风险高的原因主要包括几个方面：一是大国家间战略博弈，大国关系是国际关系的主导力量，少数大国不希望中国日益强大和对中国海外市场的扩大充满恐惧，在非宣传"中国威胁论"与"新殖民主义论"，破坏中非合作；二是地区战争此起彼伏，各种极端主义势力不断从中东外溢，蔓延至北非与撒哈拉以南非洲各国，对周边各国政府军队展开游击战，对无辜民众进行迫害，严重影响非洲国家的安全与稳定，遇到战争危险，不但可能血本无归，而且人身安全也会受到非常严重的损失；三是非洲一些国家与地区，特别是北非与大湖地区日益复杂的政治、宗教与种族纷争使得当地的安全局势仍处于一种极不稳定的状态，未来随时都有可能爆发新的冲突，继而对中国的投资产生

---

❶ 中国人民大学国家安全研究院、中国海外安全研究所和中国石油天然气集团公司国际部，中国海外安全风险蓝皮书，2018。

严重的负面影响❶。

1. 政治风险

政治风险是东道国的政治环境或东道国与其他国家之间政治关系发生改变而给外国投资企业的经济利益带来的不确定性。中国企业在非洲面临的政治风险包括政治环境不稳定，政权更迭带来的系统性政治风险；社会经济发展变化带来的利益冲突型政治风险；第三方干涉带来的不确定性政治风险；投资企业自身问题引发连锁反应导致内生型政治风险❷。政治风险给投资企业带来经济损失的可能性包括：没收、征用、国有化、政治干预、政权更替、政策风险、国家安全和恐怖主义风险及由其他国家对东道国的政治策略和市场竞争策略带来的风险（战争风险、制裁风险、大国博弈等）。

科学规避企业在非洲投资过程中面临的政治风险可以从以下几个方面着手：在对非投资前对投资国和投资项目的政治风险进行全面评估；在投资经营活动中加强政治风险的管理意识，不断加强本土化经营水平，规范投资行为；采取多元化投资策略；采取有效的跨文化的管理措施；在政治风险发生后，可以通过向中国政府申请保护等措施，最大限度降低损失。

2. 法律风险

在很多非洲国家，其法律体系不完善，且受殖民历史的影响，法律制度较为复杂。中国企业走进非洲，缺少金融产业助力和人才储备，对非洲相关法律法规与政策的了解很少，加之盲目进行投资，与当地社区缺乏有效沟通，中国企业在不经意中就会受法律的处罚，影响企业的发展。当出现问题时，当地政府一般都会采取地方保护原则，使中国企业受到不公平待遇，加剧了中国企业投资的财务风险。

劳动法律风险是中国企业海外投资特别是收购并购后遭遇的典型法律风险，主要包括高级雇工缺乏和非法用工问题。在非法用工方面，中国企业历来是被当地劳工所诟病和投诉的对象。由于缺乏有效的政府监管和习惯于其在中国的不良做法，一些中国企业在非洲无视当地法律，不与雇工签订劳动

---

❶ 中海安，中国对非洲投资的风险与应对，2018。

❷ 都伟. 中国企业投资非洲面临的政治风险及应对策略 [J]. 现代经济探讨，2016年03期。

合同，随意解雇劳工，工资标准甚至低于东道国规定的最低保障工资，不注重保护员工基本权益，严重影响了中国企业在当地的形象。

外汇汇出风险也是一种常见的法律风险，中国企业将资本金、利润等汇回本国时则会遭遇外汇管制。埃塞俄比亚就是采取外汇汇出管制的非洲国家之一，之所以出现这种状况，是因为埃塞俄比亚外汇极端紧缺，该国政府至今仍实行严厉的外汇管制，整个金融业也未对外资开放，而且这个问题短期内很难得到解决。

生态环境风险也极易产生法律风险。高居投资存量前列的采矿业、建筑业和制造业具有较高的环境影响性和资源依赖性，成为贸易争端的新诱因。殖民掠夺对非洲的贫困与环境恶化造成了不可磨灭的影响，但许多国家独立以来，不断吸收西方环境保护立法经验，环境保护法律日趋严格。贝宁、多哥等国通过抽象性的法律规划，以宣示性的宪法明确赋予了公民拥有健康的环境权，而安哥拉、尼日尔等国则通过权利与义务相结合的强制性条款设计，赋予了公民环境权力，设置国家环保义务，明确国家履行义务的具体措施。部分企业对境外环境保护工作经验不足，很容易给当地带来一定的环境问题。

知识产权风险是指企业的知识产权在中国获得了知识产权保护，但在非洲国家却不一定能获得法律保护。

法律变化风险是指签约后当地法律变化引起的风险，而东道国法律的变化会对企业预期的利益产生影响。很多国家政局不稳定，政局生变会导致法律法规的变化。

3. 经济风险

当前世界经济复苏冷热不均，前景不确定。许多国家贸易保护主义抬头，有的国家经济政策不透明，涵盖能力不足，对我国海外项目投资带来一定的风险，中国企业在海外遭遇的不公正处罚、歧视性待遇、投资限制、外汇管制等不利条件也在增多。非洲国家的风险抵抗性比较差，所面对的经济风险性比较强，因此非洲国家会不断调整经济政策，导致非洲国家货币不稳定，使货币贬值，造成通货膨胀，增加了劳动力成本和物价成本，给中国企业带来严重的经济损失，加大了财务风险。

汇率风险指因外汇市场变动引起汇率的变动，致使以外币计价的资产上涨或者下降所带来的风险。中国企业在非洲的项目一般都以美元计价，由于中国企业外汇风险意识不强，外汇变动给中国企业带来了巨额的损失，外汇风险管理的好坏已经成为项目盈亏的关键因素。

国际税负影响企业利润。中国企业在非洲投资要保证项目的回报，妥善的国际税务安排是必不可少的考量因素。

供应链管理风险可能带来经营成本的增加。许多非洲国家基础设施比较落后，企业生产所需的材料以及配套设施严重不足，对非投资的中国企业如果对此认识不足，则后期在本地采购和国际物流等方面会付出高昂成本，从而大大提高企业投资成本。

企业内部风险主要指的是企业内部管理、经营不善而出现财务风险，一方面，在市场竞争中，存在很大的不确定性因素，在面对问题时，企业管理者没有良好的经营管理理念，加大了财务风险；另一方面，非洲国家的劳动力素质较低，企业在雇佣当地劳动力时，给的薪水比较少，当地员工缺少劳动保障，缺乏工作积极性，工作效率和产品质量低，降低了企业信誉度，使企业的发展受到阻碍。

4. 文化风险

由于非洲国家与中国之间的文化差异比较大，有很多的中国企业在不了解当地文化背景下进行投资、生产，容易与当地居民发生矛盾冲突，增加了企业的财务风险，另外，中国官方语言与东道国语言不通，企业不愿意加大成本，聘请翻译，而翻译的质量对企业的发展也有重大影响。

5. 公共危机

公共危机也称排华危机。坦桑尼亚政府和移民局以查护照、查工作签证为由，对首都的华人华侨进行了突击抓捕，被当地华人称为"排华事件"。类似查抄事件在许多非洲国家都发生过，其主要目的，通常是借机敲诈，而中国商人喜欢"私了"，习惯用钱摆平的不良风气，令其屡屡成为主要目标。随着中国企业影响力的增加，开始威胁到当地居民的饭碗，以尼日尔为例，当地华人抢走不少尼日尔人的饭碗，最后，尼日尔政府不得不出面"整肃"，才引发当地华商被扣押事件；甚至有些国家不惜明订新法限制外资，目的就是保护当地国零售业，并增加就业机会，像博茨瓦纳修正贸易法后，更是筹组专案小组全面追查在当地的华人商城，重创当地华商，不少店铺纷纷关门大吉或被迫转业避风头。

6. 营商环境不佳

营商环境直接关乎市场主体的日常运营、生存发展，是一个国家或地区有效开展国际交流与合作、参与国际竞争的重要依托，是一个国家或地区经济实力的重要体现，是提高国际竞争力的重要内容。根据世界银行发布的《2018年营商环境报告》，非洲国家的排名基本上比较靠后，或极为不佳，严重影响了中国企业在当地的投资利益和发展。

7. 其他风险

包括人身安全和疾病风险、廉政风险等。

多年的战乱和横行的疾病是非洲吸引外商投资的大敌，很多西方公司因为安全和疾病威胁，断然放弃了一些非洲国家的投资。为了争取这些市场机会，许多中国劳工付出了健康甚至生命的代价。以疟疾为例，这一在大多数国家已经消失的疾病还在非洲特别是中南部非洲肆虐。

世界货币基金组织最新报告，英国风险咨询机构 Maplecroft 提供的数据显示非洲地区整体廉政指数较低。东道国对待中国企业进行海外投资的态度，所采用的政策及行政部门的行政效率，会影响中国企业在非洲投资的安全性。

3.1.4 投资非洲风险应对措施

"一带一路"倡议和中非合作机制为中国企业带来了巨大的商业机遇，对于投资非洲的风险的清晰认识不应成为中国企业进一步拓展非洲市场的拦路虎，而应该成为确保投资收益的技术工具。针对上述风险，建议中国企业从以下几点规避或将风险损失降低到最低。

1）明确东道国的对华合作战略及营商环境。通过商务部、合作署、海外投资服务机构等对外发布的相关信息及驻外使馆及经商处咨询等，充分调查和了解世界经济形势、详细了解东道国的对华合作战略、营商环境、最新国家动态。

2）对非投资时应通过律师团队，熟悉与投资项目有关的法律制度。要非常了解东道国的法律法规体系，包括外国投资者的准入条件（反垄断审查和国家安全审查、资源类投资限定、投资所得征税、外汇汇出政策等）、调查与员工聘用和劳资关系有关的法律、与环保有关的法律法规、知识产权保护法规等❶。

3）购买商业保险。中国企业在非洲所面临的风险较多，影响较大，一旦发生，企业难以承受。企业可以根据东道国的投资环境、面临的风险等因素，为企业选择适当的险种，降低企业的经济损失。

4）建立风险预警机制。中国企业在非洲进行投资时，要充分调查当地的政治、经济、文化、法律、环保等因素，建立风险评价体系。结合风险评价结果与公司的实际情况，制定投资计划；针对存在的风险，制定风险应对措施；对风险较大的风险因素，制定风险规避方案和应急处理措施。

5）多元化投资策略。可以采取与非洲企业合作或东道国政府合作的方式。非洲企业和东道国政府对当地的投资环境十分了解，其经营理念也更加契合当地文化，对企业员工的管理也更加直接、方便，具备地方优势。

6）对外汇操作、国际税务筹划等专业领域，可以聘请专家团队或专门机构进行操作。在法律允许的范围内，避免汇兑损失和额外税负，保证投资收益。

7）完善企业内部管理制度。跨国公司内部多元文化交流的矛盾和冲突不断，企业要加强中国员工职业能力培训，强化对东道国文化、语言的培训；为当地员工培训先进的技术和理念，提高劳动力素质；提高企业管理效率，促进企业的健康稳步发展。

我国政府应积极地主动利用双边和多边关系，为中国企业投资非洲提供更多的政策和外交保障，在企业应对和处置风险问题，尤其是政治风险时，提供政治支撑和政策法律保障。

---

❶ 吴卡，王晓玲.中企投资非洲的三种重要法律风险及防控建议[J].非洲研究，2016年02期。

3.1.5 总结

中国企业对非开展投资，有经济互利的原因，更有地缘政治与大国战略的考量。解决好当前面临的主要困难，积极做好风险防范工作，对于促进中非经贸合作进一步深化和发展具有重要的战略意义。"一带一路"倡议会引导更多中国企业前往非洲各国投资，各方都应该立足以往合作基础，总结经验，消除可能的风险爆发点，积极谋求合作的深化与升级，开拓中非经贸合作、互利共赢的新篇章。

3.2 中国企业在非投资概况

3.2.1 投资背景

非洲为世界第二大洲，面积达3022万平方公里，占世界陆地总面积的20.4%。非洲辽阔的土地上蕴藏着极其丰富的自然资源，其中黄金、金刚石、铀和磷酸盐等多种矿产储量位居世界前列，同时还是全球重要的石油产地。丰富的自然资源一直以来都是非洲吸引海外企业前来直接投资的重要原因。另一方面，非洲的巨大市场潜力同样不可忽视。非洲人口增长率高居世界各大洲之首，根据联合国的预测在2020年非洲人口将达到12.76亿，较2010年增长23.6%。更加值得关注的是，非洲经济在经历了长期的徘徊甚至衰退后在近年来表现出强劲的复苏势头。在过去的10年中，世界增长最快的十大经济体中有6个为非洲国家，10年中有8年非洲的经济增长率高于东亚。经济的复苏进一步增强了非洲对海外直接投资的吸引力，过去十年中非洲固定资产投资总额的五分之一来自于海外直接投资。海外直接投资流量的最高值出现在2008年，达到720亿美元，为2000年的5倍。

中国企业在非洲的活动可以追溯至20世纪50年代。在最初的很长一段时间里，我国企业前往非洲的主要任务是对非洲国家进行友好援助。真正意义上的直接投资活动始于改革开放后的20世纪80年代初，但是在最初的时间里发展速度较为缓慢。根据商务部《境外投资企业（机构）名录》的统计数据，截止1999年末我国在非洲进行直接投资的企业数量仅为10家。进入21世纪，中国企业在非洲的直接投资活动开始步入崭新的阶段。从境外企业的国家（地区）分布情况来看，在非洲设立的境外企业超过3200家，占8.8%，主要分布在赞比亚、尼日利亚、埃塞俄比亚、南非、坦桑尼亚、肯尼亚、加纳、安哥拉、乌干达等。非洲已经发展为中国企业海外直接投资的重要目的地，非洲同时是中国企业投资覆盖率最高的大洲之一，中国企业在非洲50个国家进行直接投资。

自改革开放以来，尤其是2001年加入世界贸易组织（WTO）、2003年设立国务院国有资产监督管理委员会后，随着我国社会主义市场经济体制的不断完善、国有资产监管体制改革的进一步深化和经济全球化进程加速，中国全面走向了世界。一大批有实力有优势的中国企业，积极实施"走出去"战略，掀起一股中国企业在非洲进行直接投资的热潮，加快了国际化步伐，开展了境外工程承包、收购资源、企业并购、境外上市等国际投资与经营活动，充分利用了国际国内两种资源，广泛参与了国际国内两种市场的竞争。

其中，中央企业日益成为了我国境外投资的主力军，其境外投资已经步入快速发展时期；民营企业市场嗅觉灵敏，经营机制灵活，把握市场机遇能力较强，开辟市场积极性较高；涉及的国家、行业领域广，有助于填补与相关国家的合作空白；尤其是一些民营企业前沿技术优势突出，已经具备了专项技术并且处于领先地位。一批优秀企业在世界舞台上崭露头角，将中国产品、中国技术、中国资本、中国经验带到海外。

3.2.2 投资概况

1. 按照企业投资领域分类

非洲拥有丰富的自然资源，寻求资源是我国企业前往非洲投资的重要驱动力之一，因此资源领域成为我国在非企业的主要投资领域。与此同时，还有相当数量的企业前往非洲承担工程建设项目，工程领域是我国在非企业的又一重要投资领域。在资源和工程领域之外，我国企业的投资还遍布于其他多个领域,难以继续进行准确的分类,这部分企业大多从事商品的贸易、销售和服务等。综上所述,将中国在非洲直接投资企业按投资领域分为资源类企业、工程类企业和其他类企业。

将主要经营范围为资源勘探、生产、加工、贸易,以及相关设计和服务的所有企业归为在资源领域投资的企业,简称资源类企业。资源包括能源、矿产资源、森林资源和渔业资源。

将主要经营范围为工程的咨询、设计、施工和服务的所有企业归为在工程领域投资的企业,简称工程类企业,主要从事基础设施的设计与建设,寻求市场是此类企业前往非洲进行直接投资的驱动力之一,但是,需要指出的是中国企业前往非洲进行工程建设并非完全意义上的寻求市场行为。工程类企业承担的许多基础设施建设属于我国对非援助项目,如位于埃塞俄比亚首都的非洲联盟会议中心,工程耗资两亿美元,是继坦赞铁路后中国对非洲的最大援助项目。因此部分工程建设中体现了国家意志,而不仅仅是由市场力量所决定的,工程类企业在非直接投资的驱动力并非单一的寻求市场。

将资源类、工程类之外的所有企业归为在其他领域投资的企业,简称其他类企业,主要从事商品的贸易、销售和服务,只有少数企业在非洲进行生产活动,这部分企业前往非洲进行直接投资的驱动力是相同的,即寻求市场。

2. 按照企业控制权分类

参照国际惯例对我国在非投资企业按企业控制权进行分类,将国有资产投资或持股超过一定比例的企业视为国有企业,国有企业以外的所有其他企业则统称为民营企业。在国有企业中,按照政府监督管理部门的不同,又被分为中央国有企业和一般国有企业。中央国有企业是由国务院国有资产监督管理委员会进行监督管理的企业,此外的国有企业为一般国有企业。

中央国有企业即是由国务院国有资产监督管理委员会监督管理的企业,及由这些企业作为最大股东的企业。中央国有企业是我国在非洲资源和工程领域进行直接投资的中坚力量。

一般国有企业包括除中央企业之外所有的国有独资、国有控股企业。按照这一标准,一般国有企业中的一个重要组成部分是隶属于地矿部门的资源勘探机构，如地质勘查院、地质大队等。之所以将国有企业分为中央国有企业和一般国有企业，一方面是因为两类企业在规模上具有一定差距，另一方面是因为监督管理单位不同。相比中央国有企业，一般国有企业的平均规模较小，且并非由国务院国有资产监督管理委员会直接负责。与中央国有企业类似，一般国有企业中资源类企业和工程类企业的比例同样高于平均值，两类国有企业在投资非洲的领域具有一定的相似性。

民营企业包括国有独资、国有控股以外的所有其他类型的企业。民营企业在数量上是在非投资企业的绝对主体，但是企业间的投资金额差异较大。在非洲直接投资的民营企业中，有很大一部分为规模较小的贸易公司，但同时也存在一些规模较大的企业从事商品生产和工程建设。与以上两类国有企业不同，民营企业中资源类企业和工程类企业的比例低于平均水平，其他类企业占优势比例。

中国企业在非洲投资的各主要阶段特征　　　　　　　　　表 3-1

阶段	主要特征
Ⅰ铺垫阶段：1980—1995 年	国有大中型企业是中国对非投资的主导力量，目的是巩固过去对非援助成果；少量的民企从事对非贸易
Ⅱ蓄势成长：1995—2000 年	国企开始涉足非洲矿产资源开发和基础建设投资；民营企业开始对非出口，开拓非洲市场
Ⅲ快速壮大：2000 年至今	国企在非洲快速发展扩张；民企在非洲贸易投资的行业和地区迅速扩大，逐步涉及各个领域

3.2.3　央企参与非洲交通基础设施建设的现状及特点

2014 年 5 月 4 日至 11 日，国务院总理李克强访问了非洲四国，在此次访问中，李克强总理在世界经济论坛非洲峰会特别致辞中提出中方愿与非方合作建设非洲高速铁路网络、高速公路网络和区域航空网络"三大网络"，推动非洲大陆的互联互通，引起非洲国家高度关注和强烈反响。近年来，中国积极参与非洲国家基础设施建设，尤其是我国中央企业发挥了举足轻重的作用。

自 2006 年中非合作论坛北京峰会后，我国央企加快了"走进非洲"的步伐，目前已在非洲 41 个国家承接实施各类大型项目近 400 个，其中基础设施建设项目 291 个，交通类项目 121 个，承建公路总里程超过 6000 km，承建铁路总里程近 7500km，还包括 16 个大型港口码头以及十余个国家的机场建设，形成了我国央企进一步开展非洲"三大网络"建设的重要基础。

1. 北部非洲：积极参与大型工程国际竞争，需加强风险防范

北部非洲涵盖埃及、苏丹、南苏丹、利比亚、突尼斯、阿尔及利亚、摩洛哥等 7 个国家。2007 年以来，先后有 6 家央企在该地区承接了 18 个大型交通建设项目，其中摩洛哥 6 项、阿尔及利亚 5 项、苏丹和南苏丹 4 项、利比亚 2 项、埃及 1 项。

央企在北部非洲承担的主要交通基础设施项目　　表 3-2

项目时间	项目名称	项目主体	所在国
2007	伊米塔努特——阿加那段高速公路建设项目	中国电建	摩洛哥
2008	利比亚沿海铁路和南北铁路项目	中国铁建	利比亚
2008	东西高速公路项目	中国有色、中国铁建	阿尔及利亚
2010	巴特环城高速路斜拉桥项目	中国中铁	摩洛哥
2010	乌姆——阿布公路	中国电建	苏丹
2011	塞得东港码头工程	中交集团	埃及
2011	菲斯——乌基达高速	中国电建	摩洛哥
2011	东西高速公路	中国电建	摩洛哥
2011	奥兰港防波堤加固工程	中交集团	阿尔及利亚
2012	丹肯高铁项目	中国电建、中国中铁	摩洛哥
2012	塔贝高速公路	中国电建	摩洛哥
2012	南北高速公路项目	中国建筑	阿尔及利亚
2012	朱巴国际机场项目	中交集团	南苏丹
2013	贝佳亚至哈尼夫连接线高速公路项目	中国铁建	阿尔及利亚
2013	阿尔及尔至奥兰铁路甘塔斯隧道项目	中国铁建	阿尔及利亚
2013	喀土穆新国际机场项目	中交集团	苏丹
2013	西纳大桥项目	中交集团	苏丹

从总体上看，北部非洲是非洲大陆经济实力最强的地区，虽然近年来由于部分国家政局动荡等原因造成经济增速趋缓，但其人均GDP水平依然高于撒哈拉以南非洲和非洲大陆平均水平。从产业角度分析，油矿工业是多数北非国家的支柱性产业，农业占各国GDP的比重都相对较小，工业发展程度整体较高，服务业比较发达。在交通基础设施方面，除苏丹外，该地区国家交通业都较为发达，交通基础设施比较完善，公路、港口、机场基本形成立体交通运输网络，但铁路现代化改造仍需推进。

2. 西部非洲：尼日利亚领跑铁路建设，港口码头带动路网工程

2007年以来，我国有8家央企参与了西部非洲毛里塔尼亚、马里、几内亚、塞拉利昂、科特迪瓦、多哥和尼日利亚等7个国家的交通基础设施建设，先后承担实施了20个大型项目，其中尼日利亚6项、毛里塔尼亚5项、马里和几内亚各3项、科特迪瓦2项、塞拉利昂和多哥各1项。

央企在西部非洲承担的主要交通基础设施项目　　　　表3-3

项目时间	项目名称	项目主体	所在国
2007	几内亚115km公路整治项目	中国节能	几内亚
2008	友谊港扩建项目	中交集团	毛里塔尼亚
2008	卡伊机场扩建工程	中国电建	马里
2010	首都塞努机场航站楼项目	中国电建	马里
2010	贫困三角洲公路项目	中铁工程	毛里塔尼亚
2010	努瓦迪布矿石新港工程	中国电建	毛里塔尼亚
2010	塞拉利昂机场航站楼项目	国机集团	塞拉利昂
2011	努瓦迪布炼油厂石油码头修复项目	中国电建	毛里塔尼亚
2011	巴马科第三大桥	中国能建	马里
2011	贝努埃州道路修复工程	中国能建	尼日利亚
2011	尼日利亚东线铁路修复	中国能建	尼日利亚
2011	拉各斯路网改造工程	中国能建	尼日利亚
2012	滨海路项目	中交集团	多哥
2012	莱基深水港EPC项目	中交集团	尼日利亚
2012	科纳克里集装箱码头扩建项目	中交集团	几内亚

续表

项目时间	项目名称	项目主体	所在国
2012	西芒杜铁路项目	中国电建	几内亚
2013	班固——巴西克努公路工程	中交集团	毛里塔尼亚
2013	阿比让港口扩建项目	中交集团	科特迪瓦
2013	本贾利——腾格雷拉——马里边境公路	中国中冶	科特迪瓦
2014	尼日利亚现代化铁路	中国铁建	尼日利亚
2014	尼日利亚沿海铁路项目	中国铁建	尼日利亚

从总体上看，政治局势不稳定是该地区国家面临的严重问题，多数国家国内经济落后，人均收入水平低，整体增长水平低于非洲其他区域；国际收支长期逆差，财政赤字和外债负担严重，依赖国际开发援助。从产业角度分析，该地区多数国家经济结构脆弱，产业结构失衡，单一经济作物或矿产品生产成为国民经济的支柱，制造业发展水平较低；矿业成为该地区多数国家发展较快的部门。在交通基础设施建设方面，由于发展水平低、基础薄弱和缺乏一体化建设，该地区交通互联互通水平较差，严重阻碍地区一体化建设进程和区域经济发展；近年来，在国际社会的积极支持下，西非国家也积极加强交通基础设施建设。

3. 东部非洲：项目数量最多且集中分布，中国技术标准成主流

2006年以来，我国有6家央企在东部非洲和非洲之角地区的坦桑尼亚、埃塞俄比亚、肯尼亚和乌干达等4国开展了35项交通基础设施建设项目，其中坦桑尼亚16项，埃塞俄比亚11项，肯尼亚和乌干达各4项。

从总体上看，东部非洲（在本书中包括非洲之角）是非洲发展程度较低的地区，坦桑尼亚、埃塞俄比亚、乌干达等均为联合国划定的最不发达国家，除肯尼亚外，该区域国家人均GDP都很低，贫困状况严重。从产业角度分析，该区域国家服务业占GDP比重都较高，农业占GDP比重普遍高于工业，工业发展水平普遍较低；近年来东非油气大发现有望改变地区经济发展的结构。在交通基础设施方面，该区域道路等级低且损毁严重，现有铁路大多年代较长、运营维护较差，导致运输成本高昂，成为区域经济发展的主要瓶颈。

央企在东部非洲和非洲之角区域国家承担的主要交通基础设施项目　　表 3-4

项目时间	项目名称	项目主体	所在国
2006	沃瑞塔——沃迪亚道路改造工程	三峡集团	埃塞俄比亚
2007	伊玛里——哦咯伊托克托克公路工程	中国电建	肯尼亚
2007	瓦佳——马吉道路改造工程	三峡集团	埃塞俄比亚
2007	夏尔公路项目	中国能建	埃塞俄比亚
2007	夏尔——阿迪阿邦公路	中国能建	埃塞俄比亚
2008	阿索萨—库尔穆克公路项目和贡达尔—德巴克公路项目	中国电建	埃塞俄比亚
2008	内罗毕环城路设计施工总承包	中交集团	肯尼亚
2008	坦桑尼亚罗浮桥	中国中铁	坦桑尼亚
2010	DL 公路项目	中交集团	乌干达
2010	SD 公路项目	中交集团	乌干达
2010	坦桑尼亚 8 条公路	中国电建	坦桑尼亚
2011	多多马—巴巴提公路项目	中国电建	坦桑尼亚
2011	塔波拉和基戈玛两个机场项目	中国电建	坦桑尼亚
2011	60 公里道路项目	中国中铁	坦桑尼亚
2011	APL4 韦尔基特至赫斯塞纳公路升级改造项目	中国能建	埃塞俄比亚
2012	AAS 公路项目	中国能建	埃塞俄比亚
2012	MN 路项目	中交集团	乌干达
2012	内罗毕——锡卡公路	中国电建	肯尼亚
2012	蒙巴萨至内罗毕标轨铁路（简称蒙内铁路）	中交集团	肯尼亚
2012	辛吉他公路	中国电建	坦桑尼亚
2012	亚的斯亚贝巴轻轨	中国中铁	埃塞俄比亚
2013	40.5 公里道路工程项目	中国中铁	乌干达
2013	普盖—塔波拉公路	中国电建	坦桑尼亚
2013	布万加公路升级项目	中国电建	坦桑尼亚
2014	埃塞俄比亚至吉布提共和国铁路	中国铁建	埃塞俄比亚
2014	亚斯亚贝巴—阿达玛高速公路	中交集团	埃塞俄比亚

4. 中部非洲：一揽子合作项目、矿产和港口投资助力发展

2006 年以来，我国有 5 家央企参与了中部非洲地区刚果（金）、加蓬、刚果（布）、喀麦隆、乍得等 5 个国家的 29 项大型交通基础设施建设项目，其中刚果（金）12 项、加蓬 7 项、刚果（布）5 项、喀麦隆 4 项、乍得 1 项。

央企在中部非洲主要交通基础设施项目　　　　　　　　表 3-5

项目时间	项目名称	项目主体	所在国
2006	贝林加至利伯维尔铁路	国机集团	加蓬
2008	尼塞勒—卢非密道路修复项目	中国电建	刚果（金）
2008	KAMITUGA-KASONGO 路和 BOMA-MOANDA 工程	中交集团	刚果（金）
2010	独立 50 周年大桥	中国电建	刚果（金）
2010	一揽子合作第二批基建三项目	中国电建	刚果（金）
2010	麦隆杜阿拉二桥及其引路项目和克里比—刚博公路项目	中国能建	喀麦隆
2010	阿基尼—奥孔加道路整治工程	中国电建	加蓬
2011	金沙萨市卢蒙巴大道市政道路工程	中铁工程	刚果（金）
2011	卡南加市卢蒙巴路和机场路项目	中铁工程	刚果（金）
2011	金沙萨恩吉利国际机场卢本巴希卢阿诺国际机场	中国电建	刚果（金）
2011	吉尔玛雅新国际机场项目	国机集团	乍得
2011	KO 公路工程	中国电建	加蓬
2011	OBO 公路	国机集团	刚果（布）
2011	凯塔连接喀麦隆边境公路项目	中国电建	刚果（布）
2012	1 号、2 号公路项目	中交集团等	刚果（布）
2012	OYO 内河码头项目	中交集团	刚果（布）
2012	卡索美诺—卡姆布公路项目	中国电建	刚果（金）
2012	克里比疏港高速公路	中交集团	喀麦隆
2012	MCL 公路工程项目	中国电建	加蓬
2012	PORT GENTIL-OMBOUE 道路和 Ogooué 河 Booué 桥梁建设工程项目	中交集团	加蓬
2013	一号国道修复项目	中国电建	喀麦隆
2013	让蒂尔曼吉岛港口项目	中交集团	加蓬

从总体上看，中部非洲多为资源富集型国家，国民经济结构单一，该地区投资环境在非洲属于较差行列，政局不稳、腐败盛行、治安问题突出等问

题制约了该地区经济的发展。从产业角度分析，能矿业是多数国家的支柱性产业和带动经济快速发展的主要动力；农业和制造业占 GDP 比值较低且发展缓慢。在交通基础设施建设方面，喀麦隆、刚果（金）等国增速较快，而加蓬则增长较慢。

5. 南部非洲：大型项目较少，中国铁路机车热销

2008 年以来，我国有 7 家央企在南部非洲地区安哥拉、博茨瓦纳、莱索托、马拉维、毛里求斯、莫桑比克和赞比亚等 7 个非洲国家承担 19 个大型交通基础设施建设项目，其中安哥拉 8 项，赞比亚 3 项，博茨瓦纳、毛里求斯和莫桑比克各 2 项，莱索托和马拉维各 1 项。

央企在南部非洲主要交通基础设施项目　　　　　表 3-6

项目时间	项目名称	项目主体	所在国
2008	罗安达油码头	中交集团	安哥拉
2008	卡宾达省公路改造项目	国机集团	安哥拉
2008	Kifangondo-Negage 道路改建项目	中交集团	安哥拉
2008	恩赞托—索尤公路项目	中国电建	安哥拉
2008	安杜鲁—尼亚雷阿公路修复项目	中国电建	安哥拉
2008	洛比托港修复工程	中交集团	安哥拉
2008	Kang-Hukuntsi 公路修复工程	中国电建	博茨瓦纳
2010	Dutlwe-Morwamosu 道路项目	中国建筑	博茨瓦纳
2011	罗安达铁路	中国铁建	安哥拉
2011	Semonkong-Sekake Lot1B 段公路项目	中国节能	莱索托
2011	穆巴拉—纳孔德公路建设工程	中国电建	赞比亚
2012	克纳卡拉煤码头项目	中交集团	莫桑比克
2012	卡宾达钢栈桥码头	中国能建	安哥拉
2012	卡奇公路项目	中交集团	马拉维
2013	毛里求斯新机场	中国建筑	毛里求斯
2013	东部省道路项目	中国建筑	赞比亚
2013	克纳卡拉走廊铁路项目	中国铁建	莫桑比克
2014	B6 公路项目	中国电建	毛里求斯
2014	伊索卡—穆永贝—查马—伦达济公路工程	中国电建	赞比亚

从总体上看，南部非洲国家近年来经济增长较快，GDP 占非洲总量三分之一，产业结构相对完善；该地区国家人均 GDP 居于非洲前列，但国别差距明显。从产业角度分析，服务业为大部分国家支柱产业，工业较为发达，其中采矿业发展水平相当高，农业占国民经济比重较低。在交通基础设施建设方面，该地区基础较好，南非在该区域处于主导地位，在 2012 年"非洲战略发展论坛"上，南非推出连接南非、斯威士兰、莫桑比克的铁路建设计划，并正就建设"非洲南北经济走廊"与有关国家磋商，欲将博茨瓦纳、刚果（金）、南非、赞比亚和津巴布韦通过交通干线连接起来，再由德班港从海上与世界沟通；南部非洲发展共同体 15 国正在规划地区一体化交通蓝图，包括经博茨瓦纳连接纳米比亚和南非的铁路。

（资料来源：智宇琛，《我国央企参与非洲交通基础设施建设的现状及特点》。）

总结：

（一）中央企业的投资和经营对非洲经济的发展做出的贡献

1.中央企业在非洲国家的基础设施建设，帮助非洲国家提高了自身发展能力和"造血功能"。

2.建立在"双赢"原则基础上的投资合作，为改善非洲的国计民生做出了卓越贡献。

3.中央企业在本土化、属地化经营战略中为非洲国家培养技术人才、提高劳动者素质做出了贡献。

（二）中央企业在对非合作中树立了良好的国际形象，提升了中国软实力

1.在海外经营中坚持国家荣誉和企业利益并举的方针，通过经济外交打造中国企业品牌，树立良好中国国际形象。

2.履行社会责任，推动可持续发展，体现大国风范。

3.中央企业在企业文化中蕴涵的爱国情怀、集体主义、无私奉献等中华文化特征，增进了非洲人民对中华文化的认知，弘扬传播了"和为贵"的中华文化精神。

（三）中央企业在未来中非经贸合作中的对策

1.进一步改善对非援助机制，"输血"和"造血"功能并重。

2. 正确处理追求经济利润与企业社会责任、可持续发展之间的关系。

3. 重视发展与国际组织的对话交流机制。

3.2.4 民营企业

（一）民营企业投资非洲的现状

2013年习近平主席在哈萨克斯坦和印度尼西亚发表重要演讲时提出了"一带一路"倡议，即"丝绸之路经济带"和"21世纪海上丝绸之路"的简称。非洲是"一带一路"的重要节点，特别是东部和南部非洲国家是海上丝绸之路的历史和自然延伸，也是中国向西推进"一带一路"建设的重要方向和落脚点。中国明代著名航海家郑和率船队曾七次下西洋，其中有四次抵达现在的东非沿岸。四年来，"一带一路"倡议取得了显著进展，基本完成了整体的战略规划，应进一步深化和扩大中国对外发展，更好的抓住机遇促进本地区的经济发展，达到互利共赢的美好局面。

近年来，中国对非直接投资快速增加，涉及52个非洲国家和地区，企业近3000家，其中民营企业占70%以上。非洲是地球上最后一块没有被大规模勘探过的主要地区，也是目前唯一投资没有下滑的大陆。现在中非关系快速发展，非洲国家人民对中国企业，特别是民营企业非常欢迎。随着中国"一带一路"倡议的实施以及非洲国家的不断崛起，中非今后的合作将会更加紧密，为中非共同发展打开了新的机遇之门，揭开了中国与非洲建立新型战略伙伴关系的新序幕。自从中国政府开始实施"走出去"战略以来，中国企业已经在非洲地区投资建立了埃塞俄比亚东方工业园、赞比亚中国经济贸易合作区、尼日利亚莱基自由贸易区（中尼经贸合作区）等多个国家级境外经贸合作区，为中国和非洲这两个最大的发展中地区提供了明确的发展路径，促进经济共同发展。

（资料来源：章凡华、魏厚钱、吴男，《"一带一路"战略下中国民营企业投资非洲现状研究》，当代经济，2017）

（二）中国民营企业对非投资特点

相比国有企业，民营企业主要受利润驱动，他们能为东道国创造真正的经济机遇。民营企业相比国有企业有自身鲜明的特点，这些特点体现在对非洲商业投资的过程中，民企因为市场的驱动作用会倾向于非洲急需发展的制造业、服务业，为当地创造更多的就业岗位，同时在这过程中转移相关技术提高当地工业化水平，同时弥补当地产业结构缺口，为实现非洲经济起飞提供条件。民营企业的这些特点一方面来自本身明晰的产权关系、"自主经营、自负盈亏、自我约束、自我发展"的经营机制和我国私有制发展时间较短、民营企业规模较小的背景条件，另一方面则源于非洲国家民族解放运动后曲折的发展历史和长期落后的经济发展水平。

1. 民营企业数量多、规模小、经营方式灵活

民营企业已成为中国对非洲投资的生力军，目前民营企业在非洲投资流量已超过50%，并且还呈上升趋势。民企对市场信号敏感，决策速度快，投资、撤资果断有效率。中国投资非洲的企业中，占大部分的中小型民企市场意识敏锐，同时本身具有的低水平成熟技术不仅与非洲市场衔接恰当，而且可有效控制成本和风险，而大型民企在非洲的经营活动目标明确、规划清晰，利用规模优势和成本优势在非洲搭建成熟的经营网络，立足长久发展。中国民营企业灵活的经营方式使之更加容易适应非洲的政策环境和经营环境。

2. 民营企业与国有企业对非投资的主要行业不同

民企和国企在非投资区位选择具有趋同性，但投资的主要行业部门却大不相同。根据商务部批准的中国境外投资企业（机构）数据，中国民营企业主要在如尼日利亚、南非、埃及、埃塞俄比亚、加纳、赞比亚、安哥拉等国家。不同于国有企业的投资项目集中于建筑业和采矿业，民营企业主要集中在制造业和服务业，也涉足采矿业、农业、基础设施等诸多领域。近年来民营企业在商贸、物流、房地产开发等中国对非投资的短板领域大胆投资、开拓商机，充当先行者的角色。

3. 民营企业以"三步走"的模式快速成长

英国研究机构IDS（Institute of Development Studies）通过实地调研发现，很多中国民营企业在非洲的成长过程具有三个阶段：从开展贸易起步，到生产制造本地化，再到建设工业园区。大部分企业通过与非洲的贸易关系开始进

入非洲，接着与非洲的贸易往来引导了这些企业进一步投资的决定。但非洲当地的基础设施薄弱，配套设施和原材料十分短缺需要从其他国家进口，企业单独投资设厂成本和风险很大。经过持续的贸易和投资相互作用，考虑到非洲的基础设施落后、供应短缺的基本情况，以及中国企业相聚带来的溢出效应，工业园区的建立就应运而生。

工业园成了不少中国企业投资非洲的新趋势。中国企业抱团结队的进入这些工业园不仅能相互支持而且能协调生产，同时工业园能有效降低经营成本，为投资创造有利环境。中国著名的纺织民营企业越美集团正是按照"三步走"的模式在非洲成长起来的。

（资料来源：魏柏然，《中国民营企业在非洲投资现状研究》，中国社会科学院研究生院，2016）

（三）民营企业对非洲投资的机遇

1. 良好的政治关系基础

中国与非洲国家间首脑的频繁往来，是双方进行贸易往来的前提，为中非贸易发展奠定了良好的政治基础。中国政府开始实施"走出去"战略以来，中非经济贸易合作发展迅速。自2000年首届中非合作论坛召开之后，中非经贸关系更是蓬勃发展，双方间的合作机会也不断增多，这更加有力地刺激了有志于到非洲寻求商机的中国民营企业。《中非经济和社会发展合作纲领》明确规定了21世纪双方开展合作的原则，指明了新世纪中非在各个领域合作的方向，并且实事求是地对双方合作的内容进行了规划，提出了一系列具体措施，从而为我国民营企业在非洲开展合作奠定了良好的政治基础，进一步促进中非经贸合作的健康高速发展，不仅对非洲地区经济发展、国际产能合作起积极促进作用，同时也对推动中国的现代化建设具有广泛而深远的战略意义。

2. 经济结构互补

中非之间的经济互补性很强，近年来，随着全球化经济的不断扩展，中非经贸合作在能源、工业、技术等多个方面不断拓宽，实现中非人民共同受益的双赢。在能源方面，全球化背景下的中国经济快速发展，但是能源相对稀缺，然而非洲拥有着相对丰富的资源，正好借助"一带一路"倡议，秉持着平等互利的原则，中非在双方都有利的前提下，谋求双方各自的利益。在工业方面，非洲国家工业不发达、生产力水平受到了限制，其经济发展也相对落后，中国刚好在这方面可以给非洲国家提供一个很好的发展模式。中国通过设厂建立海外工业园区、颁发一系列优惠政策文件及政府服务、改善基础设施建设等措施，帮助非洲国家加速工业化发展。在技术方面，中国可以向非洲推广一些先进设备还有高端生产技术，在非洲进行加工重组再生产，使得中国的先进设备以及技术得到利用推广，不仅有利于中国产品的升级换代，同时也解决了非洲技术短缺的问题。同时，非洲国家一些高端的技术也是很需要我们借鉴引进的，在此过程中，中国非洲达到互利双赢的效果。

3. 资本投资回报率高

非洲是地球上最后一块没有被大规模勘探过的主要地区。目前，非洲地区的经济体处于全球发展速度最快的行列，据世界银行商务资料显示，全球增长速度最快的经济体有 11 个在非洲，除了埃塞俄比亚，撒哈拉以南的非洲地区如今正在步入繁荣时期，这是非洲经济发展不可逆转的趋势。在非洲的资本投资回报率比在其他地区高得多，比在中国、印度、越南等国的投资回报率高出 2/3。在未来 10 年，离岸外包将劳动密集型制造业或许从亚洲转移到非洲。然而非洲地区主要劳动力受教育水平比较低，劳动力成本低廉，民营企业可以充分抓住这一机遇，结合目前中非投资前景和投资热点，大力发展经济。

4. 贸易合作符合双方的利益需求

我国民营企业投资非洲，一方面是为了避开竞争日益激烈的国内市场；另一方面是看好非洲巨大的市场潜力。随着"一带一路"倡议的稳步推进，民营企业对外投资的各项优惠政策接踵而至，也已日渐成为中国企业投资非洲的主要力量，成为影响中国经济转型升级、中非关系可持续发展乃至中国国家形象的重要因素，必将为非洲国家从基础农业型经济向工业化社会转型带来深远影响，给中国和非洲带来新的机遇，其地位将越来越重要，应该引起双方政府的高度重视。

与此同时，中国民营企业投资非洲，在非洲设厂建立工业园区，在一定程度上加速了非洲经济的发展，给非洲国家解决了大量的劳动力就业问题，还能给非洲居民提供廉价的物品，充分提高非洲市场的景气度。另外，非洲大多数国家都属于贫困国家，然而历史上的中国也是一个饱受西方国家侵害的贫困国家，正好借此机会，非洲同胞可以借鉴中国这些年来的发展经验，给其经济转型提供一个很好的模范。

（四）民营企业投资非洲面临的挑战

1. 基础设施落后

民营企业投资非洲最大障碍是基础设施落后，其中交通运输和供电最为严重。非洲地区的供电紧张、供电质量较差，时常会出现停电断电现象，给很多企业正常运营造成很大的困扰。同时非洲的交通运输也是极不发达的，公路铁路设施都是很不完善的，给企业无形之中增添了负担，这也无疑增加了企业的运输成本。除了缺乏足够的基础设施以外，在一些非洲地区，投资项目厂房所需的基本材料包括钢材、水泥因为短缺价格昂贵，这也大大增加了民营企业对非直接投资的成本和风险。

2. 国际竞争压力大

非洲因其独有的地理环境、物质资源、自然气候还有发展前景等条件，一直都是各国争夺投资的风水宝地。近年来，各国跟非洲国家都建立了长期的合作关系，甚至在非洲建立了工业园，西方国家开始将更多的注意力转向非洲，并纷纷加大了对非国家的投资和援助力度，各国在非洲市场的角逐也变得日趋激烈。许多欧美企业在非洲扎根经营多年，而且对非洲有更深入的了解。相比之下，中国企业，特别是一些民营企业对非洲文化、法律条文、宗教、习俗了解不足，再加上有个别企业注重短期利益，忽视在当地的社会责任，损害了我国企业和产品整体国际形象，给民营企业走入非洲带来极其恶劣的负面影响。

3. 政局不稳定

尽管非洲市场前景总体上乐观，但部分地区仍然存在各种安全风险。非洲地区集聚了全球四分之三的欠发达国家，贫困与饥饿、战乱与冲突是其典型状态，严重的失业、疾病、环境恶化等事关民生的突出问题难以解决。非洲地区不断频发的政局动荡和社会骚乱严重影响了本地区的稳定和发展，一些国家和地区冲突的爆发也给非洲的安全环境带来了挑战，如马里问题尚未真正解决，中非共和国和南苏丹出现战乱，极端组织在非洲实施的恐怖活动呈现扩大和蔓延之势。

另外，由于贫富差距、高失业率、贫困等因素影响，一些非洲国家社会治安状况不佳，偷盗、抢劫等刑事案件发生概率较高，给民营企业在当地投资造成一定影响，也对企业员工的人身安全造成威胁。

（资料来源：章凡华，魏厚钱，吴男，《"一带一路"战略下中国民营企业投资非洲现状研究》，当代经济，2017）

可参考：

1.http：//www.sohu.com/a/207677805_468675

中国对外投资报告（2017年11月），国家发改委

2.http：//www.doc88.com/p-2147497168742.html

中国企业在非洲

3.《境外投资企业名录》，中国商务部

4.http：//www.360doc.com/content/15/1206/10/12155505_518260061.shtml

十大中国企业在非洲

3.3 中国电力建设集团有限公司

3.3.1 中国电建海外业务总体发展情况

1. 中国电建集团国际经营概况

中国电力建设集团有限公司（以下简称"中国电建"）是于2011年9月经国务院批准，在中国水利水电建设集团公司、中国水电工程顾问集团公司及其所属47家企业，以及国家电网公司、中国南方电网有限责任公司两大电网公司划转的14个省内58家电力辅业企业基础上组建而成的综合性建设集团。

中国电建已成为全球能源电力、水资源与环境、基础设施等领域提供全产业链集成服务的综合性特大型建筑集团。全球总承包企业第5位和设计企业第2位，在电力专业领域设计和施工能力均排名全球第1位。

目前，中国电建在全球 109 个国家设立有 327 个驻外机构，在 115 个国家和地区开展实质性业务，执行 2390 项工程总承包或施工承包类项目合同，在建合同总金额达 8216 亿元，已完成工程总承包或施工承包类项目合同 774 个，合同总额 2194 亿元，形成了以亚洲、非洲为主要市场，重点拓展拉丁美洲、东欧，辐射北美、大洋洲等高端市场的多层次、多元化市场开拓格局。

2. 中国电建在非经贸合作情况

目前，中国电建在 40 多个非洲国家执行约 800 份合同，合同总额约 2385 亿元人民币，占集团国际业务在建合同总额 34.44%，行业主要分布：电力占比 49.73%，水利占比 12.64%，交通占比 21.32%，房建占比 11.43%，市政占比 1.8%，其他占比 3.08%；在 49 个非洲国家跟踪推动着 1600 个项目，预计合同额约 5000 亿美元。

中国电建集团在非洲经贸合作主要有以下几个特点：

（1）高端切入，规划引领

充分发挥"懂水熟电、善规划设计、长施工建设、能投资运营"的优势，设立国际重大项目前期规划专项资金，为东道国提供资源普查、咨询、规划、可行性研究和方案设计等前期工作，以"规划引领"为思路，培育、谋划符合当地经济社会需求的长远项目。中国电建通过对埃塞俄比亚风电和太阳能发电研究规划，成功推动实施了阿达玛一、二期风电场项目，该项目是我国在境外实施的最大风电融资加总承包项目，通过该项目，对中国资金、技术、标准、设计、设备、施工、运行管理服务进行了一次集中展示，是真正意义上实现整个项目"走出去"的工程之一。

（2）贴近市场，创新模式

多年来，中国电建深入研究非洲市场，贴近非洲市场发展需求，重点推动关系到国计民生的重大基础设施项目，如电站、电网、供水、灌溉、学校、医院和公路等。依据项目所在国的国情，不断创新商业模式，推动项目成功落地，逐步形成投资和融资总承包相互支撑的发展格局。津巴布韦旺吉燃煤电站扩机项目，由习近平总书记见签投资框架协议和贷款协议，是第一个使用优惠买方信贷的由中资企业参与投资的项目，已经融资关闭动工兴建；承建的科特迪瓦苏布雷电站提前半年发电,获得了当地政府和业主的高度评价;承建的卡里巴南北两岸扩机项目,受到两国政府和民众的赞赏。

(3)技术先进,质量优良

中国电建在非洲承建了多个大型水电站项目,无论是项目规模还是技术复杂程度在国际水电工程领域都具有重大影响。中国电建依托其世界领先的水利水电工程规划设计、施工建造的技术和能力,以达到"技术先进,质量优良"为基本要求。多个非洲水利水电工程获得了中国或项目所在国的工程建设最高奖项:马里费鲁水利水电工程、加纳布维水电站、赞比亚卡里巴北岸水电站扩机工程等项目获鲁班奖(境外工程奖);莱索托麦特隆工程获得了由美国工程协会颁发的"优秀基础设施奖"和"优秀国际项目奖",加纳布维水电站荣获了加纳国家2013年度能源建设工程奖、2014年度卓越工程奖和2015年度工程实施方案奖。这些项目的良好履约展示了中国电建全球领先的技术水平,带动了中国技术、标准和制造走出去,彰显了中国竞争力。

(4)合作共赢,编队出海

中国电建始终秉承"合作共赢"经营理念,积极带动国内工程技术标准和装备制造携手"走出去",形成强强联合、优势互补、风险共担、平等互利、共同发展的生命共同体。中国电建与英利等设备厂家携手承建非洲最大的阿尔及利亚光伏电站项目,共带动国内40多家企业直接参与,促进了下游产业链搭乘光伏电站项目一同"组团出海"。据统计,自2004年以来,中国电建已带动我国机电设备出口约265亿美元。

(5)共商共建共享,履行社会责任

在参与中非经贸合作中,中国电建积极贯彻习近平总书记倡导的"共商、共建、共享"理念,一直坚持"以人为本"的原则,主动履行社会责任,建立良好中国企业形象。中国电建在确保工程质量和安全的同时,注重资源节约利用和生态环境保护,关注当地社会民生,积极参与社区建设和社会公益事业;尊重当地的宗教信仰、文化传统和民族风俗,保障劳工合法权益;授人以鱼的同时授人以渔,中国电建承建的赞比亚下凯富峡水电站为当地创造了近6000个工作岗位,开设了技工学校,系统化培训当地员工,促进当地技术水平和社会可持续发展。中国电建一直在努力为非洲国家和人民可持续发展做贡献,先后荣获乌干达可持续发展奖、坦桑尼亚公共外交先进集体等荣誉。

3.3.2 中国电建投资非洲的发展历程

1. 走进非洲,建设非洲

中国电建走进非洲市场的时间最早可追溯到 20 世纪 60 年代,当时,中国电建主要成员中国水电的前身——中国水利水电工程总公司于 1964 年承建了几内亚金康水电站工程,该水电站位于库克罗河上,总装机 3200kW,是中国早期对几内亚的援建项目。

2002 年 6 月,中国水电签署首个在非洲具有重大影响力的水电站项目——埃塞俄比亚泰克泽水电站工程,该项目大坝最大坝高 185m,是非洲最高的混凝土双曲拱坝。电站发电量相当于埃塞俄比亚全国总发电量的 40%,建成后有效地缓解了当地 8000 万居民的用电紧缺。

2003 年 6 月,中国水电中标苏丹麦洛维大坝项目,该大坝被称作苏丹的"三峡工程",是截至当时中国国际工程承包史上中国企业承包的最大单项国际工程,大坝长 9.7km,高 65m,是世界上最长的大坝,合同总额折合约 6.5 亿美元。大坝于 2009 年 3 月落成,兼有发电、灌溉和环保功能。电站总装机容量 125 万 kW,相当于苏丹原有总发电量的两倍以上。大坝上游人工水库库容达 124 亿 m^3,可为尼罗河两岸方圆 400 平方公里内的灌溉渠供水,并利用强大电力在上游建成一系列提灌站,从而在尼罗河两岸形成万顷绿洲和良田。

2013 年 5 月,中国电建中标埃塞俄比亚阿达玛二期风电 EPC 项目,这是第一个采用中国标准和中国技术施工的国外风电项目,成功带动了中国风电技术、标准和成套设备走出国门,走向世界,对中国标准和中国技术走向国际具有重要意义。

毫无疑问,中国电建是建设非洲的重要力量。

2. 建设非洲,投资非洲

近年来,BOT、IPP、PPP、BT 等项目开发模式逐步成为主流。中国电建主动顺应市场变化,积极通过参与项目投资,创新商业模式推动项目落地,目前在非洲市场已取得一定进展。

中国电建与津巴布韦国家电力公司合作投资津巴布韦旺吉燃煤电站扩机项目，持股占比 36%，项目总投资 14.8 亿美元，EPC 合同额约 11.74 亿美元，运维合同额约 2.8 亿美元，目前该项目已开工建设。

同时在积极推动的投资项目包括肯尼亚 3×350MW 拉姆火电项目，项目总投资 19 亿美元，肯尼亚年金公路群，总投资约 6 亿美元，赞比亚查乌玛水电站项目，总投资约 1.5 亿美元。

伴随着中国电建海外业务的不断升级，进一步加大对境外投融资项目的推进力度，以投资拉动 EPC，不断优化市场布局、技术水平、资产质量，已成为公司在全球竞争中培育和强化核心竞争力的必然选择。

3.3.3　中国电建投资非洲的成功经验与启示

由于全球基础设施开发模式的转变，市场竞争加剧，为顺应海外市场开发需求，中国电建制定转型战略，从传统承包商转型升级为综合性建设投资集团，中国电建旗下中国电建集团国际工程有限公司（以下简称"电建国际"）积极响应集团战略转型，率先实现从传统承包商升级为开发建设运营商，在对非洲投资上取得了一定成绩并积累了一些经验。在"一带一路"国家政策的背景下，为增强企业竞争力和生命力，电建国际实现区域总部属地化管理，将市场重心前移，全面融入当地社会经济发展，并注重打造企业形象和品牌建设，积极履行企业社会公民责任，展现企业情怀，心系当地经济发展和民生改善。

电建国际及时调整企业组织架构以适应战略转型要求，专门成立投资管理并购部及投融资业务部作为投资项目开发的中坚力量，且重视决策思维的转变，从仅关注项目建设风险转变为关注项目投资风险。同时注重投融资多专业团队的打造，全球招聘投融资和各类稀缺人才。

电建国际根据国别和项目特点，不断创新商业模式，在津巴布韦参股投资中国第一个使用优买贷款融资的投建营一体化项目；在肯尼亚快速推进由南标银行提供融资、利用年金模式开发的公路投资项目。

在项目推动过程中，电建国际积极向国资委、发改委、外交部、商务部及中国驻项目所在国使馆汇报项目进展并在关键项目推动节点寻求中国政府支持。

在投资项目前期开发阶段，电建国际始终树立明确的风险意识，重视利用外部资源，与全球知名的会计师事务所、律所合作，共同完成前期尽调、协议谈判等关键工作，更全面识别项目潜在风险，并通过合理方式安排风险缓释机制。

3.3.4 中国电建投资非洲的典型案例

津巴布韦旺吉燃煤电站扩机项目。

1. 项目意义

津巴布韦旺吉燃煤电站扩机项目（以下简称"项目"），是电建集团在非洲首个参与投资的投建营一体化的电力项目，第一个通过参股投资拉动工程承包的示范性项目，也是首个国内企业参与股权投资，利用优买贷款解决项目贷款并实现项目融资的项目，即项目采用了"主权贷款项下项目融资"的全新业务模式，即由津巴布韦财政部作为借款人获得优惠买方信贷，转贷给旺吉供电有限公司（以下简称"项目公司"）。

2. 投融资模式

该项目自2011年开始跟踪推动，最早是由津巴布韦国家电力公司作为业主，通过"FEPC"模式进行公开招标，电建国际通过多方努力，2014年与业主签署了EPC合同。电建国际积极响应我国政府鼓励企业以"EPC+投资"的方式走出去、"建营一体化"等指导政策，参与约1.76亿美元的资本金投资，共同推动项目顺利实施，维护贷款安全。

项目总投资14.88亿美元，项目债股比67%:33%，其中贷款部分为9.98亿美元，由中国进出口银行提供优惠出口买方信贷给津巴布韦财政部，津巴布韦财政部转贷给项目公司。资本金部分为4.9亿美元，其中津巴布韦国家电力公司持股64%，出资3.14亿美元，电建国际持股36%，出资1.76亿美元。

3. 具体操作过程

2014年9月22日，津国家招标委员会发布授标函，电建国际以11.74亿美元中标EPC合同。

2014年10月10日，电建国际与ZPC正式签署EPC商务合同。

2014年11月26日，津财政部提交申贷函。

2015年12月1日，在习近平主席的见证下，中国电建董事长与津电力公司总经理签署了项目投资协议，电建国际将投资1.76亿美元并参与该项目的EPC建设及运维，同日与津财政部签署该项目贷款协议。

2016年1月，电建国际委托普华永道咨询有限公司开展项目公司财务尽调、税务尽调、财务模型复核、投资架构设计等工作，委托品诚梅森律师事务所开展了津巴布韦的法律环境尽调和项目公司的法律尽调工作，2016年11月初完成上述工作的正式报告。

2017年6月底前，该项目已经正式签署实施协议、购电协议、股东协议、转贷协议、供煤协议、石灰石采购协议、EPC协议、设施共享协议和运维协议等核心协议。

项目已于2017年4月13日获得中国电建股份公司同意该项目投资的正式批复，于6月5日获得商务部颁发的《企业境外投资证书》，于6月9日获得了发改委颁发的《项目备案通知书》。至此，已完成中国电建股份公司及中国政府层面对该项目投资的各项审批备案工作。

2018年5月31日，项目满足贷款协议项下所有首放条件，获得首次放款，项目达成融资关闭。

4. 运营模式

响应商务部鼓励"建营一体化"的号召及因本项目模式变化，由电建国际实施6年总包运维方案，电建国际与项目公司已于2016年底正式签署运维合同。合同约定，电建国际将负责整个电站投产发电后6年的运行维护工作以及津巴布韦人员的技术培训工作。经过认真策划和评选，电建国际将全面委托中国电建集团甘肃能源公司来实施本项目的运维工作。甘肃能源公司是中国电建集团全资子公司，是专业的火电厂运营单位，目前在国内、外运营多个燃煤电站。

本项目，甘肃能源将以 SINOHYDRO 品牌名义，按照运维合同和项目实际进展，成立运维项目部，6 年合同期满后，电建国际将根据项目的实际情况以及政策要求，与 HESCO 续签运维合同或者新签运维指导合同，确保电站能够长期稳定可靠运行，保障投资人和金融机构的资金安全，充分实现能源项目的良好效益。

5. 风险

（1）政治风险

2017 年 11 月津巴布韦政权更迭，由副总统担任临时总统，重新组建内阁。至此，津巴布韦完成了政治权力的平稳过渡，国家以和平的方式进入了后穆加贝时代。新政府执政至今，已通过多个场合表达了革新的决心，如取消本土化法案，切实保护投资者利益，大力促进投资，紧缩政府开支，大力打击腐败，提高政府机构和事业单位人员的素质和工作效率等。

由于津巴布韦最大的政治不确定因素即后穆加贝时代权力交接的问题已于 2017 年得到了妥善的解决，因此该国政治社会风险已大幅度降低，两国牢固的政治纽带关系将长久存在下去。同时，国家对电力供应的需求不会改变，因此本项目政治风险较小。

（2）市场及经营风险

据前述数据所示，津巴布韦电力市场的电力供应极度短缺，同时，整个南部非洲区域都面临电力短缺问题，各国电网间的互联互通较为完善，因此，无论是津巴布韦国内消纳还是出口至邻近国家，电力市场及销售没有问题。

自 2013 年起，津电网公司已经开始逐步安装预付费电表，截至目前，大部分城市居民及工业用户已经安装预付费电表，从而保证电费能够及时足额收缴。同时津政府将会对售电协议（PPA）支付进行担保。

电厂建成后将由电建国际负责维护运营，能够最大程度保证电厂发挥其经济效益。

（3）法律风险

依据尽职调查结果，该项目证照齐全，实施协议（IA）、环评证书（EIA）、工程总承包合同（EPC）已经签署，购电协议（PPA）、运维协议（O&M）、供煤协议均已达成一致意见，在法律流程上符合津巴布韦法律。

因此，总体看该项目法律风险较小。但是为避免意外情况出现，在交易文件即认股协议和股东协议上，电建国际聘请了经验丰富的专业律师事务所作为法律咨询，协助把关各类协议，保障公司利益。

（4）其他风险

其他风险如技术风险、征地拆迁风险、环境生态风险等，电建国际也进行了深入的尽职调查，聘请专业团队，采用合理的风险把控措施，合理规避上述风险。

6. 借鉴和启发

（1）把握国际形势，灵活调整角色推动项目发展

该项目最初以F+EPC的模式签约并推动，在项目的推动初期，电建国际面临着津巴布韦国家整体经济实力较差，合作伙伴大股东津巴布韦电力公司资本金不足等困难。在充分研究项目所处形势及所在国投资环境和风险后，电建国际响应商务部号召，调整推动模式，以参股投资并参与运营的方式继续推动项目。这种角色的转变，能进一步掌握项目的全面信息和投资中的风险，为中方贷款的资金安全带来较大的保障，同时中方投资建设和运营工作，也为项目的顺利建设和良好的运营带来强有力的保障。

（2）充分依靠国家政策和中国政府的支持

该项目于2015年底签署了投资合作协议和融资贷款协议，两国政府对该项目均给予了强有力的支持，此后多次双方领导人会面过程中均提到该项目的落实情况，该项目的推动已经成为中津双边合作的重点项目。电建国际在此过程中积极向相关部委汇报进展情况和问题，中方商务部、外交部也都给予该项目高度的重视并在推进过程中给予指导和帮助，在出现各类困难的时候，相关部委都给予了大力的支持，最终才能使得该项目顺利的渡过了津巴布韦政权更迭、贷款协议复审等多个挑战，最终得以放款开工。

（3）充分利用外部优质资源帮助项目推动

各项尽调工作在项目开展前期工作中占据重要地位，各项尽调结果的结

论将对项目是否可行起到至关重要的影响。本着专业的事情交给专业的人去做的原则，把尽调工作交给专业的咨询机构进行，既可以节省项目团队精力，让项目团队把精力分配到更需要的地方，又可以得到专业的结果，对于项目起到强有力的支撑。

在前期工作的进程中，法律尽调及财税尽调的工作分别由品诚梅森律师事务所和普华永道会计师事务所完成。财税尽调中，财务尽调报告评估了项目公司已发生费用的合理性，明确了共享设施协议中各部分分摊的比例和金额；项目公司估值报告用收益法评估了项目公司股权价值，为股东协议及电价谈判股权部分收益率的定值提供了有力支撑；税务尽调报告为税收筹划提供了依据；财务模型审阅报告保证了财务模型的准确。法律尽调中，法律环境尽调提供了津巴布韦当地政治经济状况、外汇信息及对外商的投资政策；项目公司法律尽调提供了项目公司股东基本信息及许可证照情况；投资架构法律备忘录为海外投资架构的战略布局提供了具体考量因素。

3.4　中国河南国际合作集团有限公司

中国河南国际合作集团有限公司（以下简称"河南国际"或"集团"）是一家特殊的河南省省属企业——总部在郑州，分支机构和员工却遍及非洲。主营业务为国际承包工程和境外矿产资源开发。

目前，国际承包工程业务涵盖坦桑尼亚、赞比亚、几内亚、塞内加尔、纳米比亚等14个非洲国家，主要涉及民用建筑、道路桥梁、矿业开发、农田整治、水利、电力、勘探打井、城市公用设施等基建领域。

境外矿产资源开发业务拥有几内亚博凯地区铝土矿的开采权和利比里亚宝米地区铁矿的勘探权。

3.4.1　河南国际海外业务总体发展情况

河南国际自1983年成立以来，集团坚持"诚实守信、质量第一、互惠互利、共求发展"的经营宗旨，在亚洲、非洲的20多个国家和地区完成了700多个国际承包工程项目；在几内亚、利比里亚等国开展了铝矿、铁矿、铜矿、铀矿等项目的勘探勘察；与50多个国家和地区开展了进出口贸易，在亚洲、非洲、欧洲等20多个国家和地区设有驻外机构；汽车贸易规模和综合实力在全国同类公司中排名前茅。

河南国际连续多年入选美国《工程新闻纪录》（ENR）"全球250家最大国际工程承包商"，被英国《金融时报》誉为"中国开辟非洲市场的先锋企业"。荣获了"第二十届国际建筑金像奖""中国对外承包工程企业新星奖""对外承包工程先进企业""企业信用评价AAA级信用企业"等国内外奖项，在所有银行中都保持了A级以上的资信等级。

集团通过了ISO9001国际质量管理体系认证、ISO14001环境管理体系和OHSAS18001职业健康安全管理体系认证。

河南国际具有道路、桥梁、输变电、水利、工民建等工程领域的建设能力和项目总承包的实施能力。多年来，河南国际坚持"诚实守信、质量第一、互惠互利、共求发展"的经营宗旨，先后在亚洲、非洲的20多个国家和地区完成了700多个国际承包工程项目，累计营业额近50亿美元。在坦桑尼亚、几内亚、莫桑比克、塞内加尔等14个国家设有驻外机构，境外派出的常驻人员1000多名，在非洲的当地雇员10000多名，拥有各类工程机械设备1000多台（套），净值近10亿美元。

在开展对外承包业务的同时，河南国际积极与国内外数十家有实力的公司建立了合作关系，集团承揽工程种类和综合施工能力大幅提升，同时也为更多的国内企业走向国际市场提供了平台。

在几内亚、赞比亚、利比里亚，河南国际是最大的外国承包商；在莫桑比克、塞内加尔，河南国际是最大的中国承包商。做一个工程成就一个精品，接触之后就能成为永久的朋友，河南国际用过硬的工程质量和真诚的态度打开了非洲市场一扇扇大门。

2007年，河南国际新的领导班子提出来"我们要做好两条腿走路，国际工程承包和矿产资源开发"。

2010年下半年，河南国际获取了几内亚博凯地区铝矾土矿的开采权。该矿区平均品位在40%以上的富矿资源量达15亿t以上，这标志着河南国际在境外矿产资源开发领域取得了重大突破。这也是当时中资企业在境外拿到最大铝土矿项目，对我国铝土矿资源储备将具有重大的意义。

随着境外矿产资源开发业务的深入推进，利比里亚宝米铁矿和卧龙铁矿开采权申请也在稳步推进中；坦桑尼亚铜矿资源项目也在进行专家论证和制订实施方案中；莫桑比克煤矿、金矿及农业资源项目的考察也在进行中。

3.4.2 河南国际投资非洲的发展历程

十年磨一剑，河南国际境外矿产资源投资业务在2017年取得了阶段性成果，完成了从"项目立项—设备采购—基础设施建设—出矿"目标。总体来说，河南国际海外投资可以分为以下几个阶段。

第一阶段：目标明确，拓宽业务发展范围。

2007年，河南国际新的领导班子把企业发展战略目标锁定在国际工程承包和矿产资源开发。当时河南国际第一次提出——深耕非洲，工程承包和矿业两条腿走路的总体思路。即：要在西部非洲和东南部非洲政局稳定、经济发展基础较好的市场深挖潜力，以国际承包工程为主业，加大资源型项目开发力度，努力提升自我经营和资源整合能力，实现多元化发展，逐步把集团建设成为一个具有现代企业经营理念、现代企业管理水平、鲜明的企业文化和有较强竞争力的大型跨国企业集团。

第二阶段：强强联合，携手共赢共谋发展。

2008年9月，河南省人民政府下发了《关于进一步加强矿产资源勘察开发管理的若干意见》，为河南省的矿产储备设定了目标，2012年争取达到的新增矿藏储备：煤炭100亿~150亿t；铝土矿1.5亿~2亿t；铁矿石2亿~3亿t。同年9月底，河南省政府国资委联合河南国际、原永城煤电控股集团有限公司、省国有资产经营公司以及中联矿业4家国有企业，合资创办了河南国际矿业开发有限公司，开始了河南国企联手进行境外投资开发矿产资源的步伐。

第三阶段：统筹运作，海外投资稳步迈进。

2010年10月25日，河南国际获取了几内亚博凯地区铝矾土矿的开采权，对我国铝矿资源储备将具有重大的意义。

第四阶段：厚积薄发，铝土矿项目试运营。

2016年6月，河南省发改委批复河南国际矿业公司提交的总投资额为6315万美元的简易出矿方案。

2017年4月，开始与几内亚政府进行框架协议补充协议的谈判工作。

2017年10月，第一船17.5万t铝土矿运至国内烟台港，实现生产和销售。

3.4.3 河南国际投资非洲的成功经验与启示

河南国际几内亚博凯地区铝土矿开发项目已于2017年下半年开始实现生产和销售，现就该项目运作过程中的经验和启示总结如下：

（一）对海外投资的认识

1. 是实施"走出去"战略的重要形式

随着国家经济实力的增强，中国政府出于政治经济的需要不断加快"走出去"步伐。近年来中非关系保持了良好和稳定发展势头，特别是国家对非洲战略和政策进一步明确，并逐步增强了对"走出去"的扶持力度，如中非合作论坛、向非洲提供200亿美元贷款、加大对中资企业对非投资支持等举措，这都给在非洲经营的中国公司提供了难得机遇。

2. 是传统国际工程承包企业做大做强的必由之路

近年来，在国际工程承包市场上，由于欧美和新兴市场国家的承包商的竞争，当地企业的日益壮大，东道国政府越来越倾向于吸引项目投资、开发，中国企业面临的内外部竞争环境更加严峻，市场竞争更加激烈。目前部分区域的市场竞争已趋白热化，仅靠市场竞标将是更加艰难。河南国际作为地方国有外经企业，只有抓住机遇，积极转变发展方式，不断加大对外投资力度，才能在巩固传统的工程承包业务基础上，开拓新业务，保持企业竞争力，在国际市场竞争中立于不败之地。

（二）项目运作过程中取得的一些经验

1. 企业发展必须服务于国家战略

境外投资是推进"一带一路"建设的重要方式，十八大以来，我国企业积极稳妥开展境外投资，在境外能源资源、制造业、高新技术、服务业等领域成功实施了一大批项目，为促进国内经济转型发展，推进"一带一路"建设和国际产能合作发挥了积极的作用。但是，一些企业未能准确把握国家"走出去"战略导向，开展境外投资缺乏系统规划和科学论证，盲目决策，后续经营困难，造成较大损失。

河南国际在几内亚博凯地区铝土矿项目之所以能取得一定的成功，最主要的一点就是自身发展战略和国家发展战略高度契合。

2. 合规尽职调查是企业的护身符

随着"走出去"企业越来越多，境外投资业务已成为"走出去"企业境外业务中必不可少的组成部分。但是由于部分企业在做项目之前往往对项目所在国的投资环境和项目成熟度情况不了解，没有对所在国进行详尽的市场调查和相关法律、法规、税务、设计规划、材料标准等政策的尽职调查，管理者的风险意识不强，不愿意在前期进行投入，对整个项目的作业环境非常陌生，往往在项目实施过程中才发现问题，解决起来非常棘手和麻烦。

在海外开展投资类项目，均需要对该国的政治环境、政治规则和规划标准进行详尽的调查，还需做独立于项目之外的前期工作，要有专业人士专门进行操作，不打无准备之仗，在做好前期准备的情况下再安全进场，要做到在资金、技术上有优势，更应该做到对项目所在国的法律法规的了如指掌，运筹于心，这样才能让项目更好的落地生根。

3. 整合资源抱团出海是必然选择

在进行大额项目投资之前，企业一定要落实好资金来源，不能再完全依靠单一的政府渠道或者银行贷款，应把自有资金、部分贷款以及海外储备资金等有效整合起来，借此提高投资的成功率。地方外经公司，一般受自身体量、资金技术和人才储备等诸多因素影响，无法和中央企业以及国外跨国公司相抗衡，应充分发挥自身优势，加强与国内外相关企业的合作，抱团出海，实现优势互补，合作共赢，不断巩固和扩大市场竞争力。

比如河南国际为了更好推进利比里亚宝米铁矿项目，先后联合宝钢、中非基金等共同出资设立了香港宝豫有限公司。新的公司把三家公司的商务资源、技术优势、资金优势进行了有效的整合，截至目前，该项目正在进行二期勘探，项目进展顺利。

4. 把履行社会责任融入发展战略

对于"走出去"企业来说，履行海外社会责任是企业赢得经营的合法性、提高在海外竞争能力以及取得较好的品牌效应、进而去塑造更好的国家美誉度的一个必由之路。河南国际在开展海外投资业务的同时，积极主动履行社会责任，积极推进本土化管理，努力提供就业机会，开展保护环境、免费培训、无偿捐赠、资助教育、参与当地社区建设等公益活动，回馈当地、造福当地，树立了中国企业的良好形象，赢得了当地政府和人民的信任、尊重与支持，为企业经营创造了和谐环境，同时也扩大了市场份额。

3.4.4　投资非洲的典型案例

几内亚博凯地区铝土矿项目介绍：几内亚素有"地质奇迹"之称，矿业是国民经济的支柱，是几内亚财政和外汇收入的重要来源。博凯大区（Boké）是几内亚的8个大区之一，位于该国西部，首府设于博凯，北临几内亚比绍，东接拉贝大区和金迪亚大区，西邻大西洋，面积31186平方公里。

博凯地区铝土矿矿区位于几内亚西部的博凯（Boké）和利梅莱（Téliméle）两省交界处，西距大西洋约80km，南距首都约280km，矿区范围为一东西宽约20km、南北长约25km的不规则区块。

矿区的矿床类型为风化残积型——红土型铝土矿，且为三水铝石型铝土矿。矿体主要赋存在表层强风化残积层中。铝土矿主要赋存在地表铁帽和铁红土之中。

1. 博凯地区铝土矿项目意义

河南国际抓住有利时机，涉足境外矿产资源开发，目前已获得几内亚的博凯铝土矿的开采权、利比里亚的宝米铁矿、坦桑尼亚铜矿等勘探权，上述几个项目正在稳步推进，这不但为公司培育了新的经济增长点，有力地促进了企业业务升级和战略转型，更为我国矿产资源的储备和开发打下了坚实的基础。

另外，通过开展海外投资，锻炼了队伍，培养了一批技术强、通商务、善管理的高效团队，为企业发展打下了人才基础。

2. 项目存在的困难和风险

一是巨额资金投入的缺口一直未能解决。根据国家发改委立项核准的项目开发方案，总投资需要36亿多美元，计划修建港口、铁路、矿山和电厂等全套基础设施。这样的规模仅靠河南国际现有规模难以解决。

二是框架补充协议谈判不确定因素增多。受几内亚矿业政策收紧和当地民众暴乱的影响，相关税收政策减免、基础设施建设等都会给谈判工作带来阻力。

三是管理人才和专业人才缺乏。外经企业开展海外投资有个很重要的前提条件是建设强有力的全球化管理团队。专业管理人员、技术人员的不足，导致几内亚博凯地区铝土矿项目技术创新整体实力不强，产业关键技术受制于人。

四是终端客户单一，自有物流通道没有建立，项目进一步做大做强受制于人。

3. 借鉴和启发

加强风险防控。作为"走出去"的外经企业，面对国际经营风险和企业经营管理工作的复杂性，企业应加强业务学习，积极应对各种政治风险、法律风险、市场风险、管理风险、经营风险和技术风险，增强抵御风险能力，有效控制和化解风险。

3.5　四达时代集团

3.5.1　四达时代集团海外业务总体发展情况

1. 四达时代集团国际经营概况

四达时代集团于1988年在河北省秦皇岛创立（以下简称"四达时代"），

总部位于中国首都北京，是我国广电行业在海外有较强影响力的系统集成商、技术提供商、网络运营商和内容提供商；是国家认定的高新技术企业、国家文化产业示范基地和"国家文化出口重点企业"。

2002年，四达时代开始开拓非洲市场，2007年，在卢旺达成立第一家公司，2008年开始运营，目前已在卢旺达、尼日利亚、几内亚、坦桑尼亚、肯尼亚、乌干达、布隆迪、莫桑比克、加纳、刚果（金）、加蓬、喀麦隆、刚果（布）、南非等30个国家注册成立公司，在20个国家开展运营，投资9亿美元，用户超过2000万，成为非洲地区发展最快、影响最大的数字电视运营商。

经过十几年的发展，四达总资产规模已达77亿元，净资产达30亿元，海外运营收入连续三年保持增长，2017年营业收入27亿元（同比增长22%），运营成本得到有效控制，开始进入到了良性发展的区域。

四达时代快速发展也得到了资本市场的认可，自2008年以来，共完成4轮股权私募融资，融资总额40.1亿元，2017年最近一轮融资估值已达180亿元人民币。未来几年，四达时代将抓住"非洲广播电视数字化整体转换"这一历史机遇，加快发展，为中国对非传播体系建设做出更大的贡献。

2. 四达时代集团在非建设情况

2017年，四达时代与华为、传音一起，成为入选"非洲最受欢迎品牌百强榜"的3家中国企业之一，拟从以下四个方面叙述四达时代集团在非洲的建设情况：

（1）网络建设

四达在坦桑尼亚、尼日利亚等地建起16个地球卫星上行站，在中国、尼日利亚、坦桑尼亚等地建成5座大型数字电视播控中心，342座地面数字电视发射台，23座移动电视发射台，覆盖非洲90%以上的人口。2013年，四达时代并购南非直播卫星运营商ODM公司获得成功，由此拥有了撒哈拉以南非洲45个国家的直播卫星运营平台，直播卫星平台覆盖人口9.7亿，基本形成覆盖泛非地区的星地结合的无线数字电视网络体系。

（2）节目内容

四达时代打造出独具特色的内容平台，拥有 480 多个频道，包括国际知名频道，非洲本地频道，中国主流媒体频道（CCTV-NEWS、CCTV-4、CCTV-F、CNC、长城平台）以及四达自办的 42 个频道。节目涵盖新闻、综合、影视、体育、娱乐、儿童、音乐、时尚、宗教等类型，语种涉及英语、法语、葡语、汉语及非洲本地语言。四达自办的"中国功夫""中国影视"受到普遍欢迎。为了满足越来越多的非洲民众对中国影视剧的喜爱，四达从 2011 年开始进行中国影视剧的译制配音，已完成《奋斗》《我的青春谁做主》《西游记》《射雕英雄传》《咱们结婚吧》《青年医生》等 222 部电视剧，149 部中国电影，共计近 20000h 译制和 11000h 配音，提前实现年译制产能 1 万 h 的奋斗目标。2014 年，四达时代推出了斯瓦希里语和豪萨语频道等非洲本地语频道，加快了中国影视剧非洲本土化的进程，得到了用户的高度认可，收视率在几个月的时间内大幅提升。2016 年，四达时代引进中超联赛，实现了中超历史上首次在非洲大规模落地，让非洲民众感受到欧美足球之外的另一种魅力。

（3）渠道建设

四达时代采取三位一体的营销体系，在已运营的项目国建起 200 多家营业厅，3000 多家便利店，7000 多家渠道商。同时，各项目国建立了呼叫中心，提供 7×24h 不间断服务。

（4）品牌影响力方面

作为四达最具代表性的品牌"非洲数字电视发展论坛"，自 2011 年起已连续成功举办八届，先后有近 50 个非洲国家的部长级官员出席，已成为推动非洲广播电视数字化的重要平台。第八届论坛上，与会外宾人数超过 200 人，非洲部级以上官员达 29 位。

四达在非发展获得了非洲各国政府的支持、民众的喜爱以及媒体的广泛关注和赞誉。在尼日利亚，四达时代连续四年被第三方机构评为最受欢迎的付费电视运营商；在乌干达，四达时代被政府授予"最受欢迎的投资者"和"最佳数字电视运营商"；在坦桑尼亚，政府向四达时代传媒（坦桑尼亚）公司颁发数字电视贡献奖，以表彰四达时代为坦桑尼亚在全非洲第一个完成数字电视整转所作的贡献；2015 年 10 月，四达时代被总部设在巴黎的世界质量管理委员会授予质量金奖。2016年3月，四达时代坦桑尼亚分公司荣获欧洲质量研究协会（ESQR）2016年最佳管理实践奖。

四达时代在海外的事业离不开党和国家的关心和支持。近年来，多位部级以上领导莅临四达，给予关怀和鼓励。作为在非洲运营数字电视的唯一一家中国民营企业，四达以亲民的价格，丰富的内容，优质的服务，赢得了非洲民众的欢迎和喜爱，为中非友谊做出贡献；作为中国文化走出去企业，四达以传承中华文化为己任，传输中国主流媒体，译制优秀中国影视剧，让今日中国走进非洲千家万户。

3.5.2 四达时代集团投资非洲的发展历程

2002年，受国内发展空间制约，公司把目光投向了非洲，试图在新兴市场里寻找机会。公司去非洲考察时，敏锐地发现非洲极为广阔的市场空间，在撒哈拉以南的45个非洲国家里，当时只有一家南非公司和几家欧洲公司开展数字电视业务，而且收费十分昂贵，让普通家庭望而却步。公司意识到，在近10亿人口的撒哈拉以南地区，看电视是刚需，只要能推出符合当地消费水平的服务，就一定能打开这个巨大的市场。

但是，由于政策、法律、税收甚至是文化等各方面的差异，四达时代在非洲的发展并不顺利。经过5年漫长的摸索，2007年，四达时代传媒（卢旺达）有限公司才正式成立，缓慢拉开了四达时代"走出去"发展的序幕。

2008年，席卷欧美的金融危机爆发，给遥远的非洲大陆也带来震颤。来自欧洲的竞争者由于突如其来的金融危机，纷纷收缩业务、减少对非洲的投资。竞争阻力的减少，让四达时代获得了千载难逢的发展机遇，公司将四处筹措的资金果断地投向非洲市场，"包括多年的积蓄、私募资金和银行贷款全部投到非洲市场，一共投资8个国家"，正是抓住了这次发展机遇，四达奠定了非洲事业的基础。

3.5.3 四达时代集团投资非洲的成功经验与启示

1. 抓住市场，增强自身竞争力

数字电视是一个 B2B、B2C 的生意，这意味着，四达时代不仅要获得政府支持，还要赢得用户认可。四达时代一开始便制定了亲民价格策略，通过降低数字电视消费门槛，来获取规模效益。

在卢旺达，四达的初装费仅 5 美元，最低节目包 30 多套节目只需 3 美元；在南非，四达用户每月最低只需花 55 南非兰特就能看 40 多套节目，是其他运营商价格的五分之一。

支撑四达价格策略的基础来自于公司对非洲市场的分析判断。在公司看来，非洲经济总体落后，人均购买力相对较低，但各国政府发展经济、改善国民生活的愿望非常强烈。只要企业提供的技术和服务有利于整个非洲社会的进步、发展，生意就一定能做成。"让每一个非洲家庭都看得起数字电视"，四达远远低于同行的价格，对项目国政府和用户而言，显然有着巨大的吸引力。很快，四达用户数量一路攀升，连其他运营商的用户也纷纷"反水"。非洲数字电视市场的垄断局面被一举打破，其他运营商不得不大幅调低价格，以抗衡四达的异军突起。

价格并非唯一的"杀手锏"，四达还有一套完整的售后服务体系。其他运营商只管卖设备和节目包，几乎没有配套服务，连节目包调整都要单独收费，而四达将中国家电行业的售后服务模式搬到非洲，免费为用户上门服务，手把手教用户使用。

2. 将本土化进行到底

首先是管理的高度本土化。四达在非洲有 3000 多名员工，本地员工比例高达 90% 以上，其中不乏高级管理人员。对非洲员工进行培训，从基础的文化知识到专业技术培训，包括机顶盒怎么安装、客服怎么做、如何处理投诉等，四达都会派出经验丰富的中方员工，以师傅带徒弟的方式进行手把手教学。同时四达对管理模式进行了一系列改造，充分尊重本地员工的习惯和利益，通过不断的融合，四达的非洲员工对企业产生了强烈的归属感。

其次，品牌影响的本土化。四达聘请尼日利亚传奇球星卡努担任品牌形象大使，与莫桑比克流行"天后"合拍 MV，都是为了提高品牌在非洲的影响力。2014 年，埃博拉疫情肆虐非洲，四达几内亚分公司还制作了一套卡通宣传片在平台上播出,向非洲民众普及埃博拉防治知识,传递战胜疾病的信心。

3. 积极承担社会责任

创办"非洲数字电视发展论坛":四达时代自2011年开始创办非洲数字电视发展论坛,每年举办一次。论坛以强大阵容、鲜明主题、前瞻眼光、合作共赢的模式,引起非洲各国政府和广电行业高度关注和广泛参与。四达承担了举办论坛的全部费用,为非洲数字电视行业打造了交流和合作的平台,为推动非洲数字化进程做出了贡献。

创造就业岗位和缴纳税收:四达时代在非洲雇佣当地员工4000多人,创造大量直接和间接就业岗位;此外,四达时代在非洲各国累积缴纳税收超过1.2亿美元。

积极参与公益事业:2014年埃博拉肆虐非洲期间,四达时代在西非国家发起了抗击埃博拉的运动,自发制作了预防和控制埃博拉病毒相关的节目内容,并通过播放公益视频、社交媒体互动和在营业厅免费发放卫生用品等方式向公众传播信息,与非洲人民坚定站在一起。

此外,四达时代和联合国艾滋病规划署建立了战略合作伙伴关系,通过四达时代在非洲的数字电视广播网络,提高艾滋病相关信息在非洲的知晓度,帮助消除人们对艾滋病感染人群的歧视和污名化。

3.5.4 四达时代集团投资非洲的典型案例

打造中国影视译制基地项目——为非洲服务。

1. 项目意义

四达时代集团自2008年开始在非洲传播中国影视剧,通过剧中中国民众的酸甜苦辣引起非洲当地观众的共鸣,是向非洲展示当代中国的一个重要载体。随着非洲数字化快速推进,广电网络传输容量和覆盖人群不断提升,非洲人民对于优质节目内容需求十分迫切,其中语言相通是比节目内容本身更加重要的,由此优秀的译制配音是对外传播"中国故事"的关键,特别是非洲农村人口比重大,受教育程度低,只有本地语配音才能打开与广大普通民众之间的最后"一扇门",才能使中国文化真正走入基层,产生广泛影响。为此,四达从硬件、技术、机制等多方面入手,不断把译制配音中心建设提升到新的高度,中国影视剧从中文播出到英法葡语字幕、配音,再到非洲本地语配音,深入对接非洲市场,到达率和收视率不断提高,为打造国家级影视译制基地奠定了良好的基础。

2. 投融资模式

资金来源主要包括银行贷款、自有资金及股权私募融资。

3. 具体操作过程

经过6年多发展,共建成了34间配备顶级设备的录音棚,形成了来自英、美以及非洲各国200多人的译配团队,具备英、法、葡、斯瓦希里、豪萨、约鲁巴、乌干达、依波、特维等9个语种国际一流标准的译配能力,完成了多部中国电影、7000多集电视剧多语种译制配音,上线了24h不间断播出的自办多语种中国影视剧频道,2017年实现了年译制产能超过1万h的目标。

(1)打造国家级中国影视译制基地

"加快推进中国影视译制基地建设"是《北京市"十三五"时期加强全国文化中心建设规划》明确提出的重要任务。目前四达译制配音中心已经在软硬件等方面打下了良好的基础,开创了良好的局面。下一步,四达将继续围绕国家战略,立足市场,进一步扩大规模、加大研发、完善机制,使译制配音工作不断标准化、规范化、国际化,打造国家级中国影视译制基地。

(2)建设一批非洲"节目制作与译制配音中心"

四达计划采取建设、运营、培训一体化的模式,优先选取双边关系密切、有四达运营团队的国家建设一批节目制作和译制配音中心。每个中心建设演播室和译制配音设备,每年制作360h节目,译制配音600~900h,在各项目国打造出一套内容"接地气"的本地语综合频道,通过整转项目建设的网络覆盖全国。中心建成后不但可以丰富当地文化生活,解决就业,还可以通过实施培训计划,培养"亲华友华"的当地媒体人才。

(3)完善人才选拔、培养和协调工作机制

为解决本地语配音人才奇缺问题，2016 年以来四达在坦桑尼亚、尼日利亚、莫桑比克先后举办"中国影视剧配音大赛"。优胜选手被四达聘用并选派到北京培训和工作 2 年，学成后回到非洲，将成为四达在非洲节目制作和译制配音中心的重要骨干。今后，四达总部将主要承担"英、法、葡"三大语种的译制配音以及人才培养工作，本地语译制配音工作将前移到非洲进行。

通过配音大赛建立人才选拔机制，总部培训建立起人才培养机制，再通过总部和各个非洲中心分工合作形成协调机制，将使四达译制配音工作形成前后方联动的有机整体，整合资源，形成合力。

（4）应用互联网和人工智能技术提升效率

四达自主开发的"新译星"翻译众包平台已经正式上线。四达将进一步加大研发投入，不断完善众包翻译平台，提高译制效率。同时，四达还将充分利用多国家、多语种译制语料库的丰富数据，开展人工智能配音研究，应用人工智能和互联网技术，进一步提高译制配音的规模和效率，使译制配音工作进入到以强大技术作为驱动的全新阶段。

4. 运营模式

四达时代非洲商业模式主要包括两个部分：一是为非洲国家公共电视台和私人电视台提供数字电视信号传输服务，收取传输费（B2B 业务）；二是为广大数字电视用户提供收视服务，收取收视费（B2C 业务）。为此，建立成熟的品牌和运营体系就非常重要。

在运营方面，建成了以下一代多业务支撑系统为保障的运营体系。

在渠道方面，在已运营的项目国建起了 200 多个营业厅，3000 多家便利店，7000 多家渠道商三位一体的营销体系。

在售后服务方面，建成了以呼叫中心为核心，在线自助服务为补充的售后服务体系，为用户提供 7×24h 优质服务。

在队伍建设方面，建设了一支 5000 多人的专业化、国际化、本地化的员工队伍，其中各项目国本地员工占比在 90% 以上，基层管理岗位已基本以本地员工为主，高层管理人员本地化程度也在不断提升。

在品牌影响方面，四达时代广受非洲当地消费者和业界认可，曾连续多次获得"尼日利亚最佳数字电视运营商奖",在乌干达、坦桑尼亚、几内亚等运营国获得最受欢迎的数字电视运营商奖项。

5. 风险

(1) 市场竞争风险

非洲经济虽然落后,但其市场竞争仍激烈,各国际厂商都跃跃欲试。在四达时代进入非洲市场之前,来自南非的 DSTV 一直是市场的主要参与者,垄断许多优秀节目,像四达这样的后来者,唯一的突破策略就是低价,即"四达希望做到让非洲每一个家庭都能买得起、看得起、看得好数字电视"。

(2) 文化风险

非洲大多数国家言论充分自由,相比之下,中国的意识形态甚至能成为四达时代在发展业务中受到攻击的理由。

(3) 政治风险

非洲很多国家政府的决策经常会左摇右摆,有时他们会迫于舆论压力,完全盲目地向本地企业倾斜政策。如 2011 年在肯尼亚拿到数字电视运营牌照这一艰难过程,肯尼亚政治格局复杂,政党有 40 个,还有 47 个本地部落,部落有矛盾,政党有竞争,当四达在肯尼亚国家电视台中标时,一同参与投标的两家当地媒体,其根基深厚,在落选后各方势力一起攻击四达,本地的传媒集团起诉到采购监督委员会等机构,甚至动用议员关系,要求政府重新审核,吊销颁给中国公司的信号传输牌照,还在报纸上呼吁民众关注"由一家中国公司控制肯尼亚的媒体信号,是非常危险的。"

(4) 税务风险

国家税率变化不定,有的国家高达 41%,四达应重点关注资金流转过程中货币转换的费用,包括汇兑的损失和收益;各国语言的不同和会计准则的差异,是跨国财务管理遇到的众多挑战之一,各国税务和政策法规的不同都会影响财务处理的方式和方法;非洲国家的税务稽查非常多,包括前期的税务筹划、当地的合规性管理以及税务审计等。

(5) 其他风险

其他风险如技术风险、征地拆迁风险、环境生态风险、驻外人员安全等,四达时代应进行深入的尽职调查，聘请专业团队，采用合理的风险把控措施，合理规避上述风险。

6. 借鉴和启发

（1）把握形势，因地制宜推动项目发展

自2014年以来，四达在北京市广电局指导下连续4年承办"北京影视剧非洲展播季"。每年以英、法、葡等7种语言译制17部电影和400集电视剧，先后在非洲20个国家全年展播。每年选取3个非洲国家举办线下推广活动，包括明星见面会、新闻发布会、配音大赛、"影视大篷车"下乡、用户走访、图片展览等多项活动。展播季模式成熟，影响广泛，已成为中非影视文化交流的重点品牌、非洲人民了解中国的重要窗口和对外展示北京形象的"亮丽名片"。

（2）充分依靠国家政策和中国政府的支持

为助力国家文化"走出去"整体战略，四达时代计划未来几年在坦桑尼亚、尼日利亚、赞比亚、南非等全部运营国建设"节目制作与译制配音中心"，中心硬件投入部分希望通过国家"无偿援助"渠道融资，后期运营维护由四达在项目国的合资公司负责，推荐将"节目制作与译制配音"纳入国家对非无偿援助项目计划。

过去几年，四达总部译制配音中心取得了长足的进步，支持资金主要用于版权采购、人才培养以及市场推广等各个方面，使四达总部译制配音中心形成规模化、自负盈亏的市场机制运营主体。

（3）合理利用资源，明确工作重点

译制配音是中国影视剧对外传播的"关键环节"，非洲有需求，四达有意愿。四达时代将以专业团队为基础，强大技术为驱动，完善机制为保障，打造国内顶级、世界一流的译制配音基地，为加强我国国际传播能力、提升国家文化"软实力"作出贡献。

"万村通"项目：

在2015年中非合作论坛峰会上，习近平主席提出中方愿在未来3年同非方重点实施"十大合作计划"，其中，人文合作计划中提出"为非洲1万个村落实施收看卫星电视项目"，这就是"万村通"项目。其能为非洲民众带来信息、教育和娱乐服务，方便了当地的生产生活，对非洲信息社会发展具有里程碑意义，是非洲村庄看世界的眼睛，也是中非友谊的重要标志之一。

实施"万村通"项目与非洲农村地区长期闭塞的信息环境有关，项目具体实施方中国四达时代集团表示，非洲普通家庭收看电视有两大痛点：收费太贵、频道太少。在四达时代进入非洲市场以前，撒哈拉以南的45个非洲国家里，只有少数几家公司开展数字电视业务，而且收费十分昂贵。初装费200多美元，收视费50～100美元/月，这对非洲普通家庭来说几乎成了奢侈品，更不要说在广大农村地区，很多家庭买不起电视，也没有相关设施接收卫星电视信号。看电视，几乎成了许多普通非洲人遥不可及的梦想。

目前项目正在为25个非洲国家的10112个村落接入数字电视信号，为每个村落免费配备两套太阳能投影电视系统、1套数字电视机系统，并为20户家庭免费安装数字电视机顶盒。

如今，四达时代已经深耕非洲数字电视市场十余年。在非洲，四达时代不仅通过亲民的价格和精致的服务让非洲民众"买得起、看得起、看得好"数字电视，更早在2011年就成立了节目译制中心，通过节目集成、译制等方式促进中非之间的文化交流，而"万村通"项目的实施，不仅仅通过投影设备、机顶盒等硬件为非洲农村带来数字电视信号，丰富非洲当地人民文化生活，更以此搭建了一座促进中非文化交流、民心相通的桥梁。

四达时代目前已建成具备中、英、法、葡等九个语种译制配音、产能10000h的节目译制基地，建立起较为完备的节目内容体系，拥有包括国际知名频道、中国主流频道、非洲本地频道和42个自办频道在内的频道480余套。这些频道将根据不同国别和语言进行筛选后，通过"万村通"项目呈现在一万多个非洲村庄的村民面前。

"万村通"项目是造福非洲农村地区居民、丰富农村文化生活的重要工程，也是中非人文合作进一步深化的具体体现。

3.6 阳光集团

3.6.1 阳光集团海外业务总体发展情况

阳光集团有限公司（以下简称"阳光集团"）于2012年经坦桑尼亚政府批准设立，下辖子公司及合资公司共12个，经过近几年的发展，阳光集团已经成为一个集大宗农副产品加工、矿业开发，勘探和冶炼，销售和出口，高科技制卡，建材设备制造，仓储物流等投资和服务于一体的集团化经营公司。

目前阳光集团在坦桑尼亚总投资超过一亿美元，本地和外籍员工近1500人。

3.6.2 阳光集团投资非洲的发展历程

1. 走进非洲、落户坦桑尼亚

2000年，以平等互利、平等磋商、增进了解、扩大共识、加强友谊、促进合作为宗旨，中国政府提出召开"中非合作论坛——北京2000年部长级会议"的倡议，鼓励和支持中国企业到非洲投资兴业。

阳光集团以此为契机，选择了"走进非洲"寻找投资机会，再通过深入的考察和分析，最终选择在坦桑尼亚落户。

阳光集团在过去几年间总共投资了超过1亿美元在坦桑尼亚的制造业上，包括可加工金块成品的金矿加工冶炼厂、三座金矿矿山、葵花籽油厂、姆万扎MAGU棉厂、米厂、达累斯萨拉姆市的石膏板厂、高科技卡厂、林地省两家腰果加工厂、多多马肉联厂、牛肉干加工厂、建筑模板厂、运输公司、旅游公司等十多家坦桑尼亚政府所鼓励和倡导的坦桑尼亚制造企业和其他服务类企业。

2. 深耕坦桑尼亚

20世纪80年代以来，受西方经济学界的影响，许多非洲国家在世界银行、国际货币基金组织等机构的压力下，走上了大量出口能矿资源和初级产品的发展之路，导致这些国家无法形成自己的工业体系，大规模基础设施建设也难以开展，迫使广大非洲国家长期居于产业价值链低端。

在第一个项目的选择上，阳光集团没有先上马利润更丰厚的金矿开采，而是选择了服务于坦桑尼亚中小矿业企业，为当地提供更多就业、更大附加值的金冶炼厂。2013年到2014年，阳光集团总共投入逾4000万美元建立了这座现代化的金冶炼厂，选厂从中国引进全套先进的勘探和检测设备，可以完成从地质勘探，钻孔取样，化验分析，选矿实验，矿石开采，精选冶炼等全部的工作流程。补强了当地大型工业基础设施建设，拉动了当地经济的发展。

阳光集团放弃出口矿石甚至走私出口的路，而是走为坦桑尼亚真正带来利益最大化的业务模式选择，在不破坏当地自然环境和商业生态环境的情况下，尽可能投资于能给本地带来经济发展，改善人民生活，创造就业机会的制造业项目。金矿冶炼厂不但让阳光集团攫取了"走进非洲"的第一桶金，也更深入地融合到当地经济环境中去，为当地就业提供更好的平台，替中国企业摆脱资源掠夺的标签，为国家赢得更好的口碑，为今后的投资发展打下了基础。

阳光集团旗下的阳光石膏板厂投资总额500万美元，年产各类石膏板500万m^2，各型腻子粉5万t，2014年起石膏板公司开始新一轮的设备更新改造，增加了新产品覆膜石膏板，年产50万m^2。该厂现有华人员工10人，当地员工100人。2017年开始，阳光公司更是启动了和世界领先的石膏板巨头北新建材的全面合作，计划在两年内将此工厂扩产十倍，以满足和辐射整个东非建材市场的需要，取得企业利益和支持非洲基础建设的双赢。

2012年5月，阳光集团成立了坦桑尼亚阳光运输有限公司，运营车辆达到300台，投资额达到了2460万美元，运输范围由周边六国覆盖到"东部和南部非洲共同市场"国家。

阳光集团多元发展，多个产业板块并举，将国内传统建材、物流等优势行业带入非洲，既减少了国内过剩产能，又补强了非洲基础工业薄弱的劣势，错位竞争，实现了企业生产价值的最大化。

3.6.3 阳光集团投资非洲的成功经验与启示

1. 成功经验

（1）顺应国际大潮

2000年中非合作论坛在北京召开，与会的中国和非洲国家进行了交流，并让我们坚信在中华人民共和国与非洲之间，有必要建立起一种充满活力的新型战略伙伴关系。自此，中非关系迅速发展，现已达到历史上最好的阶段。中国将鼓励本国企业到对方国家投资、交流商业管理经验、建立合资或独资企业，包括中小型企业、建立联合商业论坛。中方将提供专项资金，支持和鼓励有实力的中国企业到非洲投资，建立有效益、适合当地需要的合资或合作项目，增加当地就业，转让技术。

努力实现在贸易平衡的同时，进一步扩大贸易往来。我国从2015年12月10日起，对从七个非洲国家进口的97%的商品实行零关税，此举旨在帮助非洲国家扩大贸易范围，实现其贸易多元化；同时，中国进一步扩大对非的工业化投资，将部分制造业的投资转移到非洲，帮助非洲提高其生产能力，开展工业化，丰富其经济结构，实现非洲出口多样化的目标。

阳光集团审时度势，趁着中非合作的东风，远赴非洲投资建厂，进一步兴建产业园区，经历了近6年的负重前行，取得了巨大的成功。

阳光集团的金矿选厂的成功为企业树立了榜样，为国家和企业自身赢得了口碑和信任。根据中国商务部的数据显示，中国对非洲非金融类直接投资覆盖建筑业、租赁和商务服务业、采矿业、制造业、批发和零售业等领域。顺应着这股投资大潮，阳光集团在GEITA地区的第二座冶炼厂也已开始筹备投建，冶炼厂的兴建带动了几亿元的国产大宗设备出口，不但拉动国内机械设备出口量，也让更多国内企业看到了投资非洲的高回报率，非洲渴望更多的投资，阳光集团顺势而为，更是为广大中国投资人开拓非洲铺路搭桥，登上这列加速前行的经济列车。

（2）明确发展战略

阳光集团秉承商亦有道的战略和方向，带着利国利民和谐发展的投资理念。西方国家一贯对中国投资非洲抱有"新殖民主义"论调,阳光集团在坦桑尼亚投资建厂,大力发展政府所鼓励和倡导的本土制造业,各个产业累计雇佣当地员工 1800 多人,缴纳税款约合 1000 多万美元。

在阳光集团投资的项目中,葵油加工厂打破了当地无法做出高质量食用油的谣言,目前 SUNBELT 葵油已经成为了坦桑尼亚制造的旗帜和骄傲,质量和市场占有率打败了所有进口的品牌,高科技卡厂填补了坦桑尼亚没有自制智能卡的空白,为当地的产业和政务信息化提供了坦桑尼亚自己的选择,米厂和棉厂以及腰果加工厂,牛肉干加工厂解决了坦桑尼亚农产品加工低附加值的瓶颈,增加就业,为本地提供了高质量的农产品制成品替代进口,增加了出口产品附加值,运输公司和旅游公司为坦桑尼亚带来了第三产业高质量的服务和创汇。阳光集团还在当地开了一家最地道的和平饭店中餐厅,致力于介绍最地道的中国文化到坦桑尼亚。

取之坦桑,用之坦桑,阳光集团积极向坦桑各地区几十所中小学和其他慈善机构捐款、捐建,在 2017 年更是独资为本地捐建了一所全新的中学,为坦桑人的未来做出绵薄之力。

阳光集团在创立初期的关键阶段,没有采取"野蛮生长"的商业手段和战略,毅然选择了互利互惠的中非经济交流。中国对非洲的援助,则本着平等、互利、共赢的精神,奉行"不干预内政政策"。阳光集团在非洲的经济投资在训练双方尤其是非洲劳工的技能、扩大双方的贸易、加速非洲各国的工业化和促进非洲能源开发与利用等方面均起到了积极的推进作用。

(3)紧抓技术革新

阳光集团致力于从技术上进行革新,解决生产技术低下带来的健康问题。为此,阳光集团积极与政府协作,打造世界先进的食用油生产基地,以本地非转基因、零农药残留的油葵为原料,生产经过健康冷榨技术和 6 脱物理精炼等世界最先进技术打造的 SUNBELT 食用油,降低不健康油品给社会、医疗、民众家庭带来的负担。

阳光集团在本地注册成立的金矿选厂从中国引进全套先进的勘探和检测设备,可以完成从地质勘探,钻孔取样,化验分析,选矿实验,矿石开采,精选冶炼等全部的工作流程。2013年到2014年,阳光集团总共投入逾4000万美元建立了这座现代化的金冶炼厂。选矿厂碎矿采用三级一闭路,磨矿为二段一闭路,进行氰化、电解、冶炼等工艺流程,生产产品为黄金。高效率而环保的冶炼过程让当地一部分金矿产量摆脱了粗放而原始的方法,提高效率的同时间接为当地的环保做出了贡献。

填补坦桑尼亚科技产业空白的高科技信息卡厂,推进了坦桑尼亚政府信息化、个人信息化的大潮,利用后来者优势,高科技的投资潜力无限,占得在整个东非市场的先机。

根据《麦肯锡:中国投资非洲九成是民企 1/4国企亏损》的调查。1000余家受访中国企业的雇员中,89%都是非洲本地人,在非中国企业雇佣的当地员工已达数百万人之多,而且近2/3的中国企业向员工提供技能培训。中国企业通过向非洲各国引入新产品和技术,推动了非洲市场的现代化进程。过去3年间,约48%的中国企业向非洲大陆引入了新产品或服务,36%的企业引入了新技术。

阳光集团在坦桑尼亚投资兴建的各个制造产业,均摒弃了当地普遍采用的污染大、效率低的传统方法,不惜重金引进了国内外先进的制造设备,提供有经验的技术团队前往当地进行培训,以阳光集团运输公司为例,公司现有当地员工157人。其中,管理人员25人,拥有大学学历的人员占管理人员总人数的90%。预计在未来两年中,公司雇佣当地员工数量将达到362人,其中具备高学历的管理人员将达到57人,他们每个人都将是两国民间经贸往来合作的推动力量和见证人之一。

2.阳光集团发展的启示

(1)政府大力支持,扩大发展普惠性

长期以来,由于许多非洲国家处于全球产业价值链低端,低收入人群比例较大。一些非洲国家虽然部分实现了工业化,但由于交通、电力等基础设施存在瓶颈,无法进一步拓展制造业部门吸纳剩余劳动力的空间,也无法提高更多民众的生活水平。

而近5年,在中国经验的感召下,非洲国家的开放程度不断提高,服务出口的制造业不断壮大，促进了非洲农业人口向制造业部门流动，使更多非洲民众分享到了经济发展的果实。

目前，阳光集团在坦桑尼亚的所有投资都是利用自有资金，没有占用国家的政策性贷款和补贴资源，但随着业务的扩大，特别是后续工厂改造升级和陆续投产所需要的流动资金，如能取得国家相应的合理金融和政策支持，阳光集团定能在坦桑尼亚打造工业制成品和农产品加工循环产业链，并在双边政府的支持下将其升级为示范产业园区，并吸引更多的国内企业来投资坦桑尼亚农产品加工及上下游周边项目，社会示范效应好的制造业和加工业项目，以及为这些项目服务的物流、物资供应等服务项目。

（2）建立风险防范机制

中国民营企业在非洲投资面临的最大风险是政治风险，最小风险是文化风险。中国民营企业在非洲投资时需要多关注东道国的政治稳定性、政策连续性、货币稳定性、经济稳定性、法律公正性、当地人对外资的态度、企业安保能力与企业内部财务管理等重要指标。由于中国政府、非洲政府与中国民营企业是这些风险的主要影响者，为了更好地降低在非洲投资的风险应该从中国政府层面、非洲政府层面与中国民营企业层面提出应对风险的对策和建议。中国政府主要可以使用完善的海外投资保险制度、完善的海外投资服务制度、完善的海外投资法律框架体系和金融工具进入非洲市场。非洲政府应该调整税收政策、加大基础设施的建设、完善外资投资的法律与法规、搭建投资信息平台与变革教育制度。中国民营企业更是可以使用国际保险公司投保、选择低风险的投资进入方式、制定适应东道国文化的管理制度、建立非洲投资的风险预警机制与制定合理的退出策略。

（3）加强融资渠道

民营企业在投资非洲遇到的难题和挑战仍然很多，经济方面譬如非洲物资匮乏、产业配套差、融资困难等，也有来自非经济方面的，譬如非洲国家政策缺乏连续性、潜在法律风险等。针对这些错综复杂的问题，中国政府和民营企业需要通力合作，积极探讨解决对策，同时政府需要加大扶持力度，给予持续的法律、金融支持，例如鼓励国内商业银行拓展民营企业境外投资的融资渠道,为民营企业境外投资提供流动资金贷款、银团贷款、出口信贷、并购贷款等多种方式信贷支持,积极探索以境外股权、资产等为抵(质)押提供项目融资的方案,鼓励民营企业开展境外投资,协助国内企业更好更踏实的"走进非洲"。

(4)国内产业实现飞跃

近年来诸多行业产能过剩状况频频出现,随着中国的产业升级需要,非洲因其在产业上的诸多空白,是承接中国产业转移和化解过剩产能的上佳选择。资源原材料丰富、人口红利巨大,这些都是看好投资非洲的理由。《非洲之声》杂志曾刊文指出,2040年非洲劳动力总数将达11亿人,且劳动力价格低廉,城市人口比例将达50%,市场潜力无穷,2050年非洲将有20亿消费者,其中新兴中产阶级人数超过6000万,成为全球最大市场。而与之形成鲜明对比的是中国的内需低迷和严重的产能过剩。我国钢铁、水泥、电解铝、平板玻璃、船舶产能利用率分别仅为72%、73.7%、71.9%、73.1%和75%,明显低于国际通常水平。对新兴市场增加投资不仅可以成为转移国内过剩产能和避开贸易壁垒的有效途径,也符合非洲国家引进外资加快经济发展的需要,利于国内经济实现产业结构调整。

(5)开拓市场空间,优化自身管理

自中国加入WTO后,欧盟对华的反倾销调查数目有逐年上升的趋势,对华反倾销措施所涉及的领域越来越广,欧美国家对华贸易壁垒越来越高,面对这种不利情况,中国投资者应该充分利用欧美国家对非洲国家的红利,通过走向非洲把"中国制造"变为"非洲制造",造福非洲的同时,打开世界的市场。

目前民营企业在非洲投资偏向于商贸、加工等产业,此类行业往往竞争激烈,企业更需要注重创新能力,维持自身的竞争力,企业可依托国内,放眼全球范围,盘活用好高校、研究机构、高新技术企业等创新资源,推动分担风险和成本、共同推进科研成果的工程化和产业化,让更多科技成果转化为生产力。同时打通创意设计、技术研发、生产加工、市场营销、售后服务等各个环节,由单纯制造产品向更多分享产业链价值增值转变。另外,通过知识产权保护、信息共享等专业服务，充分整合利用资源、技术、资金、人才等生产要素，为企业自身的创新发展提供支撑和保障。

（6）优势互补，强强联合

截至目前，至少有2000家中国公司在非洲展开投资，投资领域遍及基础设施、采矿、农业、信息和通信技术、电信、传媒、金融与交通等多种行业。企业可依托非洲当地的华人华商协会，相关产业企业"抱团"前行，整合上中下游企业之间的优势进行互补，提高生产效率，弥补非洲产业链不完整带来的生产成本高的困境。同时依托我国大国外交的有利资源，各国使馆经商处掌握着大量政治、政策、经济信息等一手资料，企业要充分利用该资源了解投资国的法律、政策等变化，随时更新投资信息。

3.6.4 阳光集团投资非洲的典型案例

葵花籽油厂：

1. 项目意义

目前非洲国家初级产品的收入依然占GDP的40%，在其中20个国家，单一商品，尤其农产品的出口收入占了总出口收入的50%。如此依赖单一的初级产品，意味着非洲经济在不稳定的国际市场和气候状况下非常脆弱。虽然物产丰富，但工业水平极端落后，主要依赖进口外国加工生产的产品来维持经济生产和人民生活也成了部分非洲国家的困局。为此，许多非洲国家鼓励以本国生产的商品替代进口商品。非洲绿色革命论坛（AGRF）上，发布的最新非洲农业状况报告（AASR）显示，预计到2030年，非洲自产高价值农产品加工产业将取代进口食品，非洲食品市场每年的价值将超过1万亿美元。联合国工业发展组织更是提倡产能合作，更希望看到发展中国家在进口之余，逐渐有自身的装备制造能力。

为此，阳光集团斥资3000万美元，在坦桑尼亚多多马市郊祖祖工业园开发区，兴建了占地2.7万m^2，全套从中国引进的全自动二次压榨先进设备和唯一的六脱（磷、酸、水、色、嗅、蜡）精炼设备的油葵加工厂，年产冷榨绿色六脱成品葵油2.5万t，油饼产量6万t。

2. 投融资模式

在投融资方面，葵花油厂为阳光集团和国有控股企业国信招标集团股份有限公司自筹资金兴建，截至目前为止未申请国家补贴或贷款建设资金和流动资金，随着今后生产规模的扩大，阳光集团将利用自身良好的效益和信誉度，向中国进出口银行等政策性银行申请贷款支持。

3. 具体操作过程

2012年，阳光集团经坦桑尼亚政府批准，注册成立。2013年5月，阳光集团与国信招标集团合资成立了阳光实业有限公司，并建立了油葵加工厂和腰果加工厂两个农产品加工实体企业。计划投资为2500万美元，扩产二期工程，包括油葵和棉籽仓库，葵饼棉饼的浸出生产线和棉籽处理生产线，以及后续深加工的蛋白粉生产线。

4. 运营模式

葵花籽油厂雇佣坦桑尼亚当地员工300余人，华人员工28人，其他外籍员工2人，扎根坦桑尼亚本地市场，努力纵深发展从原材料、储存、运输、加工、分配，直到销售终端的全产业链。同时，随着整个非洲地区互联网的普及和电子商务的发展，将产品渠道从传统商超线下模式拓展到"线上"。

5. 风险

（1）政治风险

坦桑尼亚独立后长期实行一党制，政治环境稳定，坦桑尼亚与中国的良好关系已维持了50多年。2010年大选后，革命党领导层开展了以反腐和内部改革为重点的"蜕皮运动"，通过制定法律和监管标准、严抓腐败等手段优化本国投资环境。此外，坦桑尼亚还加入了世界银行、外国投资保险组织、多边投资保护组织等机构，大大减少了投资者的顾虑。

（2）经营风险

过去，当地常用的食用油为棕榈油，因其加工程度较低，质地浑浊颜色较深，阳光集团生产的葵花籽油生产工艺先进，质地较稀，起初并不被民众普遍认可。为此，阳光集团与政府合作，通过宣传引导民众，并建立国际化团队管理的快消品平台，只用一年时间让旗下SUNBELT品牌产品在坦桑尼亚商超渠道市场占有率超过了60%，稳定了本地市场的同时，积极出口至其他非洲国家，保证了自身的经济效益。

（3）与当地油坊的关系

阳光集团企业大批收购本地市场最高品质的油葵作为原材料，压缩了本地传统生产作坊的生存空间，这让当地生产初榨油的油坊主产生了强烈的抵触情绪，甚至向当地政府请愿关停工厂。为此阳光集团转变思想，向当地作坊主直接收购初榨毛油，此举不但增加了当地作坊主的收入，调动了当地油葵种植业和生油产业的积极性，也消除了本地小企业的顾虑。

6. 借鉴和启发

（1）深入考察，选择优势行业投资

为获取更多能源资源，民营企业应优选项目进行投资。坦桑尼亚适合多种作物种植，物产丰富，但是由于当地未形成系统的工业体系，生产技术落后，农产品加工空缺巨大。阳光集团在坦桑尼亚发展农副产品加工，把资源优势转变为其经济优势，填充本地市场的空缺，而且可利用欧美对坦桑尼亚实行的贸易优惠政策，实现产品出口欧美，扩大自身经营。

（2）整合资源，扩大生产

目前除了以多多马祖祖工业园17万 m^2 的厂区为中心，辐射林地和姆万札的几家农业加工项目外，阳光集团在多多马工业园区还新铺设了铁路道口，整修了原有园区道路，改装高压动力线路和变电设施，希望以这些可再生能源的农业项目为中心，通过互相的产品链接，利用葵油的副产品葵饼等作为饲料，尝试建成了蛋鸡养殖场、肉牛育肥厂、牛羊屠宰场及冷链出口等一条龙产业链，打造出一个新式的阳光农业可再生能源链式产业园，并吸引更多的投资来围绕这个园区投建相关产业，将其建成我国"一带一路"倡议的模范式园区，取得政治和经济以及本地社会效益的丰收。

（3）了解优惠政策

坦桑尼亚政府鼓励外资在农业及农产品加工业、出口导向型工业、制造业、采矿业、基础设施建设和能源、旅游及相关产业进行投资，并给出了一系列优惠政策，企业落户非洲需充分了解并密切跟踪当地政府的改革措施，合理利用当地优惠政策，同时寻求中国驻坦桑尼亚经济商务代表处等机构给予指导和帮助，保障自身利益。

3.7 隆平高科

3.7.1 隆平高科海外业务总体发展情况

袁隆平农业高科技股份有限公司（以下简称"隆平高科"）于1999年成立，公司业务涵盖"种业运营"和"农业服务"两大体系，种业运营方面，进行以水稻、玉米、蔬菜为主的高科技农作物种子、种苗的生产、加工、包装、培育、繁殖、推广和销售；农业服务方面，进行新型职业农民培训、精准种植技术服务、耕地修复与开发、品质粮交易平台、品牌农业、农业金融等。

研发创新是隆平高科的核心竞争力。公司已构建全球化的商业化育种体系以及国际先进的生物技术平台，拥有研发团队500余人，年R&D投入占比约10%，并在中国、菲律宾、印度、巴基斯坦、美国、巴西等国家建立了研发机构，试验基地总面积近5km^2，主要农作物种子的研发创新能力居全球领先水平。

秉持造福与共赢的精神，隆平高科成立了隆平公益基金会，专门开展农业领域的相关公益慈善行动，同时积极开展援外农业培训、援外项目合作，至今已为亚非拉100余个发展中国家培训了6000余名农业技术人才，并先后承担国家十多个援外技术合作项目，为世界农业发展做出了积极贡献。

隆平高科于2010年、2013年、2016年连续三届蝉联"中国种业信用明星企业"榜首，2017年获评"中国质量奖提名奖"，跻身全球种业企业前十强。

3.7.2 隆平高科投资非洲的发展历程

在2018年9月3日的中非合作论坛北京峰会开幕式上，习近平主席发表的主旨讲话中提到重点实施好产业促进、设施联通、贸易便利、绿色发展、能力建设、健康卫生、人文交流、和平安全的"八大行动"，非洲国家整体发展程度普遍偏低，各大产业基础薄弱，习近平主席提出的"八大行动"中各个方面都有可以与非洲进行深入合作的空间，其中农业产业的合作更是本次论坛的重中之重。

非洲国家虽然土地肥沃，但非洲大陆从原始社会到农耕文明发展的进程却十分缓慢，由于非洲农业基础设施建设的缺失和缺乏科学的种植理念和技术支撑，粮食问题一直是困扰非洲的重要问题，非洲众多国家仍停留在"靠天吃饭"自给自足式的小农模式当中。根据联合国《世界人口展望：2015年修订版》报告指出，在一些发展中国家尤其是在非洲地区，人口仍在快速增长，人口激增将对未来粮食供应形成巨大挑战，也将进一步推动全球种子市场规模的扩大。

随着我国经济实力的增长，国际地位的提高，隆平高科在国际农业事务中有了一定话语权，并致力于从以下几方面推动农业"走入非洲"，推进全球化的农业技术援助。

1. 技术支持、传授非洲

（1）开展技术示范

中国政府一直致力于通过传授技术知识、经营理念和管理经验来促进受援国农业和经济发展。隆平高科积极响应中国政府的号召，在塞内加尔开展了水稻和蔬菜的品种试验示范、技术培训、物资援助以及新品种筛选等工作，包括两个生产季20多种类别的近100个蔬菜品种的实验示范；在当地提纯复壮6个常规水稻品种；传授给当地农户12项实用性强的带土移苗等简易高产栽培技术；培训了当地学员300余人次，与受援国分享中国的经验和技术。隆平高科已经从最初单纯的种子国际贸易，到承担国家援外培训和技术合作任务，通过农业技术示范类项目试验、示范、培训、推广等公益性功能的发挥，到建设目标国家研发基地，再到设立海外产业公司，形成了独特的"公益性国际援助＋市场化海外拓展"双线并举的国际化路径。

目前隆平高科结合自身的优势领域，在利比里亚建设了以杂交水稻、玉米、蔬菜等经济作物为主的农业技术示范中心，现在项目已进入技术合作期，这将为中国种业"走出去"积累丰富经验，在隆平高科的帮助下，相信非洲国家能逐步改变依赖进口粮食的现状，实现粮食自给的目标。

(2) 派遣农业专家

派遣农业专家一直是隆平高科配合中国政府援助非洲的重要形式。企业内专家根据受援国实际情况和条件，结合自身科研的成功经验和优势，帮助受援国探寻农业发展规划、研究农业政策、制定技术措施、推广农业技术，培训当地农业人员等。隆平高科自企业成立至今，一直致力于为非洲国家输入中国技术力量，目前已为马里、加蓬、几内亚、喀麦隆、科特迪瓦、多哥、贝宁、中非、尼日尔等38个非洲国家累积培训了1000多名农业官员、农技专家，致力于将中国的现代农业技术推广出去，帮助其他国家发展农业生产，促进其解决粮食安全问题。

为了让学员达到学以致用的目的，隆平高科深入研究了非洲普遍作物研究发展和推广状况，结合公司与其他国家合作进行农业研究合作的实践经验，组建了以袁隆平院士为首的隆平高科国际培训学院资深专家为主的师资队伍，对援外技术培训进行了科学的安排，将课堂理论教学、田间耕种实践、论坛研讨交流、基地参观考察四大板块相结合，以多样化的内容满足受援国参训人员不同的需求，放大培训价值，扩大援外培训综合影响力。

(3) 开发人力资源

目前非洲国家普遍存在基础设施薄弱、务农意识薄弱、农民素质不高等情况，迫切需要加强人力资源开发，隆平高科以提高非洲国家农业人员自主发展能力为出发点，以"授之以渔"的方式，积极为非洲国家来华参加培训的农业官员与技术人员传授专项农业技术，分享中国农业政策和运行模式，为受援国培训了大批农业专家、技术人员和管理人员，补强受援国农业人力资源的短板。

2009年9月12日，商务部首个援外培训基地——"中国杂交水稻技术援外培训基地"落户隆平高科。培训基地发展至今，已经为近100个发展中国家培养了近6000余名农业管理和技术人员。2018年，隆平高科开展了非洲杂交玉米综合技术培训班、赤道几内亚杂交水稻技术培训班等23期援外培训项目，当地农业项目通过与隆平高科联手，得到最高端的农业技术支持，隆平高科通过援外培训，让自身培育的杂交水稻名声大振，在"一带一路"沿线耕地上，加快了非洲市场开发的步伐。

2. 本地育种、耕种非洲

隆平高科对非洲国家进行的农业援外技术培训，让很多国家感受到粮食自给自足的重要性，越来越多的国家希望隆平高科能够进行本地化的育种。

2015年，隆平高科设立国际公司，主要负责在海外从事农作物种子的本地化研究、本地化生产加工和本地化销售。在非洲的利比里亚、安哥拉、埃塞俄比亚、尼日利亚等国家设立了研发中心和育种站，在适应当地生态环境需要的同时，降低生产成本。在海外已有19个品种分别审定或者登记，与40多个国家和地区建立了贸易关系。

经过长期不懈努力，公司已在品牌、种质资源和研发、产品质量、营销等方面具备了行业领先优势，这些优势构成了推动公司可持续发展的核心竞争力。

3.7.3　隆平高科投资非洲的成功经验与启示

1. 成功经验

海外水稻种植面积约95%分布在东南亚、南亚和非洲等"一带一路"沿线地区，但这些地区杂交水稻的推广面积占水稻种植面积比例低于3%，市场容量仍然巨大。隆平高科聚焦自己在杂交水稻方面的优势，通过援外培训，为非洲各国培养了大量的农业管理和技术人员，为提升隆平高科在非洲等国家的知名度和拓展非洲市场、设立研发中心和育种站打下了基础。

（1）对外战略符合性

中国是世界上最大的发展中国家，在发展进程中，中国坚持把中国人民的利益同各国人民的共同利益结合起来，在南南合作框架下向其他发展中国家提供力所能及的援助。国家也于2016年1月1日起施行新的《种子法》，开始有条件地放开种质资源出口，对隆平高科海外育种提供了强有力的支撑。

2018年在北京召开的中非论坛，为中非农业合作指明了路径。习近平主席倡导的"八大行动"中，首个行动就与农业相关，并且农业成为产业促进的重头内容,包括:支持非洲在2030年前基本实现粮食安全,同非洲一道制定并实施中非农业现代化合作规划和行动计划,实施50个农业援助项目,向非洲派遣500名高级农业专家,培养青年农业科研领军人才和农民致富带头人等行动。

隆平高科凭借在杂交水稻领域的有益经验和实践知识,坚决响应国家号召,自企业成立以来,坚持帮助受援国培养农业人才,增强受援国自身的农业生产能力,贯彻国家对外援助战略,既提升了中国国家形象和国际影响力,又扩大了企业自身的知名度,为以后开拓非洲市场奠定基础。

(2)充分了解受援国需求

国际慈善组织洛克菲勒基金会通过调查指出,目前非洲大陆每年粮食进口方面的投资达350亿美元,但是随着非洲粮食需求的不断增长,对农业领域的投资缺口非常大。

非洲农业科技投入亟待加强,农民缺乏实用性农业技术。在非洲从事农业研发的机构仅400多家,农技推广人员数量少,学历不高,无法满足农业生产过程中农户对技术的需求。

隆平高科通过对非洲国家农业从业人员进行培训,结合自身优势作物,将杂交水稻高产栽培技术推广出去,目标是培养更多的杂交水稻专业技术人才,提升非洲各国家自主发展能力,提高水稻的生产率,增加水稻产量,通过当地政府的协助,提升当地农民对农作物种植的积极性,满足农业方面的技术人员和广大人民的实际需求。同时可将更多资源投入到农业产业化发展,带来持续的收益,减少对粮食进口的依赖。

2.隆平高科发展的启示

(1)科研管理更加科学,重视研发投入

2017年以来,公司继续保持对研发的高投入,科研成果再创新高。公司共计有61个水稻新品种通过国家审定,占当期通过国家审定水稻新品种总数的34.3%,同比增长238.9%;43个水稻新品种通过省级审定。11个玉米新品种通过国家审定,占当期通过国家审定玉米新品种总数的6.38%,同比增长450%,科研创新已经成为支撑公司全面领先最核心的竞争能力之一。

(2)加速投资并购步伐,带动农业产业

2017年以来,公司以产业战略为导向,加快推进对外投资并购,完善公司的行业、产品和区域布局,进一步提升公司在多作物种业市场的综合竞争力和盈利能力,发挥公司品牌化、组织化、规模化的团队协同作战优势,助推公司成为优秀的国际化种业公司,同时带动中国在农业机械化、农业灌溉设备方面与非洲开展更多合作。

(3)积极开展模式探索,完善农业体系

2017年以来,公司积极探索布局未来农业服务,通过探索实践,确定了农业服务体系的战略目标及实施路径,快速启动相关布局;同时,隆平高科建立了标准化的职业农民培训体系,国际援外培训的期数和人数均创历年新高;充分发挥自身的优势,完善非洲的农业服务。

3.7.4 隆平高科投资非洲的典型案例

某援外杂交水稻高产栽培技术培训班:

在国家商务部以及湖南省商务厅主管部门的大力指导和支持下,由中华人民共和国商务部主办、隆平高科中国杂交水稻技术援外培训基地承办的"某援外杂交水稻高产栽培技术培训班",于2015年在湖南长沙成功举办,为期两个月。受援国多名农业系统内的研究专家、农业工程师参加了此次培训班。

1. 项目意义

中国致力于加强南南合作,积极承担应尽的国际义务。中国对外援助建设了一大批农业和基础设施项目,并提供了大量适用技术,有力增强了受援国的自主发展的能力。同时,通过对外援助的战略投入,带动中国与非洲国家的经贸合作,提升中国科研实力在非洲的影响力。

2. 项目过程

(1)教学组织

主要介绍杂交水稻知识体系,包括杂交水稻种子生产技术、杂交水稻遗传育种技术、杂交水稻在国外的推广及杂交水稻种子质量控制、杂交水稻高产栽培技术、农机在杂交水稻中的应用等,专家进行探讨和交流。

（2）国情报告

共同探讨杂交水稻综合技术及分享经验，了解各个国家概况、历史沿革、农业发展、宗教特色和社会习俗等。加强了各国文化共同点的认同感，更重要的是在农业领域进行了深入的探讨，对未来的合作进行了沟通并建立了良好的平台与联络机制。

（3）田间实习

为了让参训人员切实掌握杂交水稻种子生产技术，隆平高科安排培训班学员赴隆平高科常德贺家山基地进行了为期半个月的杂交水稻综合技术强化实习。详细介绍抛秧技术、制种田父母本移栽、病虫草害防治、不育系繁殖、种子检验、制种田除杂、制种父本深施球肥、制种花期预测调节、赤霉素喷施、人工辅助授粉、花粉育性鉴定（镜检）、种子加工储藏等技术。

（4）实地考察

为了让学员们对杂交水稻种子生产技术有更直接的认识，了解更多中国农业科技领域新成果，隆平高科组织了丰富的专业参观与考察活动。组织学员参观了隆平高科麓谷种子生产和加工中心，了解隆平高科制种的生产线和先进仪器设备和技术，增进学员对粮食加工和生产的认识，认识了种子生产基地建立模式，并探讨合作机会。

3. 项目成果

杂交水稻高产栽培技术培训班是隆平高科援外培训工作的又一升华和提高。此次培训班提高了中国的国际声誉，让非洲官员和技术人员认识到中国政府的真心实意，旨在帮助他们解决本国粮食问题；通过杂交水稻种子生产等相关农业技术的交流，加强了中国与非洲国家在农业人才培养方面的交流，切实有效的帮助非洲地区提升杂交水稻技术，提高粮食生产水平；加强了中国农业企业同非洲国家的科技和经贸合作，尤其是在种子、农资农机进出口贸易等方面的合作力度和宽度。

4. 双边合作面临的问题

隆平高科从企业成立至今，始终坚持对非洲国家进行农业技术援助，但仍然面临诸多挑战。

（1）技术基础差异与环境差异

由于自然环境与工业化程度的不同，非洲农业基础与中国农业基础不在同一水平。因此，隆平高科的援外技术培训需要因地制宜，充分考虑非洲土壤成分和气候差异，以及当地目前的农业生产方式，定制出符合现状的方案。

（2）农业发展水平差距

由于非洲农业基础设施落后，很多耕地都没有基本的灌溉设施，农民仍然采用最原始的方法进行耕种，同时也缺乏化肥和农药的支持，隆平高科的农业援助专家在开展工作时，需转变思想，由资本密集型技术转化为劳动密集型的技术，同时考虑当地人民的生活习惯安排耕种，真正的探索出适合当地人使用的农业技术和方案。

（3）中国对外农业援助可持续性发展

隆平高科在向非洲国家派遣农业技术专家、在帮助非洲国家改善农业基础设施的同时，应积极走访当地农户，注重对当地农民进行技术培训，向当地农户传授播种、种植的方法和经验，以及后续的服务支持。减轻双方政府的经济负担，增强当地农户的积极性，传播种植技术。

同时由于受援国的文化和当地农民的接受水平等条件的限制，技术规模化推广受到了很大的限制，而且也因中非双方耕作文化的差异，在缺少专家的监督和指导下，当地农民变回原来传统的耕作方式的情况依然存在，这也是长期困扰中国对非援助专家的问题。

5. 借鉴和启发

（1）要聚焦自己的优势

隆平高科的核心优势就是杂交水稻，这是我们"走出去"的"名片"或者说是"敲门砖"，而且，我们通过援外培训，为各国培养了大量的农业管理和技术人员，这些学员都是企业的优势资源。只有聚焦主业、放大优势，才能在国际竞争中立于不败之地。

（2）了解受援国的需求

除中国以外，海外水稻种植面积约95%分布在东南亚、南亚和非洲国家。这些国家的水稻品种、种植方式都比较落后，大多需要进口粮食，因此，提高水稻产量满足粮食自给需求成为这些国家的首要需求。隆平高科到这些国家推广杂交水稻，达成合作共赢的理念，为拓展非洲市场奠定了基础。

（3）紧扣国家援助战略

对接"一带一路"倡议，国内出台了很多政策。2018年中非论坛的成功举办更是企业开拓非洲的大好时机，因此，企业可以采取"抱团出海"的策略，降低投资风险。例如，隆平高科正在建设的东帝汶湖南农业产业园，已被纳入《湖南省对接"一带一路"战略行动方案（2015—2017年）》，湖南的农业企业来园区投资就可少费很多周折。总之，与"一带一路"政策结合得越紧，成功的可能性就越大。

3.8　人福药业

3.8.1　人福药业简介

人福医药集团股份公司，于1993年3月30日成立，1997年6月6日在上海证券交易所上市。人福医药是湖北省第一家上市的民营高科技企业，也是武汉东湖新技术开发区第一家上市公司。经过20多年的发展，人福医药已成为综合性的医药产业集团，下辖10多家医药生产企业和多家医药商业企业，是湖北省内生产能力最强、剂型最全、品种最多、资源最雄厚的医药企业，已成为湖北省医药工业的龙头企业、中国制药工业百强企业、国家级企业技术中心。

人福药业作为"国家认定企业技术中心""国家重大新药创制专项承担单位"，公司坚持以研发为先导，在国内医药企业研发投入、新药研发进展中均位于前列，与中国军事医学科学院合作成立了"军科光谷创新药物研发中心"，牵头成立了"湖北省生物医药产业技术研究院"，致力于打造国内一流的新药研发产业化平台。人福药业坚持"做医药细分市场领导者"战略，在国内的麻醉药、生育调节药、维吾尔药等多个细分领域建立了领导地位。

3.8.2 人福药业的国际化战略

人福药业将企业的发展目标确定为成为具有持续竞争力的国际化医药企业。为此，人福医药积极发展医药商业，融入国际市场，稳步推进国际化进程，努力实现在欧美、非洲等全球范围内的研发、市场及产业布局，致力于建立世界级的全球经营的制药公司。人福药业的国际化分为两个战略方向，一个战略方向是进军欧美主流市场，成立了人福普克药业（美国）有限公司。2012年，普克药业产品进入美国市场。2015年，宜昌人福出口药品生产基地建成投产，人福普克通过美国FDA现场审计，成为湖北省内首家通过美国FDA认证的制剂企业。2016年人福医药以5.29亿美元收购美国EpicPharma公司，并完成交割。同年，宜昌人福药业出口药品生产基地通过美国FDA认证。EpicPharma公司是一家具备多个优势品种的成熟仿制药企业，人福医药成功收购EpicPharma公司后，依托美国普克、EpicPharma和宜昌人福几个子公司的研发产品全部获批，人福医药将拥有超过100个ANDA批文，人福医药美国仿制药业务得到进一步拓展。2017年，人福药业收购Ansell全球两性健康，组建乐福思健康集团（LifeStyle Healthcare），联合汉德资本收购美国BFS技术最大药厂Ritedose公司。

人福药业国际化的第二个方向是成功进入非洲市场。2009年成立人福（马里）医药股份有限公司，2010年成立人福布基纳医药股份有限公司。2012年人福医药集团决定在马里首都巴马科投资建设人福非洲药业股份有限公司工厂项目，2013年开工建设，2015年建成投产。2016年人福埃塞药业基地开启建设。在人福药业积极国际化的道路上，最具典型意义的是人福非洲药业股份有限公司的投资案例。

3.8.3 人福非洲药业股份有限公司案例简介

人福非洲药业股份有限公司位于西部非洲马里共和国首都巴马科市卡迪区，是人福医药集团股份公司与中非发展基金共同投资3500万美元兴建的一家大型现代化制药厂，是人福药业集团响应国家"走出去"战略，积极融入国际市场的重点项目。

人福非洲药业股份有限公司厂房按中国最新版 GMP 要求设计，由中国专业公司建造；公司占地面积 7.8 公顷，一期建设面积 19000m^2，包括口服液体制剂、大容量注射剂和固体制剂三条生产线；配有完备的现代化生产设备及与之配套的检验、仓储、办公设施；并严格按照 GMP 要求进行生产、质量管理，是西部非洲地区最为先进的制药企业。公司成功获得生产许可证，并受邀加入西非制药企业联盟，是该联盟的理事成员。

公司 2015 年年初正式投产，产品现有口服糖浆剂、口服混悬液、大容量注射剂三种剂型，40 余个品规，临床应用广泛；目前已有 30 多个品规获得生产批文。公司产能较大，一年可生产 3000 万瓶口服液体制剂、4000 万瓶大容量注射剂及 4 亿粒片剂和胶囊，可充分满足市场需求。

人福医药集团从旗下各经营公司抽调经验丰富的中方人员负责公司的生产技术、质量控制；负责公司运营管理的高层管理人员在马里工作生活多年，熟知当地文化和医药市场。公司生产人员实现了本土化，目前 100 多人的本土员工队伍可以满足单班生产需要，经过近 2 年的技术、技能培训和文化课程教育，本土员工已经能够独立、熟练、相对高效地完成生产任务。公司注重在生产经营、人员管理、企业文化等方面与当地文化相融合，中方员工与马里本土员工能够很好的融合在一起，可以融洽、默契的配合工作；逐步建立了一套适合当地国情的和企业现阶段发展需要的内部运营管理体系、人员激励和约束机制，并且坚持通过对本土培训、提升等方式来优化管理体系，逐步实现管理本土化。目前，公司各项经营状况良好。

3.8.4 案例分析

非洲是全世界最不发达国家最为集中的大陆，整体发展水平低，各国发展水平差异很大，投资环境差、风险高。人福药业为什么要把非洲作为投资的重点？马里地处内陆，是全世界最不发达国家，把项目建在马里的原因是什么？面对落后的投资环境，如何才能克服种种困难，取得好的投资效果？这些问题都值得深入的研究和总结。

1. 投资非洲决策分析

人福药业在作出投资非洲的决策前对非洲的医药投资的机会与困难、中国药企的优劣势都进行了深入的分析。

从市场需求方面，非洲是全球疾病高发的大陆，大量进口药物、疫苗以及医疗用品，增加了当地人的医疗开销，也降低了居民可支配收入。非洲开发银行2014年发布的《复兴非洲制造业》报告指出，目前非洲本土制药商仅生产了非洲所用的25%～30%的药物和10%的医疗用品，其中很大一部分为南非的制药商生产。发展非洲本土制药业非常必要，且潜力巨大。

从国家政策层面，医药卫生是中非合作的重要领域，国家支持有实力、信誉好的医药企业，在非洲投资建厂，开展医药卫生领域的产能合作，既有利于打造"中国制造"的医疗卫生产品品牌形象，也有利于帮助其发展本土化医疗卫生产品生产能力。符合国家对非合作的政策，是获得中非基金作为国家政策性投资基金的前提条件。

从投资风险方面，中国药企进入非洲需要充分考虑非洲当地政治、经济、社会等各方面环境因素和潜在风险，既要考虑政局稳定性、武装冲突等风险，也包括两国关系等因素。总体上，中国与大多数非洲国家保持着传统友好的关系，且医药卫生属于民生领域，建设现代化药厂有利于带动东道国乃至整个非洲国家制药技术水平的提升，推动当地经济发展，解决就业，促进当地配套产业链发展，因此投资药厂比较容易得到当地政府的支持，不易引发民众反对。

在技术方面，非洲国家药品市场不规范，国别差异大，导致资本运作环境复杂；在市场准入方面，非洲国家药品注册要求不一，部分产品招标价格定价过低，导致企业投标信心下降。

在竞争对手方面，非洲药品市场上同中国制药企业竞争的对手主要是西方跨国药企和印度的制药企业。与跨国制药企业相比，中国企业开拓非洲市场的历史短，在非洲当地的药品流通渠道还有待打开，因此短时间内难以撼动跨国制药企业占据主要市场份额的局面。目前，跨国制药巨头是非洲药品进口市场的主要占据者，它们向非洲国家出口的药品主要是高价品牌药。

人福药业经过深入调研和综合分析认为，从长期看，非洲市场前景广阔，在非洲当地设厂可以降低时间和运输成本，提高公司产品的整体竞争力和市场占有率，打造人福药业在非洲的品牌形象。同时，药厂项目符合中国政府的政策导向，如能获得具有政府背景的主权投资基金——中非基金的支持，既有利于减轻财务压力，也有利于降低政治风险，总体上降低项目的投资风险。

2. 国别选择策略分析

马里共和国是西非的一个内陆国家，向北与阿尔及利亚、向东与尼日尔、向南与布基纳法索和科特迪瓦、向西南与几内亚、向西与毛里塔尼亚和塞内加尔接壤，是西非面积第二大的国家。马里是世界最不发达国家之一，根据统计，马里在全球169个国家综合发展排名中列160位。马里工业基本空白。除制糖、棉花和纺织、啤酒和饮料、砖瓦等个别企业外，马里几乎没有像样的产业。为增加税收、扩大就业，马里政府积极招商引资。马里热带流行病多发，恶性疟疾、霍乱、脑膜炎以及各种儿童疾病十分猖獗。马里本国没有现代化的药厂，所需药物主要靠进口。

人福非洲药业股份有限公司能够在马里落地主要有三个方面的原因。第一个原因是具有成熟的销售渠道基础。早在2009年，人福非洲药业股份有限公司的兄弟公司——人福（马里）医药股份有限公司已在马里成立，作为商业贸易公司专注于马里及周边国家医药市场的开拓，是马里最主要的药品供应商。除马里外，在布基纳法索、尼日尔、几内亚及贝宁等国均有销售渠道，逐步建立了医药产品在西非的销售渠道和网络，为人福非洲药业的产品销售打下了坚实商业基础。

第二个原因是马里具有特殊的物流优势。马里当地工业基础薄弱，生产所需原料、辅料、包装材料等物料无法实现本土采购，物料基本从国内采购，增加了采购成本。但另一方面，由于马里是内陆国，且十分落后，大量物资需要从科特迪瓦和塞内加尔陆路运输至马里，但能够出口的物资不多，所以就出现了从沿海国家进入马里的单向物流成本高，从马里到科特迪瓦和塞内加尔等沿海国家的物流价格很低。公司的主要产品是大输液和糖浆剂，运输费用占比高，由于产能可满足马里乃至整个西非地区大输液和糖浆剂市场需求，马里独特的运输条件与沿海国家相比可以大大降低成品的运输成本。

第三个原因是中马两国关系传统友好,在马里,从政府到民众,对中国十分友好,尽管近年来多次发生恐怖袭击,多名中国维和人员和中资企业人员在袭击中遇难,但可以确定的是,中国不是恐怖分子袭击的主要目标。总体上投资存在一定的安全风险,但政治风险可控。

3. 本土化策略分析

如何实现本土化是中国在非洲投资企业面临的重要课题。无论从投资东道国的法律要求,还是投资企业从降低人员成本、融入当地的角度,本土化都是中国企业投资非洲的必由之路。在非洲,当地人员的员工素质不高是本土化面临的主要困难。人福公司从建厂之初就制定了本土化战略。2015 年药厂建成以来,中方员工从 40 余人,缩减至 2018 年的 13 人,本土化率达到了 90% 以上。在本土员工的培养方面,公司采用入职培训、中文培训、企业文化培训、技能培训,四位一体的方式,为公司及社会培养了大量产业技术工人及管理人才。三年多的时间里,公司已实现设备操作及基层管理岗位全本土化,40% 的本土员工可以进行简单的中文交流。公司还与孔子学院签订战略合作协议,吸纳更多会中文的优秀青年来公司工作,培养更多的本土员工走向管理岗位,进一步提高公司的本土化率。2018 年 11 月 30 日,人福非洲药业与马里 I'ECICA 学院签订了合作协议,人福非洲药业正式成为 I'ECICA 学院的毕业生实习基地。根据协议,I'ECICA 学院将每年推荐优秀毕业生到人福非洲药业进行实习。协议的签订不仅意味着可以提高学院毕业生就业率,让更多的马里青年愿意入学深造,也可以源源不断的为人福非洲药业提供优秀人才。

3.8.5 总结

人福非洲药业股份有限公司项目总体上是成功的,有三条经验值得借鉴。第一,先建立销售渠道,在成熟稳定的商业基础之上建厂。第二,因地制宜,将产品运输特性与特定区位特点有机结合,化不利为有利。第三,充分利用政策资源,从联合中非基金的投资,到与孔子学院的合作,人福药业成功的实现了对政策资源的转化利用。

第4章 典型国家营商环境分析

4.1 非洲投资环境的总体情况

每年年底12月份，商务部会出《中国对外投资合作发展报告》，如2017年12月出具2017年发展报告。

从统计上看，对欧洲、非洲的投资快速增长，流向"一带一路"沿线国家投资增长三成。2017年，流向欧洲的投资184.6亿美元，创历史最高值，同比增长72.7%；流向非洲的投资41亿美元，同比增长70.8%。对"一带一路"沿线国家的直接投资流量为201.7亿美元，同比增长31.5%，占同期中国对外直接投资流量的12.7%。

中国企业在非洲地区的52个国家开展了投资，投资覆盖率为87%，设立的境外企业超过3200家，占境外企业总数的8.8%，主要分布在南非、刚果（金）、赞比亚、阿尔及利亚、尼日利亚、埃塞俄比亚、加纳、津巴布韦、安哥拉、坦桑尼亚等。对非洲投资主要流向南非、加纳、埃塞俄比亚、赞比亚、安哥拉、乌干达、埃及、喀麦隆、毛里塔尼亚、尼日利亚等国家。

中国企业对非洲投资领域相对集中，主要涉及建筑业、采矿业、制造业、金融业以及科学研究和技术服务业。对非洲承包工程小幅增长。非洲长期以来一直是中国对外承包工程的主要市场之一，地位仅次于亚洲，居第二大区域市场。主要国别市场包括：安哥拉、埃塞俄比亚、埃及、赞比亚、尼日利亚、阿尔及利亚、肯尼亚、刚果（布）、加纳、津巴布韦。

按投入资金计，中国在能源生产、交通运输、采矿和建筑等"硬件"领域的投资远远超过在"软件"方面诸如教育、卫生和治理等领域的投资。

2018中非论坛上，中华人民共和国主席习近平表示，中国将向非洲拨款600亿美元作为财政援助。根据一般的国际援助惯例，发达国家每向发展中国家提供1美元的援助，那么最终会带动双方的经济技术合作增加6美元的规模。600亿美元，按照当前汇率大约折合人民币4100亿元左右。

按资金总量排名，接受中国开发援助最多的十个国家依次为：古巴、科特迪瓦、埃塞俄比亚、津巴布韦、喀麦隆、尼日利亚、坦桑尼亚、柬埔寨、斯里兰卡和加纳。

4.2　非洲市场潜力

传统意义上的非洲代表的只是贫穷、落后和愚昧，但随着非洲大陆经济的发展以及非洲市场的对外开放，一个全新的非洲正逐渐为人们所认识。

非洲地区矿藏资源丰富。根据国际矿业的最新统计资料显示，世界上已经探明的150种地下综合性矿产资源在非洲均有储藏，尤其是与发展高科技和经济可持续发展密切相关的50多种贵重稀有矿产品，在非洲的储藏量异常巨大，其中至少有17种矿产的储量占世界第一位。特别值得一提的是，作为经济发展"第一资源"的石油，在非洲已探明的储量超过950亿桶，约占世界总储量的8%，而且非洲石油品种多、品质高，大多属于低硫易于提炼的高品质石油，而且人们只对非洲陆地上8%的资源进行了勘探，大部分矿藏资源仍未得到开发。

市场需求庞大。非洲投资网提供的数据显示，非洲国家每年要花1700亿美元用于进口，约 83% 的 GDP（约为 4600 亿美元）用于消费。据世界银行的统计数据，非洲国家的经济增长速度在过去 10 年均超世界平均水平，世界银行预计，未来 10 年，非洲经济年均增长率有望保持在 4% 左右。这种日益增长的经济总量为提高非洲国家的消费需求能力和支付能力提供了最有力的物质保证。

在国际社会的共同努力下，牵制非洲经济发展的沉重外债如今已经得到了极大缓解，如中国已经与 31 个非洲国家签署了协议，累计免除欠华债务百多亿元，债务的减轻不仅为非洲经济的进一步发展积蓄了力量，而且为优化非洲地区投资环境提供了可能。

与世界其他地区相比，非洲地区的市场成本优势和直接投资回报率也格外明显。据美国统计，撒哈拉以南非洲地区的外商直接投资回报率达 24%~30%，大大高于发展中国家 8%~16% 的平均回报率。

4.3 非洲商业环境

由于地缘政治动荡和基础设施贫乏，国际资本曾将非洲称为"边缘地带"，而且少有问津。然而这种遭人冷落的生态如今已经得到彻底的改写。资料显示，近年来非洲吸引国际直接投资在 5 年中翻了 3 倍，不仅如此，以外国直接投资占 GDP 的比重计，目前非洲已经成为全球吸引外资最多的地区。

非洲国家制定的《非洲发展新伙伴计划》作为非洲整体发展战略，在这一战略导引下，非洲国家坚持以自主发展为中心，同时重视与国际社会的协调，从而为非洲各国经济振兴创造了有利环境。

非洲国家不断创新和改良引进外资政策。一方面，许多非洲国家开始实行"一站式"服务，例如，坦桑尼亚、刚果（金）等国对一定金额以上的投资项目，实施前 5 年免税的优惠政策。南非等国则出台了外国投资补贴政策，对投资制造、旅游等行业的企业，提供费用补贴。佛得角则免征企业用于生产其产品的原材料、成品、半成品和其他原料的关税、消费税和服务税，而且在第三至五年，上述税收还分别减征75%、50%和25%。与"一站式"服务相匹配，许多非洲国家设立了投资促进机构，其主要职责是批准投资申请，推介投资机会，提供有关投资环境和法律方面的信息，协助沟通投资者与当地政府的关系，代理投资者购买土地和不动产，促进本地公司与外国公司之间的交流。

随着世界经济增长的重心越来越转向亚洲，"向东看"开始成为非洲国家对外政策的战略性选择。中国这个亚洲新兴经济体的迅速发展，将有助于非洲摆脱过度依赖少数几种初级商品的局面，从而提高出口的多元化，增加生产劳动力密集型的轻工制成品及服务。许多非洲国家都希望包括中国在内的亚洲国家帮助其实现工业化目标，向包括中国在内的亚洲国家企业制订出特别的优惠政策成为非洲国家的一致行动。

4.4　中国政策

从1955年万隆会议中华人民共和国领导人同非洲国家领导人第一次握手，到纪念万隆会议50周年会议中国和亚非国家共同推动建立亚非新型战略伙伴关系；从中国帮助非洲培训争取民族解放的"自由战士"，到非洲国家支持恢复中华人民共和国在联合国的合法席位；从中非建设者们共同用血汗筑就坦赞铁路，到中非共同建立中非合作论坛，中国与非洲国家在各个领域的务实合作为中国企业进入非洲市场搭建了宽阔的平台。

基于鼓励企业"走出去"的各项"新政"创造了中国企业进入非洲市场的有利条件，为了协助中国企业走向非洲，中国与非洲26个国家签订了双边促进和保护投资协定，与8个国家签订了避免双重征税协定。

中国人民银行牵头，与外交部、商务部、财政部、外汇管理局、国家开发银行、中国进出口银行、中国银行等建立了对非工作协调机制，引导和推动中国企业与非洲企业的投资与贸易合作。

国家开发银行建立中非发展基金，为在非洲投资的中国企业提供支持。

中国进出口银行在非洲设立分支机构，对投资非洲的中国企业提供贷款支持。中国银联也已采取措施，方便中国人在非洲刷卡。

由于中国政府的政治、经济政策的有力驱动，中国企业已经在非洲取得了突出成绩。目前中国在非洲设立的合资企业已超过600多家，中国已成为美国之后的非洲第二大贸易伙伴。

中国企业在非洲的投资与经营具有如下特征：

投资主体多元化。过去，投资非洲的企业大多以大型国有企业为主，如今已转为大量的民营企业进入非洲市场。如民营经济大省浙江省在非洲投资居全国各省之首，而江苏省连续七年在尼日利亚举办经贸洽谈会。

投资方向多元化。中国向非洲的直接投资从采掘业、油气开发、矿产资源开发、农业开发、渔业捕捞已经转向包括服装、农产品加工、发电、公路建造、旅游和电信等多元方向。

贸易产品多元化。不仅以中国的纺织服装、家具出口，非洲的钻石、咖啡、木材等物品进口为主，家电、汽车和高新技术产品的贸易比重在不断提高。

目前，在非洲建立中国工业园的工作正在进行，工业园建成后，"一条龙"设厂，提高竞争力。例如，把纺织厂、服装厂、包装材料厂等所有配套设施建在一起，"抱团"参与市场竞争。中国企业能够形成产业群，从而获得当地政府的更多支持。

非洲国家的市场差异化程度很高，投资时务必仔细甄别。例如，在津巴布韦，家具厂、玻璃厂、钢构件厂是不错的投资选择；在埃塞俄比亚，水泥厂是热门的投资项目；在坦桑尼亚，生物杀虫剂市场前景可观；在马达加斯加，高档公寓的开发商奇缺；在南非，中药已经合法化，中药市场潜力巨大。

资源优势和市场需求状况是中国企业选择非洲投资项目的基本方向。如果投资农业，最好选择中国曾经提供过农业援助的国家，如赞比亚、几内亚、塞拉利昂、坦桑尼亚等，因为中国在这些国家中有一定社会影响，当地人对中国人非常友好。若从事森林资源开发可以考虑到中部非洲的刚果（金），仅刚果（金）便基本可以满足我国年均木材市场需求。西非的加蓬，是世界上人均占有森林面积最多的国家，森林资源开发潜力巨大。从事磷矿资源开发可以考虑摩洛哥，铝矾土资源开发可以选择几内亚，铜矿资源开发可以到赞比亚等。

非洲的市场供应、价格及劳动力供求及工资标准差异很大，这有历史原因，也有发展原因。以下就主要建筑成本（建筑材料价格）、水、电、气价格和当地劳动力相关价格统计成表，以期为本书读者在对非建筑投资决策时提供参考。

综上，从造价角度看对非投资，从建筑项目投资构成看，对外援助可以做，但对于每项援助，要有一个整体的核算成本的过程。更重要的是，要搞清楚你在那里进行投资，对方可以用什么样的方式，来完成相应的清偿？最重要的是，看似在输出资本的动作，也可能会构建新的国家经济形态。

对许多中国企业而言，非洲大多是十分陌生的商业环境。在现代国际经济秩序下，投资一个欠发达地区的国际市场，企业可能面临的风险和考验将异常严峻。首先，由于非洲很多国家基础设施严重落后，企业生产需要的配套设施严重不足。因此，外资企业投资启动成本高昂。其次，劳资纠纷在非洲特别突出。非洲许多国家工会力量很大，在工会介入的同时政府也会过问。这种情况一旦发生就势必使投资企业陷入被动。最后，非洲一些国家的经济政策缺乏稳定性，通货膨胀以及由此引发的货币贬值风险较国内大很多，企业稍有不慎，好不容易得来的财富就会消失。因此，对准备进入非洲市场的中国企业而言，清醒的市场调研及选择比盲目的投资热情更重要。

当然，非洲国家纷纷建立的投资促进机构，向投资者推介本国投资商机，提供有关投资环境和法律方面的信息，协助沟通投资者与当地政府的关系，会为投资者提供各种便利。非洲每个国家的法律都有差异，南非的法律系统比较规范，而尼日利亚、安哥拉、刚果（金）等国家人为因素比较大。建议中国企业家每到一个国家，都要找当地的法律顾问咨询，寻找熟悉当地商务系统的人来合作。对于那些人为因素比较大的国家，投资时要格外注意。

表 4-1 价格统计表

序号	国别	货币统计		劳动力价格（美元）		五险一金		水泥		砂石（美元/m^3）	砖（美元/m^3）	钢筋（美元/t）	水费（美元）		电费（美元）		汽油（美元/L）	柴油（美元/L）	土地（美元）		建筑造价水平（美元/m^3）	
		货币币种	兑美元汇率	管理岗	非管理岗	类别	费率	产地/进口	价格（美元/t）				家用（美元/m^3）	工业（美元/m^3）	家用（美元/度）	工业（美元/度）			租赁价格（美元/m^2）	购买价格（美元/m^2）	来源1（国别指南）	来源2（考察报告）
1	埃塞俄比亚	比尔	21.8:1	130~350	30~130	社保制度	每月职工缴纳基本工资的5%，公司承担基本工资的7%	进口	80	18.3~36.7	108	500~900	0.08~0.532	0.08	0.014~0.036	0.032~0.036	0.84	0.78	住宅12/商用37/综合91	住宅1213/商用547/综合911		梅莱斯领导力学院项目：建筑面积18000m^2，结构形式：框架结构，单方13426元/m^2
2	安哥拉	宽扎	167:1	98.76~148									0.353~0.819		0.0156~0.0263		0.96	0.81		25~50，工业用土地价格		
3	坦桑尼亚	先令	2234.98:1	138.70		社保制度	支付比例为基本工资的10%，个人缴纳10%	当地	90	15~35	60	900	市政供水0.51美元/t；水车送水5.37美元/t		0.045~0.157		0.92	0.86				坦桑尼亚国家体育场：建筑面积6820m^2，总投资4.085亿元，单方5988元/m^2；援坦桑尼亚卡尼雷尔领导力学校项目：建筑面积18000m^2，总投资1.54亿元，单方8596元/m^2
4	赞比亚	克瓦查	9.61850:1	519~5198，考察报告为1277	103~1247，考察报告为76	国家养老金计划	雇主雇员各自5%	当地	136	9.8		850	0.41~0.8	0.71~1.12	0.093	0.056	1.30	1.11	办公室16，工厂3	工业园40，其他20，住宅12	390~450结构工程	

续表

序号	价格国别	货币统计		劳动力价格		五险一金		水泥		砂石(美元/m³)	砖(美元/m³)	钢筋(美元/t)	水费(美元)		电费(美元)		汽油(美元/L)	柴油(美元/L)	土地		建筑造价水平(美元/m²)	
		货币币种	兑美元汇率	管理岗(美元)	非管理岗(美元)	类别	费率	价格(美元/t)	产地/进口				家用(美元/m³)	工业(美元/m³)	家用(美元/度)	工业(美元/度)			租赁价格(美元/m²)	购买价格(美元/m²)	来源1(国别指南)	来源2(考察报告)
5	肯尼亚	肯先令	101:1	149~990	76~196	社保制度	固定3.96美元，个人、单位各50%	155~165	进口	28~31		860~1000	2.02		每月固定1.49美元/月，另0.2美元/度		1	0.89		已开发土地最短租期30年；每年每公顷5750美元；一次性租期60年：每公顷115万美元		
6	刚果(布)	中非法郎	610:1	346~656	67~164	社会安全保障基金	工资额的24.28%，其中除了工人自己要缴纳的4%以外，其余20.28%由企业主缴纳	131~197	当地	8.2~24.59		737~786.9	81~653美元/月（依据水管的直径大小而定）		83~194美元/月。由于刚果(布)电无法满足当地的生活和经济发展需求，很多家庭和单位一般都会打井和自备发电机			0.98	250~2500，刚果(布)土地分国有土地和私人土地。获得土地的途径，可以是购买，也可以是租赁，也可以是合作经营中作为刚方的投资部分按不同使用年限大小较便宜，如果同政府合作获得大面积的土地，即使与私人业主租赁，价格也比较低		820~8196	

续表

序号	价格国别	货币统计		劳动力价格		五险一金		水泥		砂石(美元/m³)	砖(美元/m³)	钢筋(美元/t)	水费(美元)		电费(美元)		汽油(美元/L)	柴油(美元/L)	土地		建筑造价水平(美元/m²)	
		货币币种	兑美元汇率	管理岗(美元)	非管理岗(美元)	类别	费率	价格(美元/t)	产地/进口				家用(美元/m³)	工业(美元/m³)	家用(美元/kW·h)	工业(美元/kW·h)			租赁价格(美元/m²)	购买价格(美元/m²)	来源1(国别指南)	来源2(考察报告)
7	津巴布韦		306.35:1	A类20~250.8; B类275~319; C类378.4~738.1		养老金	工资额的10%, 其中除了工人自己缴纳的5%以外, 企业主支付5%	215.8	多数为南非进口	20~40	61.44~71.68	1300~1700	用水固定费用4美元/月, 另0.25~2美元/t	用水固定费用50美元/月, 另0.8~1.2美元/t	0.025~0.159美元/kW·h	0.14美元/kW·h	1.34	1.21		20~90, 商业用地	550~750美元/m², 一般公寓楼住宅; 800~1500美元/m², 商业用房	(1)中国援津巴布韦中学: 8000m², 造价5300万人民币, 单方6625元/m²; (2)私人电信营销公司办公楼: 建筑面积: 5000m², 结构形式: 框架结构, 单方10000元/m²
8	尼日利亚		3.9:1	65~131	131~163			140	进口	20~40	1美元/块	920~1200(当地/进口)	0.18	0.38	0.01~0.1	0.14~0.3	0.3			25~450		
9	加纳塞地			77~128		社保制度	工资额的18.5%, 其中除了工人自己缴纳的5%以外, 企业主支付13.5%	138	当地			820~1120	0.33~0.5	0.71	0.04~0.115	0.115~0.195				较好地段247美元/m²		

续表

序号	国别	货币统计		劳动力价格		五险一金		水泥		砂石(美元/m³)	砖(美元/m³)	钢筋(美元/t)	水费(美元)		电费(美元)		汽油(美元/L)	柴油(美元/L)	土地(美元)		建筑造价水平(美元/m²)	
		货币币种	兑美元汇率	管理岗(美元)	非管理岗(美元)	类别	费率	价格(美元/t)	产地/进口				家用(美元/m³)	工业(美元/m³)	家用(美元/度)	工业(美元/度)			租赁价格(美元/m²)	购买价格(美元/m²)	来源1(国别指南)	来源2(考察报告)
10	阿尔及利亚	第纳尔	109：1	275~459	165	社保制度	工资总额的35%，其中9%由个人承担，26%由企业承担	73	当地	11~18	75.02	698	0.058~0.376	0.318~0.376	0.0163~0.05	根据高压、中压、低压电量及具体计算。峰谷电价、配电损耗电价另计	0.3~0.326	0.187	按照当地法律，外国人或企业不得购买当地土地		无	援阿尔及利亚青年文化宫项目，28300m²，造价50249.13万人民币，单方17755.8元/m²

4.5 典型国家

4.5.1 苏丹

本项目为援苏丹物资项目，我们的工作是对项目的前期工作、完成及运行情况进行后评估。2017年5月下旬，公司的项目负责人以及几位专家组成工作小组，赴苏丹进行项目实地调研。工作小组主要工作包括拜访驻苏使馆经商处、苏丹总统事务部、上汽MG车辆的售后服务网点、一汽红旗的售后服务网点等，就项目的分配、使用及运营管理等情况进行深入地沟通；访谈苏丹中资企业、对苏方建设工程的相关情况进行了较为深入地了解。近年来，苏丹政局相对稳定，法律逐步健全，政策较为连贯，投资兴业吸引力正在逐步提高。

（一）基本国情

【国名】

苏丹共和国（The Republic of the Sudan）。

【简称】

苏丹（Sudan）。

【首都】

喀土穆（Khartoum）。

【面积】

188万平方公里。

【人口】

4078万（2017年）。

【主要民族】

努比亚人、阿拉伯人。

【主要宗教】

居民大多信奉伊斯兰教，属逊尼派。

【官方语言】

阿拉伯语，通用英语。

【行政区划】

全国共设 18 个州，分别是：喀土穆州、北方州、尼罗河州、红海州、卡萨拉州、加达里夫州、杰济拉州、森纳尔州、白尼罗河州、青尼罗河州、北科尔多凡州、南科尔多凡州、西科尔多凡州、北达尔富尔州、西达尔富尔州、南达尔富尔州、中达尔富尔州、东达尔富尔州。

【地理位置】

位于非洲东北部，红海西岸。北邻埃及，西接利比亚、乍得、中非，南毗南苏丹，东接埃塞俄比亚、厄立特里亚，东北濒临红海，海岸线长约 720km。

【气候条件】

苏丹国土广袤，南北东西气温差异很大，最热季节气温可达 50℃，全国年平均气温 21℃。常年干旱，年平均降雨量不足 100mm。地处生态过渡带，极易遭受旱灾、水灾和沙漠化等气候灾害。

【政治体制】

总统制共和制。

【经济概况】

苏丹属于中低等收入国家，是联合国宣布的世界最不发达国家之一。经济结构单一，以农牧业为主，工业落后，基础薄弱，对自然及外援依赖性强。农业是苏丹经济的主要支柱，农业人口占全国总人口的 80%。近年来苏丹政府积极调整工业结构，重点发展石油、纺织、制糖等工业。

【中苏关系】

中国同苏丹于 1959 年 2 月 4 日建交，两国长期友好。

（二）初步印象

苏丹地处北非，北部濒临撒哈拉大沙漠，戈壁荒滩，一望无际。

图 4-1

苏丹的首都是喀土穆。喀土穆是两条尼罗河的交汇处,青尼罗河在与白尼罗河汇合前的河床中央有一小岛叫"土堤",将青尼罗河一分为二,南边一股水在小岛南侧同白尼罗河相遇,向前流去,又在小岛北端同其另一股水汇合,青白尼罗河由此合二为一,称为尼罗河,然后一直向北流往埃及。由于两河上游水情以及流经地区的地质构造不同,两条河水一条呈青色,一条呈白色,汇合时泾渭分明,水色不相混,平行奔流,犹如两条玉带,堪称喀土穆一大景观。

图 4-2 尼罗河

青尼罗河滨河大道南侧矗立着白色三层楼总统府,外观古朴、简洁,是苏丹最高权力的象征。

图 4-3　总统府

图 4-4　走廊

图 4-5　苏丹豪华酒店

图 4-6 苏丹清真寺

（三）营商环境

【总体情况】

营商环境便利度分数表明了一个经济体在最佳监管实践中的位置，该分数反映了一个经济体当前在 10 个指标集 41 个分指标中的表现与《2015 年营商环境报告》(Doing Business 2015) 中制定的最佳监管实践之间的差距；经济体的营商环境便利度分数反映在 0 到 100 的范围内，其中 0 代表最低，100 代表最佳表现。营商环境便利度排名则显示了一个经济体相对于其他经济体的地位，排名范围是从 1 到 190。

根据世界银行公布的《2019 年营商环境报告》，苏丹 2019 年的营商环境便利度为 48.84 分，排名为 162 名，较 2018 年数据提升了 3.75，增幅较大，但总体水平仍然较低。

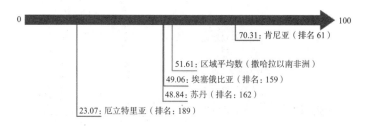

图 4-7 营商环境便利度分数

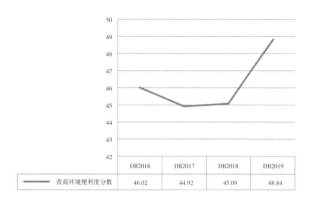

图 4-8　2016—2019 苏丹营商环境便利度分数

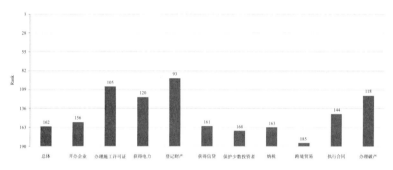

图 4-9　苏丹营商环境指标排名

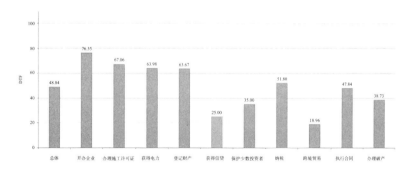

图 4-10　营商环境指标前沿距离分数

世界银行营商环境测度的核心是反映保障私营企业建立、运营和发展壮大的制度环境和法制环境；重点是营商的便利性、效率、成本和公平的市场环境。根据苏丹营商环境的排名，总体水平较差，其中登记财产一项 DB2019 排名 93 名，相对较高，而保护少数投资者和跨境贸易 DB2019 排名仅为 168 名和 185 名。不管是从法制化和便利化或者是企业生命周期角度来看，苏丹均属于世界较低水平。

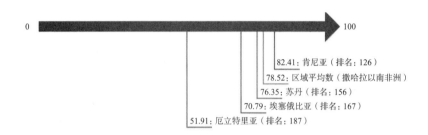

图 4-11 开办企业在苏丹和可比经济体中的排名和营商环境便利度分数

指标	苏丹	撒哈拉以南非洲	经合组织高收入经济体	总体表现最佳者
手续—男性（数量）	9	7.4	4.9	1（新西兰）
耗时—男性（天数）	34	23.3	9.3	0.5（新西兰）
成本—男性（人均收入百分比）	20.9	44.4	3.1	0.0（斯洛文尼亚）
手续—女性（数量）	10	7.6	4.9	1（新西兰）
耗时—女性（天数）	35	23.4	9.3	0.5（新西兰）
成本—女性（人均收入百分比）	20.9	44.4	3.1	0.0（斯洛文尼亚）
最低实缴资本（人均收入百分比）	0.0	10.0	8.6	0.0（117 经济体）

开办企业在苏丹和可比经济体中的分指标情况　　表 4-2

数据来源：《2019 年营商环境报告》。

【投资行业准入限制】

苏丹贸易部于 2015 年颁布第 36 号部长令，禁止外国人注册贸易公司从事贸易活动，但与苏丹有互惠协定、并允许苏丹人在本国开展外贸活动国家的公民，有投资许可并注册的外国公司不受影响。此外，外国公司不得经营违反法律和伊斯兰教义规定的行业。

【工程承包限制】

苏丹的工程项目，业主方通常直接向企业邀请投标，招标信息也可能出现在当地媒体上，大部分项目信息会出现在所谓的"代理"处，通过提取中介费介绍项目。苏丹工程项目投标门槛较低，具备业主要求的行业资质和经营业绩的企业均可参加。

【土地使用限制】

外国企业和个人获得土地所有权/使用权的方式有租赁和购买，国有土地租赁时间最长99年，不可购买所有权。私有土地可购买，享有永久产权。

【劳工准入限制】

苏丹对当地外国人可就业的岗位无明确限制，但严格控制外籍工人数量，企业中本地员工和外籍员工比例一般为3：1，企业需在报刊上发布招工广告，如广告发布一个月内无当地人应聘或均不满足招工要求，方允许外国劳工进入。外国劳工在苏丹需办理居住签证和工作签证，且须按期进行年审和延期，逾期将会处以罚款。

【对外国投资的优惠政策】

近年来，苏丹政府通过设立自由经济区、制定优惠政策等手段吸引外资，主要表现在对重点项目的商品进口免税、为项目划拨土地、给予折旧优惠等。根据《2013年鼓励投资条例》，投资基础设施领域（包括公路、港口、电力、水坝、石油和矿业、通信、建筑和信息技术）、农业和畜牧业、工业、交通运输业、旅游、环境和水处理等行业，投资局在各州政府协调的基础上，以优惠价格分配项目用地，并延长使用年限。

【投资注意事项】

目前进入苏丹的中国企业已达一定规模，个别行业竞争日趋激烈，为维护市场秩序，保护国家整体利益和企业利益，中国企业应慎重进行投资决策，对填补空白或市场尚有空间的行业可继续进入。

近年来因受南北分裂以及美国制裁等因素的影响，苏丹经济发展放缓，汇率贬值和物价上涨加快，社会不稳定因素增加，企业应完善安全预案、落实安全责任、加强风险防范、控制人员外出等。由于地区武装长期盘踞,苏丹南科尔多凡、青尼罗河州、达尔富尔地区武装冲突频发,安全形势严峻。中国企业和公民应尽量避免前往上述地区,已在上述地区的中资企业、公民应加强安全防范,减少不必要的外出,确保人身和财产安全。

苏丹是疟疾高发国家,达尔富尔地区还曾爆发过黄热病疫情,由于和阿拉伯地区交往密切,还受到埃博拉病毒和中东呼吸综合征等传染病威胁。来苏中资机构和人员要密切关注当地疫情爆发和发展情况,提高卫生意识,加强日常防灭蚊措施,避免前往疫情高危区,如有发热等症状需及时就医。

【贫困与社会发展】

苏丹贫困的主要因素包括:冲突和对石油的依赖,这导致了对农业和畜牧业以及替代能源的忽视。财政资源的不平等分配和自然资源的获取;治理失灵,体现在政策可信度和执行能力差;对私营部门投资和参与的激励不足(世界银行官网)。

【面临的挑战】

1. 转变投资方向

未来一段时间,受融资困难影响,苏丹基础设施建设项目上马将明显减少,建筑、餐饮、服务等行业利润空间将逐步缩小,但农业、矿业、加工业等领域大有可为。企业应审时度势,抓住苏经济转型时期投资土地、矿产资源,争取抢占先机,利用我国劳动密集型产业对外转移之机开拓苏丹加工业市场,实现更大收益。

2. 转换利润形式

鉴于苏丹货币贬值严重,为实现利润保值,建议在苏企业转变利润形式,避免持有大量当地币。一是购买易储存、价值高的实物资产,如钢材;二是购买期货,利用套期保值规避汇率风险;三是立足长远发展,将利润用于再投资,扩大生产经营规模。

3. 加强安全教育

苏丹政治形势和社会治安虽相对稳定,但企业仍须提高安全意识,定期对员工开展应急教育,妥善应对抢劫、偷盗等突发事件。位于武装冲突地区的企业应采取防范措施,在营地周边深挖壕、高筑墙、屯足粮,以防不法分子闯入。此外,要密切关注苏丹政治、经济走向和边境地区动态,提前做好风险预判,及时调整工作布局,避免财产损失和人员伤亡。

(四)投资机会

【农牧业】

苏丹拥有广阔肥沃的土地和丰富的水资源和矿产资源,发展农业的条件得天独厚,经济发展潜力巨大。2016 年,农业产值占 GDP 的 27.5%,农业人口占全国总人口的 80% 以上,全国可耕地面积为 5300 万公顷,目前实际耕种为 1000 万公顷。苏丹粮食年产量约为 600 万 t,粮食自给率为 85%。

农作物主要有高粱、谷子、小麦和玉米。经济作物在农业生产中占重要地位,占农产品出口额的 66%,主要有棉花、花生、芝麻和阿拉伯胶,大多数供出口。

苏丹幅员辽阔,宜牧区面积为 1.67 亿公顷。苏丹的畜产品资源在阿拉伯国家中名列第一,在非洲国家中名列第二。据统计,目前苏丹牛、羊、骆驼等存栏量约 1.2 亿头,每年向埃及和沙特等海湾国家大量出口牛羊活畜,每年生产原皮约 2200 万张。

近年来,苏丹政府高度重视农业发展,称农业为"永恒的石油"。把实现农业复兴和粮食自给、发展以农业为基础的非石油经济定为国家发展战略,并制定农业振兴计划,出台一系列促农、惠农举措,对内加强市场建设,对外积极吸引农业投资,已取得一系列成效。

【矿业】

矿产资源是苏丹的经济支柱。1999 年,苏丹成为石油出口国,2010 年原油生产约 1.6 亿桶,石油炼化能力超过 500 万 t。截止目前,1/2/4 区油田累计生产原油 2963 万 t。

南北分裂后,石油产量锐减,金、银、铬等资源作为石油替代品引起高度重视,政府制订了一系列引资措施。

近年来,苏丹丰富的矿产资源和优惠的引资措施吸引了世界关注,法国、加拿大等国企业竞相涌入,目前在苏丹矿业企业累计达 460 多家,大部分从事金矿勘察和开采。目前仅有 11 家公司进入生产阶段，其余大部分仍处于勘探期。

【工业】

工业基础薄弱，2016 年，工业产值占国内生产总值的 20.7%。主要工业有制糖、制革、纺织、食品加工、制麻、烟草和水泥等。近年来苏丹政府积极调整工业结构，重点发展石油、纺织、制糖、水泥和农产品加工业等产业。

【基础设施】

1. 公路

全国的物资和人员流动大部分依靠公路运输。苏丹全国公路里程约 3.7 万 km，主要城市之间基本形成公路网，但是公路等级低，以沥青路和土石路为主。苏丹首都公路直接连通南苏丹首都朱巴。现阶段国家公路局计划通过融资新建 9 条沥青混凝土公路，全长 2138km，主要分布在喀土穆州、卡萨拉州、南科尔多凡州等，另外计划通过融资拓宽阿特巴拉—海亚、尼亚拉—法希尔等 639km 公路。

2. 铁路

苏丹铁路全长 5978km，是非洲国家铁路里程第二长的国家，铁路覆盖苏丹全境。由于战争破坏和洪水冲刷，铁路损毁严重，已经形成不了网络，只能供区间使用。目前苏丹铁路局正在开展铁路修复工程，部分中资公司参与了项目采购与施工。

3. 空运

苏丹全国共有 8 个国际飞机场和 17 个国内航线机场，设施相对简陋。苏丹飞往国外的航班均由国外航空公司包揽。通往苏丹的外国航空公司主要来自埃及、沙特、肯尼亚、埃塞俄比亚等。

4. 水运

苏丹有 2 个主要港口：苏丹港和萨瓦金港，均位于苏丹东部红海州。

由于尼罗河贯穿南北，苏丹运河资源丰富，但几十年的内战，使其几乎损失殆尽，目前通航里程为 1723km，运输量较小，主要分布在尼罗河区段上。

【通信】

截止目前，苏丹固定电话装机数量达 50 万部，手机用户达 2700 万，互联网用户达 500 万。主要的电信运营商有：Zain、Sudatel、MTN 等，手机信号几乎可以覆盖全部有人区域，其中 Zain 于 2016 年启动了 4G 网络。

【电力】

苏丹曾经电力紧张，但经过多年发展，尤其是 2010 年麦罗维大坝 10 台机组全部发电后，用电紧张的局面得到极大改善。全国总装机容量约 300 万 kW，实际运行的发电机组约占一半，电力供应依然不能满足全国工农业发展需求，中国正在帮助苏丹兴建一批电力和输变电项目。苏丹尚未与其他国家互联互通。由于目前苏丹输变电和配电线路布设严重滞后，下一步将重点加强输变电建设，使电力资源利用、分配更合理。

【旅游业】

苏丹不仅是非洲面积较大的一个国家，也是旅游资源非常丰富的一个国家。苏丹被认为是世界上拥有多样化和独特旅游景点的国家之一。苏丹几乎大部分区域都有旅游景点，而且旅游景点可分为自然美景、野生动物、沙漠和文化遗产等类型，但却只有极少部分旅游景点已成功转型成真正的旅游景点，并能为游客提供必要的旅游服务。苏丹大部分旅游景点需要通过发展基础设施建设，来转型成旅游目的地。虽然苏丹的旅游景点位于乡村地区，但是，开发这些景点将有助于乡村地区的发展。

【吸引力】

近年来，苏丹加快了投资领域的改革步伐，努力改善投资环境，通过设立自由经济区、制定优惠政策等吸引外资。鼓励和优惠政策主要表现在：对重点项目的商品进口免税、给项目划拨土地、给予折旧优惠、对落后地区给予特别优惠等。

经济结构调整，机遇挑战并存。在当前严峻形势下，苏丹经济进入结构调整和战略转型期。在继续着力建设和完善水利、交通、电力等基础设施的同时，积极调动本国企业和大力引进外资开发矿产资源，发展加工制造业，提升自主生产能力，以减少进口和扩大出口，增加创汇来源，弥补因石油减产造成的外汇短缺，摆脱经济发展困境。在过渡期内，苏丹基础设施建设步伐将有所放缓，但农业、矿业、加工业等领域大有可为。

物价一览表　　　　表4-3

序号	项目	单位	价格（含税价）	币种	备注
签证费					
1	签证费	/人	466/700	人民币	普通/加急
当地劳动力成本					
1	普通工人		1000~2000	美元	
2	技术工人		2000~4000	美元	
当地办公生活费					
1	酒店费	/天·人	80/120	美元	中资的南通宾馆、单人间/标准间
2	餐费		40	美元	
3	翻译费	/天	200	美元	
4	租车费	/天	200	美元	
5	租房费	/月	2000~5000	美元	
6	水费	/t	35	美元	
7	电费			美元	
8	汽油价格	/L	1	美元	
9	柴油价格	/L	0.8	美元	
当地交通运输费					
1	车辆保险费	/年	500	美元	
2	车辆保养费	/次	300	美元	
3	车辆年检费（如有）		80	美元	一年一次
4	集装箱（20）清关、提货、装卸及运至现场的全部费用		8000	美元	限重20t
5	集装箱（40）清关、提货、装卸及运至现场的全部费用		10000	美元	限重20t

资料来源：在苏丹中资企业现场采集、《对外投资合作国别（地区）指南》（2018年版）。

部分资料来源

1　《对外投资合作国别（地区）指南》（2018年版）
2　世界银行，《2019年营商环境报告》
3　苏丹，百度百科.[2018-12-25]
4　中华人民共和国外交部 http://www.fmprc.gov.cn/
5　中华人民共和国驻苏丹共和国大使馆经济商务参赞处网站 http://sd.mofcom.gov.cn/
6　中华人民共和国驻苏丹共和国大使馆 http://sd.china-embassy.org/chn/
7　世界银行网站 http://www.worldbank.org/en/country/sudan
8　Sudan Overview，Worldbank.org，http://www.worldbank.org/en/country/sudan/overview

4.5.2　贝宁

本项目为援贝宁成套项目，我们的工作是对项目的前期工作、完成及运行情况进行后评估。2017年8月，公司项目负责人及专家工作小组，赴贝宁进行现场调研。工作小组拜访了中国驻贝宁经商处、贝宁中等教育、技术与职业培训部、贝宁自建、其他国家援建、中国援建项目，就援建成套项目实施、运营管理等情况进行深入沟通。

（一）基本国情

【国名】

贝宁共和国（The republic of Benin）。

【简称】

贝宁（Benin）。

【首都】

波多诺伏（Porto-Novo）。

【面积】

11.26万平方公里。

【人口】

1035.4466万（2018年）。

【主要民族】

全国共60多个民族，其中丰族、阿贾族、约鲁巴族为主要民族，各占全国人口的42.2%、15.6%和12.1%。

【主要宗教】

传统宗教、基督教、伊斯兰教。

【官方语言】

法语。

【行政区划】

贝宁现行行政区划分为省、县（市）、镇、村4级，共12个省、77个县（市），其中县67个、市10个。12个省名称为：滨海、大西洋、韦梅、莫诺、库福、高原、祖、丘陵、东加、博尔古、阿黎博里、阿塔科拉。

【地理位置】

贝宁位于非洲西部赤道和北回归线之间北部隔尼日尔河与尼日尔共和国相望，西北与布基纳法索相连，西部与多哥接壤，东部与尼日利亚比邻，南濒大西洋。

【气候条件】

全境地处热带，终年高温。沿海平原为热带雨林气候，常年气温在20～34℃之间，最高可达42℃；中部和北部为热带草原气候，年平均温度26～27℃。年降雨量分布极不均匀。

【政治体制】

议会制共和制。

【经济概况】

农业在贝宁国家经济中占有举足轻重的地位，在社会和经济发展过程中扮演重要角色。其中棉花创汇收入达40%，占国内生产总值的12%～13%，贝宁实行自由贸易政策，科托努港口地理位置优越，贸易环境较好，因此进出口贸易成为贝宁经济的支柱产业。但贝宁工业基础薄弱，设备陈旧，生产能力较低。

旅游业系贝宁新兴产业,是仅次于棉花的第二大创汇产业。

【中贝关系】

中贝两国于1964年11月12日建交,1966年1月贝宁单方面宣布终止两国关系。1972年12月29日恢复外交关系。2005年5月,双方签署了《中华人民共和国全国人大常委会与贝宁国民议会交流合作协议》。2006年8月两国签署了关于经济技术、农机具、医药、文化等双边合作文件。双方高层交流互访不断。

(二)初步印象

【治安情况】

贝宁整体治安良好,政局长期保持稳定。政府对于一些不良的社会行为进行了治理,如机场内禁止工作人员索要礼品、小费等。因此飞机在科托努卡杰杭机场落地后,虽然机场条件简陋,但整体有序。

【旅馆】

在异国他乡,找了一个华人旅馆。

图4-12 小院环境

这家旅馆不大,共三层。门前一个小院落,院子里种了蔬菜、花草、树木,格外温馨惬意。

【贫穷】

旅馆聘用了两个当地妇女,二十多岁,负责做饭和打扫。每月人民币700~800元的工资。在贝宁这属于高级白领的工资,需要靠这份工资供养全家。由于发展水平较低,贝宁的各种物资并不比国内便宜,普通居民贫困现象明显。

【出租车】

这种随处可见的摩托车,相当于国内的出租车,每一个司机师傅都穿黄色T恤作为制服,服装上有编码。当地人做事非常慢,大多数习惯忙碌的中国人是无法忍受的。唯独在开车这件事上,决不含糊,开车速度极快。

图 4-13 马路上的出租车

由于开车速度快,交通混乱,当地交通事故频发。如果是较小的事故,受伤的人一般起来就走,好像什么都没发生过。如果事故严重,根本没有钱去医院,也无法申请赔偿,因为肇事者也是一贫如洗,无法赔偿,所以贝宁交通事故的致死致残率较高。

【做喜欢的事】

在体育馆的空地上练习体操的女孩。看到中国友人对她们产生兴趣,女孩们来了兴致,特意为中国友人表演了拿手动作。没有专业教练、场地,只能在坚硬的地板上看视频练习。问她们为什么要练习体操,回答很简单,"喜欢"并且希望有一天可以参加非洲地区乃至全世界的体育比赛。与中国运动员相比,动作没有那么优美和高难度,但一招一式里都透露着喜

图 4-14 练习中的女孩

欢与坚持。

【开心甜笑的小女孩】

红衣白裙小女孩，笑得是那么灿烂。她没有因为见到陌生人而恐惧，而是主动的迎上来。孩子的脸没有忧愁，只有天真无邪的笑。

【足球赛】

贝宁友谊体育馆是由中国政府投资 6000 余万元援建的综合性体育设施。1977 年 12 月 7 日开工，1982 年 6 月 7 日竣工，由体育场、体育馆、游泳馆、网球场和运动员宿舍组成。

图 4-15　灿烂的笑容

图 4-16　中国援建体育场内足球赛

图 4-17 是中国农业示范中心在贝宁科托努的蔬菜基地。2006 年中非合作论坛北京峰会以来，中国政府积极落实峰会上宣布的农业援助措施。目前中方已在非洲启动了 15 个农业技术示范中心援建项目，贝宁中国农业示范中心是其中之一。

科托努的土壤并不适合蔬菜的种植，为了在贝宁培育蔬菜，智慧的中国人将这片蔬菜基地的土壤进行了更换。通过不断的探索，在这里种植了萝卜、黄瓜、豆角、丝瓜、葱、韭菜、白菜等。这里的蔬菜经常会拿到当地市场售卖。

图 4-17　农业示范中心

【大西洋】

贝宁处于几内亚湾北面,贝宁的经济中心科托努是个天然的深海良港,这里的到港货物会从科托努转运到贝宁北部的尼日尔、布基纳法索等内陆国家,也成为贝宁经济的一大支柱。贝宁也是西非几个国家的货物中转站,很多中国人选择贝宁作为落脚点,希望以此开拓西非市场。很重要的原因是比起尼日利亚等邻国,贝宁社会稳定、治安较好。

图 4-18

(三)营商环境

【总体情况】

贝宁近年营商环境便利度分数逐年提升,2019 年的营商环境便利度分数为 51.42 分,排名为 153 名,总体商业环境逐步改善,但经济体地位仍然较低。

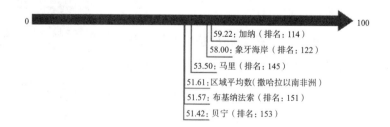

图 4-19　营商环境便利度分数

第 4 章 典型国家营商环境分析 159

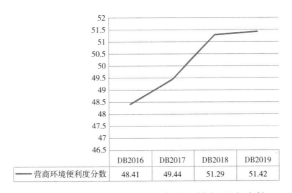

图 4-20　2016—2019 贝宁营商环境便利度分数

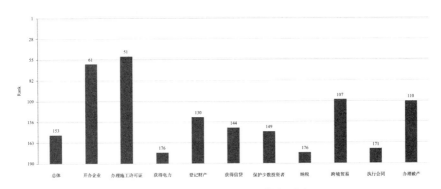

图 4-21　贝宁营商环境指标排名

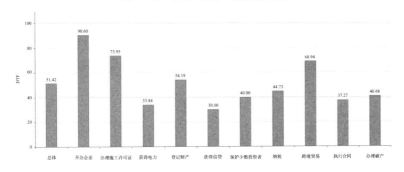

图 4-22　营商环境指标前沿距离分数

世界银行营商环境测度的核心是反映保障私营企业建立、运营和发展壮大的制度环境和法制环境；重点是营商的便利性、效率、成本和公平的市场环境。根据贝宁营商环境的排名，总体水平较差，其中执行合同和获得电力前沿距离分数较低，拉低了贝宁营商环境排名；开办企业和办理施工许可证较为方便。

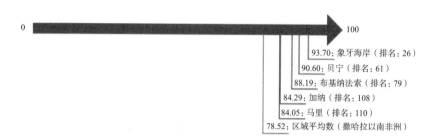

图 4-23　开办企业在贝宁和可比经济体中的排名和营商环境便利度分数

表 4-4　开办企业在贝宁和可比经济体中的分指标情况

指标	贝宁	撒哈拉以南非洲	经合组织高收入经济体	总体表现最佳者
手续—男性（数量）	5	7.4	4.9	1（新西兰）
耗时—男性（天数）	8	23.3	9.3	0.5（新西兰）
成本—男性（人均收入百分比）	3.5	44.4	3.1	0.0（斯洛文尼亚）
手续—女性（数量）	6	7.6	4.9	1（新西兰）
耗时—女性（天数）	9	23.4	9.3	0.5（新西兰）
成本—女性（人均收入百分比）	3.6	44.4	3.1	0.0（斯洛文尼亚）
最低实缴资本（人均收入百分比）	5.2	10.0	8.6	0.0（117经济体）

数据来源：《2019 年营商环境报告》。

【投资行业准入限制】

贝宁对外资投资的行业没有硬性规定。根据国情需要，贝宁政府鼓励私人和外国投资者对农业、养殖业和生产加工型企业进行投资，并给予免税、财政补贴等政策优惠力度。

【工程承包限制】

贝宁尚未有针对外国承包商的禁止领域，满足招标单位在资质、营业额、资本金、同类经验等方面的要求，即可参与项目投标。

【土地使用限制】

外籍人员持个人有效证件可在当地购买土地，购买土地后除特殊情况外，土地用途不受限制。

【劳工准入限制】

贝宁现行法律中，没有外籍劳务配额限制。外籍或入境移民劳工必须有劳动部门发放的工作许可证，许可证期限12个月，可延期多次。外籍人员在贝宁可就业岗位主要与投资业务有关，管理职能的岗位居多。

【对外国投资的优惠政策】

贝宁政府根据本国国情需要，鼓励私人和外国投资者对农业、养殖业和生产加工型企业的投资。对农业机械进口全部实施免税，对棉花种植商进行财政补贴，对外国巨额投资加大优惠政策力度。目前，贝宁中长期经济发展规划中还对电信、能源和农业方面的投资加大了扶持力度。

【投资注意事项】

中国企业到贝宁投资，需要特别注意金融汇率风险、腐败、商业诈骗、恐怖袭击、社会治安等问题。贝宁的社会治安状况在非洲国家中较好，但抢劫、偷窃等事件时有发生。腐败现象在贝宁较普遍。

贝宁的税赋种类繁多，名目复杂。对物资进口，海关要征收海关税、进口物资增值税、统计税、联盟税、团结税和海关印花税。

国内税收分为国家税收和地方税收。前者分为直接税、间接税和登记印花税。地方税收包括土地税、营业税和专营许可证税等。

主要税率（%）　　　　表4-5

税种	税率	备注
统计税	5%	进口商品到岸价值的5%
预付金	5%	扣除公司资产负债表中商业利润税后的海关税的5%作为预付金
进口物资增值税	18%	
消费税	1%～10%	1% 小麦和油类 10% 烟草和酒类 以商品到岸价为计税基础
电视和收音机税	700西非法郎/台	

续表

税种	税率	备注
再出口特别税	8%	以商品到岸价为计税基础
道路税	0.85%	
海关税	0%	药品、避孕产品、书报、医疗康复仪器、计算机
	5%	生活必需品（粮食等），原材料、设备、特定生产资料
	10%	中间产品及生产资料
	20%	制成品及未列入其他类的产品
	35%	特殊产品
联盟税	1%	
团结税	0.5%	
海关印花税	0.15%	以海关税为计税基础
工农商手工业利润税	38%	公司
	35%	自然人
	55%	工矿、石油企业
非商业利润税	35%	
交通道路税	38000～136400 西非法郎/年	根据车辆载重量
公司车辆税	150000 西非法郎/年	7 马力以下
	200000 西非法郎/年	超过 7 马力
工资所得税	0%～40%	最低起征线为 50000 西非法郎，根据家庭孩子数量
雇主用工税	8%	
动产收入所得税	18%	
不动产租金所得税	10%	月租金 50000 西非法郎以下
	20%	月租金 50000 西非法郎以上
债券收入所得税	15%	
销售物资增值税（出口免征增值税）	18%	
金融税	10%	
保险合同专项税	0.25%～20%	

续表

税种	税率	备注
石油产品特种专项税	65 西非法郎/L	高级汽油
	55 西非法郎/L	普通汽油
	20 西非法郎/L	柴油
	17 西非法郎/L	润滑油
烟草税	10%	
饮料税	10%	含酒精类饮料
	3%	不含酒精类饮料
面粉消费税	1%	
香水和化妆产品税	5%	
食用油脂消费税	1%	
赌博彩票税	5%	
广播电视税	500 西非法郎/年	广播
	3000 西非法郎/年	电视台
土地税	15%~30%	有建筑物的土地税：根据不同城市和地区
	4%~6%	非建筑物的土地，根据不同城市和地区
营业税	12%~25%	根据不同城市和地区

中资企业在贝宁开展投资合作需注意的问题：①贝宁本国消费和购买力有限，市场和投资贸易机会对外部环境依赖严重；②基础设施和配套设施落后，能源不足，水电和通信费用高；③政府和公共部门办事效率较低，有腐败现象。总之，在贝宁开展投资合作，有机会也有风险，但机会大于风险。

从贝宁对外经贸发展情况来看，贝宁与多哥、尼日利亚的经济融合度相对较高。多哥与贝宁同属法语区，历史、文化等各个方面具有共性，陆路交通方便。因此，在贝宁投资时，除考虑贝宁国内市场外，还必须充分考虑周边及其辐射市场情况。如果周边国家（特别是尼日利亚）的政局、社会治安、消费市场、经济政策、出入境管理和投资环境发生变化，都会对贝宁产生影响。

（四）投资机会

贝宁政治较稳定，政府重视解决社会治安问题，推动经济持续增长和扩大消费需求。政府将农业、招商引资和基础设施建设作为发展经济的重点，积极发展转口贸易，鼓励外国企业在贝宁投资。贝宁地理位置较优越，转口和辐射能力较强，具有较多投资贸易机会。

【经济政策】

2016年贝宁政府内阁会议通过了塔隆政府行动计划（2016—2021）。该行动计划旨在推动贝宁社会经济可持续发展，通过贝宁人民的努力、严密的组织与管理，改变贝宁贫穷面貌，实现经济腾飞，改善民众生活。

该行动计划有3根支柱，即巩固民主、国家法制和良政建设；改革经济结构；改善人民生活水平。行动计划包括7大部分，即加强民主基石建设；改善良政；治理宏观经济发展环境，维护经济稳定增长；加强基础设施建设；改善教育与科研；强化社会基础服务；区域平衡与可持续发展，近300项优先行动。

【优先发展领域】

Romuald Wadagni财长提交的有关《2017—2019年度贝宁经济财政规划报告》，确定了贝宁经济社会优先发展领域。主要有：扩大对玉米、水稻、菠萝和腰果4领域的农业发展投资；促进加工业、手工业发展，加快能源、公路基础设施建设，促进信息通信技术发展；促进高质量、有吸引力的人力资本发展；促进文化遗产和旅游业发展；推动领土整治与区域振兴；提高国家治理质量；应对气候变化；促进年轻人就业；提高妇女赋权；通过可持续发展，改善民生，向地方政府转让资源，提高公共部门财务治理能力。

物价一览表　　　　　　　　　　　　　　表4-6

序号	项目	单位	价格（含税价）	币种	备注
当地劳动力成本					
1	普通工人	/人.月	50,000（不含社保，含社保约61,500）	西非法郎	工效比1：3
2	技术工人	/人.月	100000	西非法郎	
3	司机		100,000（小型车） 150,000（大型车）	西非法郎	
4	保安		70,000	西非法郎	

续表

序号	项目	单位	价格（含税价）	币种	备注
5	当地杂工		80,000	西非法郎	
当地生活办公费					
1	餐费	/人.天	30,000	西非法郎	
2	酒店费	/人.天	90,000	西非法郎	
3	翻译费	/人.天	80,000	西非法郎	
4	网络费	/月	30,000	西非法郎	2m
			25,000	西非法郎	
			10,000	西非法郎	
			7,000	西非法郎	
5	卫星电视使用费	/月	5,500	西非法郎	中国台
6	水费	/m³	198		<5 m³
			453		6~50 m³
			658		>50 m³
7	电费	/度	56	西非法郎	工业用电
			108	西非法郎	民用电
			111	西非法郎	当地外交使团，另缴维护费
8	汽油价格	/L	540	西非法郎	
9	柴油价格	/L	520	西非法郎	
当地交通运输费					
	租车费				
1	车辆保险费	/辆.年	100,000	西非法郎	
2	车辆保养费	/辆.年	100,000	西非法郎	基本保养70,000 西非法郎
3	车辆年检费	/辆.年	10,000		无

资料来源：在贝宁中资企业现场采集、《对外投资合作国别（地区）指南》（2018年版）。

部分资料来源

1 《对外投资合作国别（地区）指南》（2018年版）

2 世界银行，《2019年营商环境报告》

3 贝宁，百度百科.[2018-12-25]
4 中华人民共和国驻贝宁共和国大使馆经济商务参赞处网站 http：//bj.mofcom.gov.cn/
5 中华人民共和国驻贝宁共和国大使馆 http：//www.fmprc.gov.cn/ce/cebenin/chn/
6 Enterprise Survey 2016 http：//microdata.worldbank.org/index.php/catalog/2809
7 Benin –Impact Evaluation of the Entreprenant Status in Benin 2014-2016 http：//microdata.worldbank.org/index.php/catalog/2793
8 世界银行网站 http：//www.worldbank.org/en/country/benin
9 Benin Overview，Worldbank.org，http：//www.worldbank.org/en/country/benin/overview

4.5.3　津巴布韦

本项目为援津巴布韦物资项目，我们的工作是对项目执行的全过程进行回顾与总结，将项目完成情况与预期目标进行对比分析，提供可靠有用的信息，总结经验教训，提出相应的对策建议，为提高援外政策、规划和项目的科学决策水平，改进和完善实施管理，提高援外资金使用效果。

2017年6月中下旬，公司的项目负责人以及几位专家组成工作小组，赴津巴布韦进行项目实地调研工作，先后对驻津使馆经商处、津环境部、津万基基地、津总统内阁办公室、津高等教育与科技发展部、津超算中心及物资售后服务企业进行走访调研，听取各方意见，对重点问题予以调查研究，并对物资使用人员进行问卷调研。

（一）基本国情

【国名】

津巴布韦共和国（Republic of Zimbabwe）。

【简称】

津巴布韦（Zimbabwe）。

【首都】

哈拉雷（Harare）。

【面积】

约39.1万平方公里。

【人口】

1615万（2016年）。

【主要民族】

津巴布韦主要民族有绍纳族、恩德贝莱族。

【主要宗教】

58%的居民信奉基督教，40%信奉原始宗教，1%信奉伊斯兰教。

【官方语言】

英语。

【行政区划】

津巴布韦全国共分10个省，分别为马尼卡兰省、东马绍纳兰省、中马绍纳兰省、西马绍纳兰省、马旬戈省、北马塔贝莱兰省、南马塔贝莱省、中部省、哈拉雷省、布拉瓦约省。

【地理位置】

津巴布韦位于非洲东南部，是非洲南部的内陆国家，北与西北以赞比西河为界，与赞比亚为邻，东与东北和莫桑比克接壤，西与博茨瓦纳毗邻，南以林波波河与南非为界。

【气候条件】

津巴布韦大部分为亚热带气候。全年大致分为三季：4~8月为凉季，9~11月为热季，11月~次年3月为雨季。年均气温22℃。10月份温度最高，气温高达35℃；7月份温度最低，为13~20℃。

【政治体制】

半总统共和制。

【经济概况】

农业是津巴布韦支柱产业，作为世界第三大烟草出口国，津巴布韦烟草生产及出口继续保持旺盛势头。目前经济发展水平在南部非洲地区仅次于南非，制造业、矿业和农业为国民经济的三大支柱。私有企业产值约占国内生产总值的80%。

【中津关系】

津巴布韦与中国于 1980 年 4 月 18 日津巴布韦独立当天建交，建交以来，两国关系发展顺利。2015 年 12 月 1 日习近平主席成功对津巴布韦进行国事访问。习近平指出，中国和津巴布韦是真正的全天候朋友，中津传统友谊源远流长，历久弥坚。中方愿推动中津经贸合作向生产加工和投资经营化发展，鼓励更多中国企业到津巴布韦投资，优先打造现代农业产业链、矿业产业链和制造业基地，参与电力、信息通信、交通等基础设施建设和运营，创新融资途径。

（二）初步印象

【初到】

初到津巴布韦通关很顺利，首都哈拉雷在津巴布韦的东北高原上，气候宜人。没有看到所谓的经济萧条、衰败的样子，哈拉雷的街头平和而安静。

图 4-24

【酒店】

入住的酒店是一位华人老板开的，酒店位于市郊区，位置很好。酒店是老板之前从一位白人将军手里买下的，并保留了酒店里的布设和陈列，极具津巴特色。酒店内游泳池、网球场、健身房、宴会厅、会议室、餐厅一应俱全，里面有几颗十几米高的棕榈树，一大片绿油油的草坪，一片生机勃勃的景象。酒店主要承接华人到当地的食宿和当地公司企业的会议、宴会等业务，华人老板在津巴的创业经历也算是津巴华人的一个缩影。

图 4-25

【万基】

也许大多数人对非洲大陆的印象是原始和自然，在去万基公园一路 800km 的车程中有了对原始和自然更深的印象，道路两旁就是一望无际的草原，抬头就是漫天的繁星，这才是非洲大陆最纯正的自然力量和吸引力。

图 4-26

津巴布韦政府重视并大力发展教育事业，并取得显著进展，目前津巴布韦是非洲国家中国民受教育程度最高的国家之一，根据 2015 年统计成人识字率达到 86.9%。通过几天接触，感受到津巴人比较注重礼节，待人有礼，任何场合都注意细节，见面会主动问候。

（三）营商环境

【总体情况】

近几年，津巴布韦营商环境便利度分数稳步提升，2019年津巴布韦营商环境便利度分数为50.44分，排名为155名。

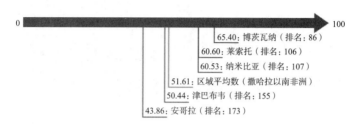

图 4-27　营商环境便利度分数

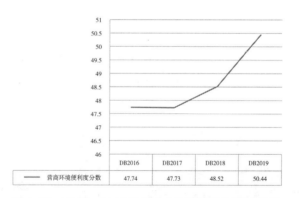

图 4-28　2016—2019 津巴布韦营商环境便利度分数

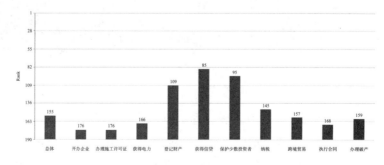

图 4-29　津巴布韦营商环境指标排名

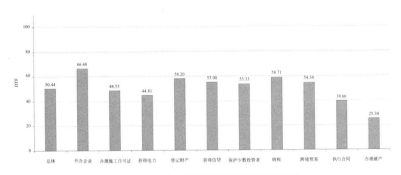

图 4-30 营商环境指标前沿距离分数

开办企业指标集分析了一个标准企业（通常为有限责任公司）从注册到正式运营所需完成的所有手续、完成这些手续所需的时间和费用，以及最低实缴资本，它反映了一个企业家在经济体中开办企业的难度。根据《2019年营商环境报告》，津巴布韦开办企业的营商环境便利度分数为66.48分，排名为176名，其中开办企业手续（数量）为9项，开办企业耗时（天数）为32天，开办企业成本（人均收入百分比）为110.7，最低实缴资本（人均收入百分比）为0.0。

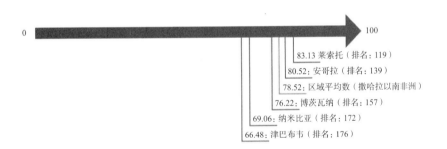

图 4-31 开办企业在津巴布韦和可比经济体中的排名和营商环境便利度分数

开办企业在津巴布韦和可比经济体中的分指标情况　　　　表 4-7

指标	津巴布韦	撒哈拉以南非洲	经合组织高收入经济体	总体表现最佳者
手续—男性（数量）	9	7.4	4.9	1（新西兰）

续表

指标	津巴布韦	撒哈拉以南非洲	经合组织高收入经济体	总体表现最佳者
耗时—男性（天数）	32	23.3	9.3	0.5（新西兰）
成本—男性（人均收入百分比）	110.7	44.4	3.1	0.0（斯洛文尼亚）
手续—女性（数量）	9	7.6	4.9	1（新西兰）
耗时—女性（天数）	32	23.4	9.3	0.5（新西兰）
成本—女性（人均收入百分比）	110.7	44.4	3.1	0.0（斯洛文尼亚）
最低实缴资本（人均收入百分比）	0.0	10.0	8.6	0.0（117经济体）

数据来源：《2019年营商环境报告》。

【投资行业准入限制】

津巴布韦法律中对外国自然人在津巴布韦开展投资合作无特别规定，但是在津所有企业必须实现津本土人控股51%以上，特别是外国人和白人拥有的企业必须将51%以上的股份出售给当地黑人或津政府。津巴布韦政府鼓励外商投资的行业包括农业、制造业、矿产业、旅游业、能源制造业、交通通信业。

【工程承包限制】

津巴布韦大部分工程项目招投标要求投标人提供津巴布韦建筑协会的资质证书或津巴布韦建筑承包方协会证书，同时必须提供建设部颁发的资质证书。另外，投标人需为在津巴布韦国家社会保障局注册的公司，并提供完税证明等资料。

【土地使用限制】

外资企业和外国人可以通过合法渠道购买获得商业用地和住宅用地等非农耕地所有权和永久使用权，津巴布韦法律禁止外国人购买和租赁土改农耕地，只能通过与津巴布韦当地人开展农业合作。

【劳工准入限制】

在津巴布韦工作的外国人必须持有有效的工作许可，津巴布韦《移民法》允许本地公司雇佣持有临时工作许可的外国人，持有临时工作许可的外国人只能在临时工作许可的范围内工作。

【对外国投资的优惠政策】

津巴布韦政府对特定行业特定地区的投资实行进口关税、所得税等税收减免。

（1）农业。提供25%的特殊补贴用于购置农业机械设备或农用建材；进口的农用设备免增值税、农机5%的关税。

（2）制造业。出口至少50%的企业，所得税税率为20%。

（3）旅游业。"核定旅游发展区"内的企业前5年免所得税，之后每年所得税税率为25%。

（4）能源业。太阳能相关设备进口可免税。

【投资注意事项】

1. 客观评估投资环境

自2009年津巴布韦联合政府成立以来，津巴布韦经济形势逐渐好转，但经济恢复仍面临困难，政策多变、签证困难、银行存贷体系不稳、基础设施老化、政府部门办事周期长和人力资源短缺等，这些都将成为制约外国投资者进入津巴布韦的主要因素。其中政策多变对企业投资带来的不确定性最大，投资前需要进行认真的评估，并获得津巴布韦相关政府部门明确的政策环境保证。

2. 充分考量与投资相关的限制性法规

2008年3月，津巴布韦总统签署《本土化和经济授权法案》，该法案规定，在津巴布韦所有企业必须实现津本土人控股51%以上，特别是外国人和白人拥有的企业必须将51%的股份出售给当地黑人或津巴布韦政府；新投资企业必须为本土人预留51%以上的股份才能获准经营；对控股股权进行兼并、分拆收购、重组、投资和放弃时，须经本土化和经济授权部长批准。为此津巴布韦政府专门设立了本土化基金，帮助当地人进入主流经济领域。该法案在2007年10月就已经在津巴布韦议会两院通过。受2007和2008年大选影响，津巴布韦直到联合政府成立后才于2009年2月出台实施进程法规。该法规规定在津巴布韦投资50万美元以上的非本土黑人投资企业必须在45日内提交企业登记及"进程"计划书，进程需在5年内完成。2011年3月，津巴布韦青年发展、本土化和经济授权部颁布了矿业领域企业的本土化实施规定，

2011年10月颁布制造业企业本土化实施规定。

3. 适当调整优惠政策期望值

虽然津巴布韦政府推出了与投资相关的诸多优惠鼓励政策，但在具体执行过程中，却难免存在主管部门缺失、政策难于落实等诸多问题。中国企业在津巴布韦投资要做好充分的思想准备。

4. 熟悉当地法律法规，学会利用法律保护自己的合法权益

企业必须熟悉当地的法律法规，特别要熟悉津巴布韦劳工法、移民法、个人所得税法以及本土化和经济授权法等法律法规的规定，以法律保护自己的合法权利。

（四）投资机会

津巴布韦政府鼓励外商投资的行业包括：农业、制造业、矿产业、旅游业、能源制造业、交通通信业。

尽管以西方国家的评判标准，津巴布韦在全球的经济竞争力相对落后，但是，自2009年联合政府成立后，津巴布韦经济的稳定持续增长却是有目共睹的。作为非洲一个重要的经济实体，津巴布韦具备良好的基础设施和自然条件；土地肥沃，农业基础较好；矿产资源丰富；民众受教育程度较高，劳动力成本低。这些都是津巴布韦对外国投资者的吸引力所在。

2012年1月，阿布扎比投资公司（Invest AD）经济学人智库（Economist Intelligence Unit）发表非洲投资报告："Into Africa: Institutional Invest Intentionsto2016"，对全球机构投资者对非洲投资回报预测的调查结果显示，35%的被调查者选择了津巴布韦，仅次于尼日利亚（51%）和肯尼亚（48%），位列第三位。

物价一览表 表4-8

序号	项目	单位	价格（含税价）	币种	备注
当地劳动力成本					
1	普通工人	/人.月	250	美元	
2	技术工人	/人.月	400~500	美元	

续表

序号	项目	单位	价格（含税价）	币种	备注
3	当地杂工	/人.月	150	美元	
4	司机	/人.月	300	美元	
5	保安	/人.月	300	美元	
6	厨师	/人.月	200~250	美元	
当地办公生活费					
1	翻译费	/人.天	100~150	美元	
2	租车费	/天	120~155	美元	市内120（含司机及油费），出市155（含司机，油费自理）
3	租房费	/月	1200	美元	100m² 左右，三室一厅，市中心
4	网络费	/月	1200	美元	
5	卫星电视使用费	/月	30	美元	一般按年度缴费，360美元/年
6	水费	/m³	0.25~2	美元	用水固定费用4美元/月，污水处理费5美元/月
7	电费	/度	0.025~0.159	美元	普通电表，电费采取阶梯价
8	汽油价格	/L	1.35	美元	
9	柴油价格	/L	1.21	美元	
10	天然气	罐	170	美元	48kg/罐
当地交通运输费					
1	车辆保险费	/辆.年			按车辆价格3%计算
2	车辆保养费	次	300	美元	

资料来源：在津巴中资企业现场采集、《对外投资合作国别（地区）指南》（2018年版）。

部分资料来源

1 《对外投资合作国别（地区）指南》（2018年版）
2 世界银行，《2019年营商环境报告》
3 津巴布韦，百度百科.[2018-12-26]
4 http://zimbabwe.mofcom.gov.cn/
5 中华人民共和国驻津巴布韦共和国大使馆 http://www.chinaembassy.org.zw/chn/
6 Doing Business in Zimbabwe-World Bank Group

7　世界银行网站 http：//www.worldbank.org/en/country/zimbabwe
8　Zimbabwe Overview，Worldbank.org，http：//www.worldbank.org/en/country/zimbabwe/overview

4.5.4　几内亚

本项目为援几内亚物资项目，我们的工作是对项目的前期工作、完成及运行情况进行后评估。2017年7月中下旬，公司的项目负责人以及几位专家组成工作小组，赴几内亚进行项目实地调研。工作小组主要工作包括拜访驻几使馆经商处、几农业部、几农机培训中心等，就物资的使用和管理情况进行深入地沟通；拜会几内亚中资企业、参观考察中国援建其他项目，对几内亚建设工程的相关情况进行了解。

（一）基本国情

【国名】

几内亚共和国（The Republic of Guinea）。

【简称】

几内亚（Guinea）。

【面积】

245857平方公里。

【首都】

首都科纳克里（Conakry），人口220万，面积347平方公里。属热带海洋性气候，终年湿热，年均气温26.4℃。雨季降水量平均占全年的95%以上，为全球降雨量最大的首都。

【人口】

1240万（2016年）。

【主要民族】

全国有20多个民族，其中富拉族(又称颇尔族)约占全国人口的40%以上，马林凯族约占30%以上，苏苏族约占20%。

【主要宗教】

伊斯兰教。

【官方语言】

法语。

【行政区划】

几内亚全国划分为4个自然区，8个大区，行政大区下辖33个省，省下分为县，基层行政单位为自然村或城市街道。

【地理位置】

几内亚位于西非西岸，北邻几内亚比绍、塞内加尔和马里，东与科特迪瓦、南与塞拉利昂和利比里亚接壤，西濒大西洋。海岸线长约352km。

【气候条件】

沿海地区为热带季风气候，内地为热带草原气候。年平均气温为24～32℃。

【政治体制】

总统制共和制。

【经济概况】

几内亚是最不发达国家，农业国，粮食生产不能满足本国需求，工业基础薄弱，制造业不发达；素有"地质奇迹"之称的几内亚，矿业是国民经济的支柱，是几内亚财政和外汇收入的最主要来源；旅游资源较丰富，但受地区局势不稳等因素影响，几内亚旅游资源未得到有效开发。但是经济复苏势头好，增加采矿生产（特别是铝土矿），恢复建设活动，良好的农业表现，以及改善的电力供应是复苏的主要驱动力。

【中几关系】

1959年10月4日，几内亚与中国建立外交关系，是中国在撒哈拉以南非洲第一个建立外交关系的国家。建交后，两国高层互访不断，增进了两国人民之间的友谊。几内亚一向珍视中几传统友谊，高度重视对华关系，视中国为特殊友好伙伴。

（二）初步印象

说起对几内亚的初步印象便是足球，能深刻地感受到几内亚人对于足球的热爱。大街小巷，尤其是连公路两旁都可以当成球场，即使是雨后也抵挡不住大家对足球的热爱！

图 4-32　球场

当地人大部分住在茅草屋里，是由泥土混合杂草砌成墙，然后上面搭一个茅草屋顶，实际上就是把茅草绑在一些木棍上，整体看着很有非洲风情。

图 4-33　茅草屋

（三）营商环境

【总体情况】

近几年，几内亚营商环境便利度分数稳步提升，2019 年几内亚的营商环境便利度分数为 51.51 分，排名为 152 名，但总体仍处于较低水平。

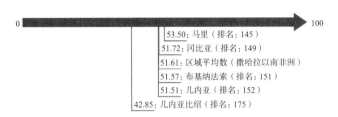

图 4-34　营商环境便利度分数

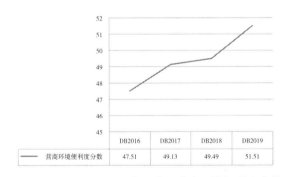

图 4-35　2016—2019 年几内亚营商环境便利度分数

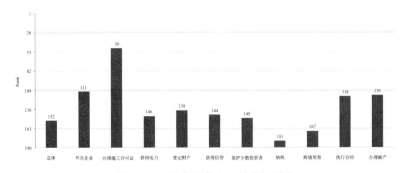

图 4-36　几内亚营商环境指标排名

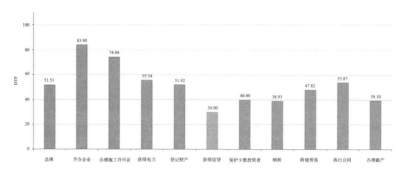

图 4-37 营商环境指标前沿距离分数

根据《2019年营商环境报告》，几内亚开办企业的营商环境便利度分数为83.90分，排名为111名，其中开办企业手续（数量）为6项，开办企业耗时（天数）为15天，开办企业成本（人均收入百分比）为38.2，最低实缴资本（人均收入百分比）为5.4，比较非洲其他国家，几内亚开办企业指标情况较好。

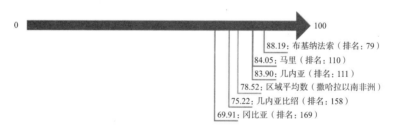

图 4-38 开办企业在几内亚和可比经济体中的排名和营商环境便利度分数

开办企业在几内亚和可比经济体中的分指标情况　　　表 4-9

指标	几内亚	撒哈拉以南非洲	经合组织高收入经济体	总体表现最佳者
手续—男性（数量）	6	7.4	4.9	1（新西兰）
耗时—男性（天数）	15	23.3	9.3	0.5（新西兰）
成本—男性（人均收入百分比）	38.2	44.4	3.1	0.0（斯洛文尼亚）
手续—女性（数量）	6	7.6	4.9	1（新西兰）
耗时—女性（天数）	15	23.4	9.3	0.5（新西兰）
成本—女性（人均收入百分比）	38.2	44.4	3.1	0.0（斯洛文尼亚）

续表

指标	几内亚	撒哈拉以南非洲	经合组织高收入经济体	总体表现最佳者
最低实缴资本（人均收入百分比）	5.4	10.0	8.6	0.0（117经济体）

数据来源：《2019年营商环境报告》。

【投资行业准入限制】

几内亚政府在农业、渔业、林业、电信业、矿产业、水力发电、服务业、建筑业等领域鼓励外商投资。

【工程承包限制】

对承包工程企业资格审查的重点是考察投标企业是否存在不良记录，如偷税漏税、重大质量事故、安全生产事故等，除此以外，没有特殊限制和禁止领域。

【土地使用限制】

外资企业或外国人在经过几内亚政府审核、备案的前提下，可向政府租赁土地或向个人购买土地。购买的土地所有权归外资企业或外国人长期拥有。法律规定投资超过500亿几内亚郎可租赁70年，租赁土地最高年限为70年。

【劳工准入限制】

雇佣外籍劳工须遵守几内亚劳动法，需办理长期签证（1年或2年）和居留证，支付社会保险，缴纳个人所得税。

【对外国投资的优惠政策】

投资所需进口设备、工具免关税，最长免税期两年，但需缴纳18%增值税、0.5%海关登记税、2%进口环节税。

进口生产所需原材料需缴纳6%关税、18%增值税，其他税费免缴，且无期限限制。

企业所得税根据投资项目所在区域距离首都的远近程度，给予3~8年的免缴限期，出口生产企业5年内免缴所得税。

优惠政策设有一些基本限制条件：至少提供25个长期就业岗位、投资额不少于5亿几内亚郎，再投资不少于初始投资的25%。

【投资注意事项】

在几内亚投资的具体风险和困难主要有：

1. 几内亚虽然对外设限少，但关税门槛较高。据测算，平均进口关税和进口环节税高达50％以上，加之海运费一直在高位上运行，企业经营成本较高，风险较大。

2. 政府办事花费时间较长。

3. 税费结构不规范，收费项目透明度低，存在非预见性支出，经营成本不稳定。

4. 债务拖欠、商业欺诈等违规行为时有发生。

5. 几内亚政府承诺的有关优惠、免税待遇等尚需落实到位，相关政策的解答和落实不尽一致，企业经营需要规避此类风险。

6. 几内亚经济发展缓慢，2011年以来通胀率居高不下，几郎一贬再贬，企业面临巨大汇率风险。

7. 企业的内外资金自由流动有待提高，原辅料、零备件无法及时采购，利润不能及时汇回。

中国投资企业自身需注意的问题：

1. 贸易优先，当自身产品占据一定市场份额以后，再考虑投资办厂，以减少风险，实现稳步发展。

2. 推动规模经营，降低成本。当地商户较多，但规模较小，抗风险能力较差。中资企业应在做好调查研究的基础上，借鉴国际流通企业的做法，高起点建立零售与批发中心，并积极扩展销售网络，强化辐射功能，将周边内陆国家如马里、尼日尔等国作为推动目标。

3. 当地水电供应较为短缺，主要电力来源于水电，但几内亚每年有6个月的旱季，旱季期间水电站因水量不足无法满负荷发电，中资企业应考虑自行解决水电问题。

4. 结合几内亚投资的各种风险，认真研究应对措施，做到心中有数，灵活把握，守法经营，避免盲目乐观，减少失误。

5. 几内亚基础设施比较薄弱，配套服务落后。

6. 缺乏熟练的技术工人，当地雇员职业技能难以满足需要。

7. 森林资源保护：2016年，几内亚全面禁止森林资源的商业开发，前往几内亚开展投资合作的企业应避免触及林木资源的商业开发，在开展生产建设过程中应注意规避几内亚生态林保护区域。

8. 注意人身和财产安全风险、汇率风险、付款风险、商业欺诈风险等问题，需要认真研究，及时制定应对方案。

9. 对病毒的防范。

（四）投资机会

从投资环境和吸引力角度看，几内亚的竞争优势有：地理位置和自然条件优越，地处几内亚湾腹地，是非洲西海岸中心及西部非洲地区主要交通枢纽，也是马里、尼日尔等内陆国家的主要出海口；矿产、森林、农渔业等资源丰富。

【矿产】

几内亚素有"地质奇迹"之称，矿业是国民经济的支柱，是几内亚财政和外汇收入的最主要来源。矿产资源品种多、储量大、分布广、开采价值高、开发潜力大。主要矿产有铝矾土、铁、黄金、金刚石，以及镍、铜、钴、石油等。

【农牧渔业】

1. 农业

几内亚是农业国，农业人口占总人口的80%。几内亚地形、气候多样，土壤肥沃，雨量充沛，河流众多，发展农业条件得天独厚。全国可耕地面积620万公顷，其中可耕水田面积36.4万公顷，目前土地面积只开发了155万公顷，其中水田只有3.1万公顷。几内亚95%的耕地是以家庭为单位采用传统方式耕种。粮食作物主要有大米、木薯、水稻、玉米、花生、甜薯、马铃薯、青椒等。大米为当地人的主食，本国不能自足，每年需进口30万t。

2. 畜牧业

几内亚畜牧业生产持续增长，可生产牛肉72302t，羊肉10957 t，鸡蛋22465t。

3. 渔业

由于几内亚海域渔业资源逐年减少，工业捕鱼产量持续下降。

【基础设施】

1. 公路

几内亚国内公路总里程为37774km，其中国家级干道8970km（柏油路面2218km），地区级公路6770km，乡村公路21034km，城区道路1000km。几内亚国内道路大多缺乏维护，破损严重。

2. 铁路

几内亚目前运营的铁路有3条，总长约400km，全部是铝矾土专用铁路，包括：德贝勒—科纳克里港（约130km），博凯—康姆萨港（135km），弗里亚—科纳克里港（145km）。原法国修建的科纳克里—康康662km铁路早已废弃，政府计划重建。澳大利亚铁矿企业贝尔松公司计划修建卡利亚铁矿至马塔康港386km铁路，目前正在勘探。力拓计划修建从西芒杜铁矿至几内亚港口660km铁路，正在做前期准备。目前几内亚铁路还未与周边国家实现互联互通，主要城市未建地铁或城铁。

3. 空运

几内亚全国共有16个机场，其中民用机场11个，矿业企业自有机场5个。科纳克里格贝西亚国际机场是几内亚唯一的国际机场。内地城市拉贝、康康、恩泽勒科勒、博凯、法拉纳登等10个机场可民用。

法国航空公司、比利时航空公司、摩洛哥航空公司、毛里塔尼亚航空公司、马里航空公司、科特迪瓦航空公司等11家航空公司目前在几内亚运营。

4. 水运

几内亚主要有科纳克里自治港和卡姆萨铝矾土专用港。科纳克里港码头主航道长5000m，宽150m，平均深度9.5m。其他专业码头包括有集装箱码头、油品码头、氧化铝码头（弗里亚氧化铝公司专用）、矿产码头（主要由金迪亚铝矾土公司使用）、商用码头、渔业码头等。

【通信】

1. 电信

几内亚电信市场发展滞后，固定电话及移动电话普及率都很低。目前只有几内亚电信公司有固网运营牌照，全国只有2.6万个固话用户，只有首都和几个大城市的部分地区固定电话能正常使用。

几内亚的移动电话发展迅速,移动电话的使用采用预付费方式。现有 5 家运营商经营移动业务,分别为:法国电信(ORANGE)几内亚公司,用户 340 万;AREEBA 公司(MTN 集团),用户 220 万;CELCOM 公司,用户 200 万;INTERCEL20 万。几内亚电信公司(SOTELGUI)主营网络租用。

2. 互联网

近年来,几内亚互联网发展迅速,资费也大大下降。除原来从事网络业务的 AFRIBONE、AFRIPA TELECOM GUINEE、ETISA、UNIVERSAL、LA SOTELGUI 和 LE GROUPE MOUNA 等 6 家运营商外,法电几内亚公司、AREEBA 公司和 CELCOM 公司也推出了更便捷、更便宜的 3G 网络服务。

【电力】

几内亚电力供应非常紧张,尤其是旱季枯水季节,水电站不能充分发电。已开发水电装机总计 12 万 kW。卡拉菲里水电站是几内亚最大的水电站,装机容量 7.5 万 kW,总投资 2.38 亿美元,1998 年正式并网发电。金康水电站(3400kW)、丁基索水电站(1650kW)等。全国除首都中心区外,其他地方均需自备发电机发电。火电厂主要有科纳克里东博热电厂(装机容量 5.1 万 kW)及外省 14 个小型火电厂(总装机只有 1.55 万 kW)。

为缓解用电紧张问题,几内亚政府一方面开始建设卡雷塔水电站(24 万 kW),另一方面,中国政府援助几内亚 22 台 1000kW 发电机。

目前几内亚电网尚未与周边国家电网实现互联。

【旅游业】

几内亚主要旅游景点为科纳克里、宁巴山自然保护区。

科纳克里,位于大西洋沿岸,是几内亚的首都,全国最大城市。位于几内亚西南沿海,濒临大西洋东侧,由罗斯群岛、卡卢姆半岛和与半岛相连的沿海陆地组成,是几内亚的最大海港,也是西非的大海港之一。属热带雨林气候,年平均气温最高为 34℃,年均降雨量约 3000mm。

宁巴山自然保护区坐落于几内亚和象牙海岸之间,高高的耸立在环绕其宁巴山周围的一片热带草原之上,草原脚下的山坡被浓密的森林所覆盖,拥有特别丰富的动植物，还有一些当地特殊的动物种类，如胎生蟾蜍和以石头当工具的黑猩猩，宁巴山还被联合国教科文组织列为世界自然文化遗产。

全国共有旅游景点201个。受地区局势不稳等因素影响，几旅游资源未得到有效开发。几年入境游客数量约为3万人。

物价一览表　　　　　　　　　　　　　　　　　表4-10

序号	项目	单位	价格（含税价）	币种	备注
当地劳动力成本					
1	普通工人	/人.月	150	美元	含劳保费
2	技术工人	/人.月	206	美元	含劳保费
3	司机	/人.月	280～370	美元	
4	保安	/人.月	260	美元	
当地办公生活费					
1	餐费	/人.天	50	美元	
2	酒店费	/人.天	150	美元	
3	翻译费	/人.天	200	美元	
4	水费	/m³	3500～10640	几郎	根据用户性质不同收费不同
5	电费	/度	1810～2110	几郎	根据用户性质不同收费不同
6	汽油价格	/L	1.2	美元	
7	柴油价格	/L	1.2	美元	
当地交通运输费					
1	租车费		240	美元	丰田7座

资料来源：在几内亚中资企业现场采集、《对外投资合作国别（地区）指南》（2018年版）。

部分资料来源

1　《对外投资合作国别（地区）指南》（2018年版）

2　世界银行，《2019年营商环境报告》

3　中华人民共和国外交部 http://www.fmprc.gov.cn/

4　中华人民共和国驻几内亚共和国大使馆经济商务参赞处网站

http://gn.mofcom.gov.cn/
5 中华人民共和国驻几内亚共和国大使馆 http://gn.china-embassy.org/chn/
6 Doing Business 2018 Guinea-World Bank Group
7 世界银行网站 http://www.worldbank.org/en/country/guinea
8 Guinea Overview，Worldbank.org，http://www.worldbank.org/en/country/guinea/overview

4.5.5 科特迪瓦

本项目为援科特迪瓦物资项目，我们的工作是对项目的前期工作、完成及运行情况进行后评估。2017年7月上旬，公司的项目负责人以及几位专家组成工作小组，赴科特迪瓦进行项目实地调研。工作小组主要工作包括走访驻科使馆经商处、科外交部、北汽福田服务商 Societe Ivoirienne Farhat Freres 等，以及和科特迪瓦8部委举行一次座谈会，就项目的使用和管理等情况进行深入地沟通；访谈科特迪瓦中资企业、参观考察中国援建的其他成套项目，对科特迪瓦建设工程的相关情况进行了较为深入地了解。

（一）基本国情

【国名】

科特迪瓦共和国（The Republic of Côte d'Ivoire）。

【简称】

科特迪瓦（Côte d'Ivoire）。

【首都】

政治首都亚穆苏克罗（Yamoussoukro）。经济首都阿比让（Abidjan）。

【面积】

32.2万平方公里。

【人口】

2429.47万（2017年）。

【主要民族】

全国有69个民族，分为4大族系：阿肯族、曼迪族、克鲁族、沃尔特族。

【主要宗教】

伊斯兰教、基督教。

【官方语言】

法语。

【行政区划】

科特迪瓦政府于 2011 年 9 月对地方行政区划进行改革，调整后的行政区划共分 31 个大区和 197 个市镇。

【地理位置】

科特迪瓦位于非洲西部。西与利比里亚和几内亚交界，北与马里和布基纳法索为邻，东与加纳相连，南濒几内亚湾，海岸线长约 550km。

【气候条件】

科特迪瓦属热带气候，北纬 7° 以南为热带雨林气候，年平均气温 25℃；北纬 7° 以北为热带草原气候，年平均气温略高于南部。全年分为四个季节。

【政治体制】

总统制共和制。

【经济概况】

科特迪瓦独立后，实行以"自由资本主义"和"科特迪瓦化"为中心内容的自由经济体制。20 世纪 60、70 年代经济发展迅速，国内生产总值年均增长 8%，创造了"经济奇迹"。进入 80 年代后，受西方经济危机的影响，经济状况恶化。90 年代中期曾一度复苏。1999 年科发生军事政变后，经济急剧恶化。2007 年内战结束后，经济低速回升。2011 年 4 月科大选危机结束后，新政府积极开展恢复重建，大力扶持港口、石油等重点部门，振兴咖啡、可可等支柱产业，整顿金融市场，开展基础设施建设，改善投资环境，积极争取外援和外资，取得一定成效。

【中科关系】

1983 年 3 月 1 日，中国与科特迪瓦签署建交公报。两国于 1983 年 3 月 2 日建交。30 多年来，在双方领导人关心和两国政府积极推动下，中科友好关系稳定健康发展，政治互信度比较高，经贸互利合作不断扩大，签署了农业、贸易、科学技术、高等教育、文化等合作协定，以及政府贴息优惠贷款框架协议、中科林业合作谅解备忘录等。

（二）初步印象

科特迪瓦国内一直比较平稳，和整个非洲动荡不安的格局形成鲜明的对比。当地盛产象牙，因而科特迪瓦旧译为"象牙海岸"，还拥有茂密的热带雨林和无边的大草原。

图 4-39　幸福的新人

在科特迪瓦，教育方面沿用法国教育体制。初等教育 6 年，中等教育分两个阶段共 7 年，高等教育 3 至 4 年。其中阿比让大学是科特迪瓦最高的学府，也是最大的一所大学，建立于 1958 年。

图 4-40　阿比让大学

（三）营商环境

【总体情况】

近几年，科特迪瓦营商环境便利度分数稳步提升，2019 年科特迪瓦的营商环境便利度分数较 2018 年增加 4.94 分，为 58.00 分，排名为 122 名。在非洲国家中排名较高，但总体仍处于较低水平。

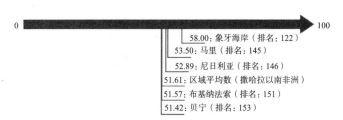

图 4-41　营商环境便利度分数

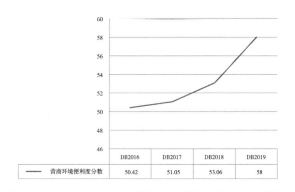

图 4-42　2016—2019 年科特迪瓦营商环境便利度分数

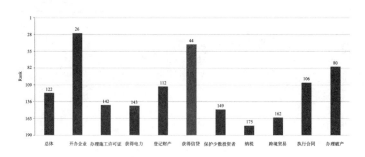

图 4-43　科特迪瓦营商环境指标排名

第4章 典型国家营商环境分析

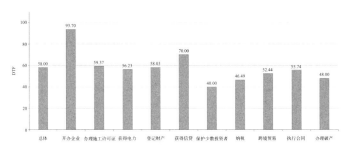

图 4-44　营商环境指标前沿距离分数

根据《2019年营商环境报告》，科特迪瓦开办企业的营商环境便利度分数为93.70分，排名为26名，其中开办企业手续（数量）为4项，开办企业耗时（天数）为6天，开办企业成本（人均收入百分比）为2.7，比较非洲其他国家，科特迪瓦开办企业指标情况较好。

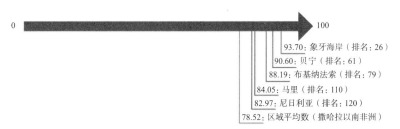

图 4-45　开办企业在科特迪瓦和可比经济体中的排名和营商环境便利度分数

开办企业在科特迪瓦和可比经济体中的分指标情况　　　表 4-11

指标	科特迪瓦	撒哈拉以南非洲	经合组织高收入经济体	总体表现最佳者
手续—男性（数量）	4	7.4	4.9	1（新西兰）
耗时—男性（天数）	6	23.3	9.3	0.5（新西兰）
成本—男性（人均收入百分比）	2.7	44.4	3.1	0.0（斯洛文尼亚）
手续—女性（数量）	4	7.6	4.9	1（新西兰）
耗时—女性（天数）	6	23.4	9.3	0.5（新西兰）
成本—女性（人均收入百分比）	2.7	44.4	3.1	0.0（斯洛文尼亚）

续表

指标	科特迪瓦	撒哈拉以南非洲	经合组织高收入经济体	总体表现最佳者
最低实缴资本（人均收入百分比）	2.7	10.0	8.6	0.0（117经济体）

数据来源：《2019年营商环境报告》。

【投资行业准入限制】

根据科特迪瓦投资法，外国企业对科特迪瓦投资没有行业限制。但是投资金额在5亿西非法郎以上的，或涉及交通、商业、房地产、公共工程、银行和金融业的投资，投资者应先向CEPICI递交申请材料，批复后投资技术委员会裁定是否给出许可证。目前CEPICI成立一站式服务大厅，在材料齐全的情况下，24h之内可完成投资公司的注册登记手续。

【工程承包限制】

科特迪瓦在工程承包方面对外国公司没有特别的限制和禁止规定，且没有禁止的领域。除政府部门直属的一些预定项目需要取得许可证以外，一般都没有特别的许可证要求。

【土地使用限制】

外国企业和外国人不能获得土地所有权，但可以依法获得土地使用权，并按规定缴纳相应的使用费用。

【劳工准入限制】

外籍劳工在科特迪瓦工作须取得长期居住证，并按规定缴纳社会保险费用即可。

【对外国投资的优惠政策】

投资者在被认定投资行为合法情况下，投资金额5亿西非法郎以下的，可采用申报方式进行投资，申请相应税收优惠政策，具体幅度由主管部门视情况而定。领域包括蔬菜和畜牧业农业产业、工业和出口的农业、林业及林业出口、渔业、矿产挖掘、谷物面粉生产、食品储藏加工业、鱼和冷冻食品类工业、高脂肪食品工业、其他食品工业—烟草、纺织业和服装业、皮革和鞋类工业、木材工业、石油精炼、化工业、橡胶工业、建筑材料制造业和玻璃工业、金属粗加工工业、交通运输零配件的生产和修理、电力机械工业、电能气能水能制造业、交通和通信业。

免税鼓励政策　　　　　　　　　　　　　表 4-12

区域代码	区域	免税年限	免税内容
A 区	经济首都阿比让区域	5 年	对工商业税、农业税和营业税进行 25%～50% 的优惠减免，根据投资类型、行业、区域的不同给予投资逐年减免税率的优惠
B 区	其他人口超过 6 万的城市地区	8 年	
C 区	其他人口不足 6 万的城市地区	15 年	

【投资注意事项】

科特迪瓦投资环境的不足之处在于：

1. 轻工产品加工业非常薄弱，生活日用品主要依靠进口。

2. 许多基础设施，尤其是民生工程项目函待修缮。

3. 日用消费品、建筑材料等价格昂贵（是中国的 3～6 倍）。

4. 各种手续比较繁琐，政府机构办事效率不高。

5. 税种繁多，税率较高。

中国企业在科特迪瓦投资应该注意以下问题：

1. 虽然科特迪瓦战乱已基本结束，但仍需要关注跟踪政局变化和安全形势发展，建立应急机制，做好两手准备，规避风险。

2. 做好经济、政治、资源、交通、人文、商品市场和原料市场调研，选准投资领域，选择恰当的市场切入点，从小到大，从少到多，循序渐进，尽量避免因政局变化和对市场预测偏差造成损失。

3. 了解投资方面的法律法规和相关政策，尤其是税收、劳务、投资等方面的法律法规和政策，最好聘请当地资深律师、专业税务顾问和会计师帮助办理相关业务，确保公司合法运作。

4. 遵守当地法律和习俗，处理好劳资关系：科特迪瓦劳工法对资方要求比较苛刻，劳动保障组织多倾向为工人说话，每 2～3 年就要求提高工资，增加福利，资方如不答应就罢工。招工和辞退应按当地劳动法办理。出现劳资纠纷，应与当地劳动检查部门联系咨询，协商解决，不要轻易启动诉讼程序。科特迪瓦法律程序复杂，操作时耗时耗力，效果不佳。

5. 利用政策优惠。根据科特迪瓦现行投资法，在不同地区投资享受免税等不同优惠待遇。科特迪瓦对使用土地只收取很低的管理费，最长期限可达99年。科特迪瓦已成为美国"非洲增长机会法案"适用的对象国，美国对原产于科特迪瓦的产品给予免关税、免配额的待遇。此外，中科政府签订了"投资保护协定"，企业应充分利用相关优惠政策。

6. 利用资源优势，投资资源开发业和加工业。科特迪瓦石油、天然气等矿藏资源比较丰富，资源对外开放，并制定了一系列吸引外资的优惠政策，中国公司可考虑优先投资资源开发、轻工产品生产以及农业经济作物开发和农产品加工项目（可可、咖啡、橡胶、棕榈油等作物的生产与加工）。

7. 前店后厂，贸易与生产加工结合。商品销售可使产品提高社会知名度，并获取商品市场供需信息，逐步形成销售网络，为设厂大规模生产打下基础，降低商品成本，增强市场竞争力。

（四）投资机会

【第一产业】

1. 农业

科特迪瓦是世界第一大可可生产国和世界第一大腰果出口国，同时香蕉等农作物产量在非洲也处于前列。作为传统农业大国，农业一直都是科经济增长的核心，占科 GDP 的 24% 和出口收入的 70%，解决了科 66% 人口的就业问题。但科 90% 出口的农产品都未进行过加工，农产品加工率极低的问题一直制约着科经济发展，使得科特迪瓦未能从农业中获得足够的发展动力。

科政府也为农业加工领域的发展制定了具体目标：到 2020 年将可可的加工率提升到 50% 以上，2020 至 2025 年将腰果仅 14% 的初加工率提升到 100%。为了更快提升可可本地加工率，科政府于 2017 年 1 月 6 日同 6 家可可加工企业签署了合作伙伴协议。

2. 石油

无论从产量还是行业自身出发，科特迪瓦石油行业均具有巨大的发展潜力。2011 年以来，科黄金产业迎来跨越式发展，也让其矿业拥有广阔的发展前景。

科特迪瓦政府一直致力于将采掘业打造成为经济发展的关键因素之一，2014 年该领域占科国内生产总值的 7.2%。科政府制定的国家发展规划中提出希望通过加大对该领域的投资，激发石油、天然气及矿业的发展潜力。为吸引更多投资者，2012 年和 2013 年科政府先后颁布实施了两部新的法规。2013 年 5 月，科特迪瓦宣布加入采掘业透明度倡议（ITIE）。

3. 天然气

1995 年以来，科特迪瓦近海天然气开发使得科电力供应量有了巨幅增长。但随着经济的不断发展，现有天然气产量已经不能满足市场需求，国家不得不开始进口天然气。为解决这一问题，科政府拟成立一家国有控股公司，并投资 10 亿美元，负责建设和运营一座浮动式天然气储存及再气化站。

4. 矿业

科特迪瓦中西部地区已探明的数个矿层为科矿业领域长期发展奠定了基础，主要包括位于 Klahoyo 山（12 亿 t）和 Gao 山（10 亿 t）的两处铁矿，以及 Sipilou 红土镍矿（2.05 亿 t）。科政府拟通过公私合营的方式对上述矿脉进行开发，并建设一条运输矿石的铁路线。

5. 黄金

科特迪瓦是西非地区黄金开采潜力最大的国家。自 2011 年底，Randgold Resources 公司开发的北部 Tongon 大型金矿正式投产以来，科黄金产量不断增加。2015 年，全国黄金产量达到 23.5 t，较上年上涨 17.2%，Tongon 矿区占全国产量的 36.9%。由加拿大 Ndeavour Mining 公司投资 800 亿西非法郎开发的 Agbaou 金矿（位于国家中部）于 2014 年投产，2015 年前 7 个月就已达到全国产量的 26.7%。此外，科特迪瓦 Newcrest 矿业有限公司（增长 11.4%），以及 Ity 矿业有限公司（SMI，增长 9.7%）等其他矿业开发公司也取得了不错的成绩。

【第二产业】

第二产业（占 GDP 的 20%）发展也呈现出良好的局面。科政府拟通过进一步提高农产品本地加工率（目前这一比率仅为 30%），继续保持工业增长趋势。而新工业区的建设和对中小企业发展的扶持也将进一步促进第二产业发展。

【第三产业】

第三产业对科特迪瓦 GDP 的贡献率约为 50%，并在金融、房地产、交通运输、租赁以及企业服务等行业的拉动下持续快速发展。2013 年，随着最低保障工资标准（SMIG）翻番，公务员待遇和私营经济领域各行业最低工资标准提高，国内市场整体购买力得到释放。家庭需求的增加使得科零售业在 2015 年得到了跨越式发展（+6.6%）。科特迪瓦拥有区域内最大的现代化物流网络，电信业不断升级、国家对中小企业发展的支持、非洲发展银行总部回迁等利好因素也都促进了第三产业的健康发展。

1. 住房需求大增

人口的增加和城市化发展导致市场对各种类型住房的需求大幅增加。据估算，目前科全国住房缺口达 40 万套，其中一半集中在阿比让。尽管阿比让房地产市场的强烈需求引起住房价格上涨，但为数众多有购房能力的顾客还是找不到理想的住处。目前，包括数家摩洛哥公司在内的 30 多家房地产开发商已来科落户。其中，Addoha 集团计划在阿比让实施 9000 多套社会经济住房项目，Alliances 公司计划在阿比让建设约 1.4 万套住房，包括 1 万套社会住房。科特迪瓦房地产建设与管理公司（SICOGI，国企）正在联合其合作伙伴，在全国范围内开展 1.5 万套住房的建设，其中 25% 为政府项目。

2. 商务旅游活动增加

近年来，阿比让以商务人士为主要服务对象的酒店显著增多，但仍无法满足日益增长的市场需求。继 2012 年和 2015 年底分别开业的 Onomo 酒店和 Radisson Blu 酒店之后，Möveripick 酒店集团也宣布即将落户科特迪瓦，并投资 5500 万欧元建设一家 220 个房间的酒店。此外，Teylium 集团也于 2015 年正式签署合作协议，拟在普拉多商业区投资建设一座高 23 层、设有 179 个房间的酒店。酒店业在科国民生产总值中的比重已从 2011 年的 0.6% 快速增长到 2015 年的 4%。

3. 发展休闲旅游

科特迪瓦拥有丰富的旅游资源，政府应进一步制定详细的发展指导规划，促进休闲旅游发展。需要进一步整治滨海道路，发展海滨浴场。2014 年 2 月，科政府通过并正式颁布了《旅游法》。旅游部多次出席国际展览会，并于 2016 年 4 月成功举办了"第六届阿比让国际旅游展"。

4. 800 万互联网用户

科特迪瓦信息和通信技术的应用取得了快速发展。移动电话用户从 2011 年的 1600 万增长到 2015 年底的 2450 万。互联网用户的数量也从 2011 年不到 20 万增长到 800 万。此外，科移动金融服务用户已达 800 万，日交易总额达 150 亿西非法郎（约合 2300 万欧元）。科特迪瓦的目标是，到 2020 年将通信服务覆盖率提升至 100%，互联网接入服务覆盖率超过 90%，宽带覆盖率 50% 以上。届时，通信行业将创造 15 万个工作岗位。

【大量投资】

一段时间以来，科经济基础设施领域投资严重不足，导致相关设施损毁严重，相关设施的修缮自然成为科政府"2012—2015 国家发展规划"的重要组成部分之一。4 年间，科政府在该领域的投资总额达 70 亿欧元，而交通基础设施建设是重中之重。此前，科境内多条道路面临承载能力不足或损毁严重的问题。科政府通过维修和新建道路，不仅消除了路况不佳对贸易流通造成的诸多限制，同时也为科经济发展提供了强大支撑。2011 至 2015 年间，科政府新建和维修公路总里程达 3.5 万 km，平均每天施工里程超过 20km。发布的"2016—2020 国家发展规划"继续关注该领域发展，将通过公私合营模式实施数十个项目。

物价一览表 表 4-13

序号	项目	单位	价格（含税价）	币种	备注
当地劳动力成本					
1	普通工人	/人.月	200	美元	最低标准 120 美元 / 月
2	技术工人	/人.月	270～300	美元	
3	司机	/人.月	240～390	美元	
4	保安	/人.月	220	美元	
当地办公生活费					
1	餐费	/人.天	60	美元	
2	酒店费	/人.天	200	美元	
3	翻译费	/人.天	200	美元	
4	水费	/m³	0.5～1.43	美元	按用水量累进计费
5	电费	/度	0.1～0.16	美元	按时段征收，工业用电加收 900 美元 / 月附加费
6	汽油价格	/L	1	美元	
7	柴油价格	/L	1	美元	
8	天然气	罐	23.5/ 罐（28kg），9.4/ 罐（12kg）	美元	
当地交通运输费					
1	租车费		260	美元	丰田

资料来源：在科特迪瓦中资企业现场采集、《对外投资合作国别（地区）指南》（2018 年版）。

部分资料来源

1 《对外投资合作国别（地区）指南》（2018 年版）

2 世界银行，《2019 年营商环境报告》

3 科特迪瓦，百度百科 .[2018-12-26]

4 中华人民共和国驻科特迪瓦共和国大使馆经济商务参赞处网站
http://ci.mofcom.gov.cn/

5 中华人民共和国驻科特迪瓦共和国大使馆 http://ci.chineseembassy.org/chn/

6 Doing Business 2018 Côte d'Ivoire-World Bank Group

7 世界银行网站 http://www.worldbank.org/en/country/cotedivoire

8 Côte d'Ivoire Overview，Worldbank.org，http：//www.worldbank.org/en/country/cotedivoire/overview

4.5.6 利比里亚

本项目为援利比里亚物资项目，我们的工作是对项目的前期工作、完成及运行情况进行后评估。2017年7月上旬，公司的项目负责人以及几位专家组成工作小组，赴利比里亚进行项目实地调研。工作小组主要工作包括拜访驻利使馆经商处、利外交部、利国资部、苏州金龙售后服务商等，就项目的分配和使用等情况进行深入地沟通；访谈利比里亚中资企业、参观考察中国援建的其他成套项目，对利方建设工程的相关情况进行了较为深入地了解。

（一）基本国情

【国名】

利比里亚共和国（Republic of Liberia）。

【简称】

利比里亚（Liberia）。

【首都】

蒙罗维亚（Monrovia）。

【面积】

11.14万平方公里。

【人口】

468万（2017年）。

【主要民族】

美国黑人后裔。

【主要宗教】

利比里亚施行宗教自由政策，全国居民86%信奉基督教，12%的人信奉伊斯兰教，2%的人信奉拜物教。

【官方语言】

官方语言为英语。

【行政区划】

利比里亚全国分为15个州（County），其中2个州系2000年后新增。

【地理位置】

利比里亚处于非洲西部，北接几内亚，西北接塞拉利昂，东邻科特迪瓦，西南濒大西洋，海岸线长539km。

【气候条件】

利比里亚属热带季风气候，分旱季和雨季，年均气温25℃左右。年平均降雨量2500～4000mm，首都地区年降雨量达5000多毫米，为世界之最。

【政治体制】

总统制共和制。

【经济概况】

系最不发达国家之一。农业国，但粮食不能自给，工业不发达，矿产资源丰富。天然橡胶、木材等生产和出口为其国民经济的主要支柱。利比里亚是全球第二大方便旗船籍国，利比里亚籍船只注册数量超过4100艘。除此以外，钻石和黄金的出口也成为利比里亚主要产业。

【中利关系】

1977年2月17日同中国建交。1989年10月10日，中国宣布中止同利比里亚的外交关系。

2006年11月和2007年2月，两国元首成功互访，为两国关系的进一步发展做出了规划，双边关系步入新的发展时期。

（二）初步印象

被称作美国后花园的利比里亚，曾经是非洲最早独立的现代国家，19世纪美国黑人有计划地回迁非洲，并最终建立了利比里亚这个国家，就好像犹太人在中东建国一样，利比里亚这个名字来自英文"解放"。

利比里亚人是热情好客的。人们初次见面，总是要寒暄几句，互相问候，才谈正事。人们常常使用的是握手礼，称呼男性为先生，称呼女性为夫人、女士、小姐。利比里亚的宗教可以分为传统宗教、伊斯兰教和基督教三种。利比里亚的所有部族都相信，有一个创造万物的上帝。他们各自都向上帝祈祷，但没有特殊的礼拜仪式。基督教对利比里亚产生过很大的影响，该国宪法规定利比里亚是基督教共和国。另外，有的家庭还有各自的食物禁忌，是绝对不能破坏这种禁忌的。赴利之前要了解当地的这些风俗习惯。

图 4-46　休闲的当地人

图 4-47　海边

约瑟夫·詹金斯·罗伯茨是利比里亚的第一任总统。早年在利比里亚经商，1841 年当选为利比里亚联邦总督，1847 年宣布利比里亚独立，建立非洲第一个共和国，并担任总统，他建立的利比里亚也是非洲历史上第一个共和国，是利比里亚独立之父。蒙罗维亚罗伯茨国际机场也是为纪念罗伯茨而命名的。

图 4-48 利比里亚第一任总统罗伯茨

（三）营商环境

【总体情况】

利比里亚 2018 年营商环境便利度分数增幅较大，较 2017 年增加了 3.1。但 2019 年有小幅回落，2019 年利比里亚的营商环境便利度分数为 43.51 分，排名为 174 名，总体水平较低。

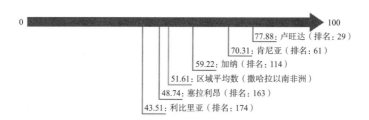

图 4-49 营商环境便利度分数

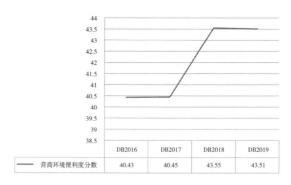

图 4-50 2016—2019 年营商环境便利度分数

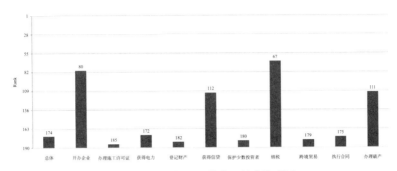

图 4-51　利比里亚营商环境指标排名

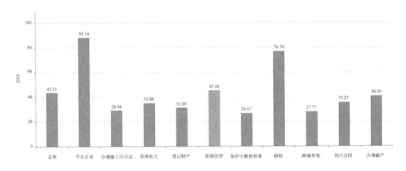

图 4-52　营商环境指标前沿距离分数

根据《2019 年营商环境报告》，利比里亚开办企业的营商环境便利度分数为 88.14 分，排名为 80 名，其中开办企业手续（数量）为 5 项，开办企业耗时（天数）为 18 天，开办企业成本（人均收入百分比）为 12.6，最低实缴资本（人均收入百分比）为 0.0。

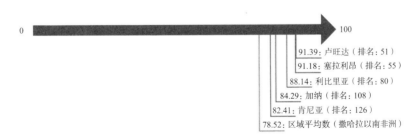

图 4-53　开办企业在利比里亚和可比经济体中的排名和营商环境便利度分数

开办企业在利比里亚和可比经济体中的分指标情况　　　　　　　表 4-14

指标	利比里亚	撒哈拉以南非洲	经合组织高收入经济体	总体表现最佳者
手续—男性（数量）	5	7.4	4.9	1（新西兰）
耗时—男性（天数）	18	23.3	9.3	0.5（新西兰）
成本—男性（人均收入百分比）	12.6	44.4	3.1	0.0（斯洛文尼亚）
手续—女性（数量）	5	7.6	4.9	1（新西兰）
耗时—女性（天数）	18	23.4	9.3	0.5（新西兰）
成本—女性（人均收入百分比）	12.6	44.4	3.1	0.0（斯洛文尼亚）
最低实缴资本（人均收入百分比）	0.0	10.0	8.6	0.0（117 经济体）

数据来源：《2019 年营商环境报告》。

【投资行业准入限制】

利比里亚政府禁止外国投资者经营的行业包括供砂、制砖、行销、旅行社、大米和水泥零售、制冰和销售、轮胎修理店、投资额低于 5 万美元的汽车修理行、修鞋店、木材和板材零售、加油站、影像厅、出租车、进口和销售旧服装、在利比里亚境内销售本土产品、进口和销售二手汽车。

利比里亚政府限制外国投资者经营的行业包括生产和供应石头和花岗岩、生产冰淇淋、商业印刷、广告、回吐和商业艺术家、电影院、畜牧养殖和生产畜牧产品、生产净化水或瓶装厂（袋装水除外）、非酒店相关的娱乐中心、销售动物和牲畜饲料、运营重型卡车、面包店、销售药品。

外国投资者经营限制行业，如采取独资，投资额不得低于 50 万美元，如与利比里亚人合作，投资额不得低于 30 万美元，利比里亚人股份总额不低于 25%。

【工程承包限制】

利比里亚政府对外国企业承包工程项目一般没有限制，但 50 万美元以上的与道路建设相关的政府合同，至少有 20% 的工程业务需要与利比里亚本土企业签订，包括水泥工程、管道铺设、土方运输、碎石和运沙等多项业务。

【土地使用限制】

利比里亚法律不允许外国人或外国公司在利比里亚购买土地，但可以租赁土地，租期每次最长50年，期满可续租。对于特许经营权土地或未开发土地，租期最长可达65年。目前利比里亚土地归属情况复杂，"一地多主"现象经常发生。租赁土地时需提前向当地律师和土地咨询顾问核实归属权。

【劳工准入限制】

如需雇佣外籍员工，需办理居留证、劳工证、缴纳养老保险和工伤保险。利比里亚移民局要求在利比里亚停留时间超过1个月的外籍人员必须办理居留证，居留证有效时间1年，每年需进行更新，首次办理750美元/人，更新费用350美元。取得居留证后方可办理劳工证，劳工证1000美元/年/人，有效期1年，每年需进行更新。

【对外国投资的优惠政策】

投资旅游业（旅游胜地、旅馆及文化遗址）、制造业（本地原材料使用比例不低于60%）、能源业、医院和医疗诊所、住房建设、交通运输、信息和通信技术、银行业、家禽养殖业、园艺业、海产品出口业、农产品种植和加工业（包括可可、咖啡等经济作物）、中小型的橡胶和棕榈等经济作物种植园和加工厂，且投资额高于100万美元可享受投资鼓励政策。如外资投资额达1000万美元以上，投资者可与利比里亚投资委员会签署特许经营权协议，单独协商包括税收在内的各项优惠政策。

【中期展望】

根据世界银行最近的分析，中期增长前景依然乐观，尽管仍存在大幅下行风险。GDP增长预计将在2019至2020年恢复到3.8%的年平均增长率。预计经济复苏将主要由农业、制造业和服务业推动，因为经济开始受益于改善道路运输网络和廉价电力来源。随着全球大宗商品价格的回升，矿业部门预计复苏将相当缓慢。通货膨胀率预计将从2018年的11.5%下降到2020年的9.5%。此外，按照预期的经济增长，2018—2020年期间，贫困率将从2018年的50.5%下降到2020年的48.6%（世界银行官网）

【投资注意事项】

中资企业在利比里亚开展投资合作需要注意的问题：

1. 审慎评估投资风险

利比里亚政府鼓励外来投资，专门设立国家投资委员会，负责引导和管理外国企业到利比里亚投资。但利比里亚存在较大投资风险：①是世界上最不发达国家之一，市场消费水平较低，基础设施落后，工业基础薄弱；②缺乏市政水、电供应和基础工业配套，企业需自行通过柴油发电，工业企业所需的配件、维修服务基本依靠进口；③当地办事效率低，办事成本高，官员腐败较严重，各种税收和费用的征缴程序不规范，敲诈勒索事件时有发生，客观上加重企业负担；④劳动力素质低，专业技术人才奇缺；⑤金融服务不健全，资金自由汇入、汇出存在障碍，银行手续费用高；⑥海、陆、空运输条件差，缺乏港口装卸设备，运输效率低。这些投资风险在很大程度上制约了投资项目的顺利进行。中资企业应高度重视上述不利因素，全面评估投资风险，才能确保投资项目的经济效益。

2. 适应法律环境的复杂性

利比里亚沿袭美国法律体系，法制较健全，各行业和领域都有详细法律法规。新政府上台以来，对许多法律进行了修改。中国企业到利比里亚投资首先应当关注法律问题，切记依法办事，勿存侥幸心理，尽快聘请当地资深律师作为法律顾问，处理所有与法律有关事宜。

3. 做好企业注册及申办各类执照的充分准备

在利比里亚投资最常见的困难是法律条文较多，注册程序繁杂且大部分文件须办理年检或延期。中国企业须全面了解利比里亚关于外国投资注册的相关法律、程序，留意相关部门刊登的公告，最好聘请当地律师与会计师办理注册和年检事宜。

4. 适当调整优惠政策的期望值

利比里亚政府急于建设经济，但注重维护本国利益，中国企业在与利方洽谈投资项目时，期望值不应太高，既要争取利方最大优惠政策，亦应秉持务实合作的态度，积极考虑利方利益和关切，主动承担社会责任。

5. 充分核算税赋成本

利比里亚各种税率比较高，个人所得税和企业所得税为25%。企业在投资时，应认真了解当地税收规定，充分核算税赋成本，尽量选择在利比里亚政府鼓励投资的行业和领域投资建厂，以便获得对企业所得税及设备进口关税的减免。

6. 在利比里亚开展投资合作的中资企业，在客观评估投资风险的同时，需认真对待利比里亚的安全风险，提前做好突发事件应急预案。利比里亚安全局势相对脆弱，党派选举之争加剧了社会族群裂痕，局部冲突、骚乱和聚众闹事等时有发生，中资企业需认真防范。

7. 联合国尚未取消对利比里亚战乱国评级，国内保险机构对中国人员赴利比里亚的保险业务大多不予受理，利比里亚属疾病多发和治安较差国家，中资企业和个人应提前做好安全防范工作。

（四）投资机会

政府奉行市场经济政策，采取了鼓励投资、改善基础设施、打击腐败等措施。利比里亚在吸引外国投资方面具有以下优势和吸引力：

【矿业】

1. 铁矿

铁矿资源丰富，已探明储量超过 40 亿 t，品位 35%～65% 不等。20 世纪 70 年代，利铁矿砂产量一度居非洲第一，世界第三。由于长期内战，利铁矿已全部关闭。随着利和平与重建进程的发展，铁矿开采逐步恢复。

2. 石油

2001 年，利比里亚国家石油公司聘请美国 TGS—NOPEC 地理勘探公司对利近海石油进行了大规模勘探，认为利海域的岩层均属富油气层，极可能储藏石油和天然气，已将其领海自西北至东南划分为 17 个区块对外招标。

3. 钻石

钻石资源丰富，20 世纪 50 年代初期开始大规模开采。工业钻和宝石钻最高年份（1959 年）出口量超过 110 万克拉。2007 年，联合国解除对利比里亚钻石出口制裁。目前，利政府对钻石开采和经营实行开放政策，允许外国企业或个人在利比里亚从事钻石开采和买卖，但要求经营者必须预先在利土地、矿产和能源部申领钻石经营执照（DIAMEND DEALER LICENSE）。此外，钻石交易商需要将准备交易的钻石送到土矿部钻石办公室进行检验，经过检验后，该机构将签发金伯利证书，以此证明所交易的钻石的合法身份（即产地）。利政府规定，只有凭此证书方能出口钻石或在国内市场交易。

【农牧渔业】

利比里亚是农业国，拥有大量的土地资源，某些地区非常适宜种植水稻、玉米和木薯等农作物以及天然橡胶、油棕榈、咖啡、可可、甘蔗和椰子等经济作物。但是农业生产落后，大米、面粉、肉类、禽蛋均不能自给，主要依赖进口。主要农作物是水稻和木薯，主要经济作物为橡胶、可可和咖啡。利比里亚曾是大米出口国，内战后粮食不能自给，依赖粮食援助。

【林业】

林业资源丰富，出产红木、桃花心木等名贵木材，具有经济价值的木材多达240余种。

【船籍注册】

利比里亚是全球第二大方便旗船籍国，根据利比里亚海事局统计数据，目前，利比里亚籍船只注册数量超过4100艘，总吨位超过1.5亿t，占全球商船总数的13%。得益于联合国和美欧等国际社会的大力支持，政治和安全局势脆弱但稳定；而且地理位置优越，濒临大西洋，其商业市场可辐射欧美及整个西非地区。

【基础设施】

1. 公路

全国公路总长11000km，其中全天候公路2036km，柏油路739km。内战期间道路受损较为严重，目前连接各省的道路大多为砂石路，路况较差。利比里亚在"减贫战略"期间耗资5亿多美元完成其大部分道路的修复工作，修复公路的95%里程是土路而不是铺装路面，导致每年的维修成本居高不下，路况仅能满足最低使用要求。由于路况糟糕、桥梁时常不能使用，导致利比里亚国内交通运费高企不下，大约每公里20美分。

2. 铁路

内战前，利比里亚全国有3条铁路，总长500km，主要用于运输铁矿砂。

上述铁路在内战中均遭到严重破坏。

米塔尔钢铁公司和中利联投资(利比里亚)矿业公司已恢复相应矿区铁路。从宁巴州的铁矿区至布坎南港铁路目前已由阿赛洛—米塔尔钢铁公司修复并使用;从邦矿至蒙罗维亚自由港的铁路正由中利联投资有限公司进行修复和延长,已可以初步使用。

3. 空运

内战前,全国共有47个机场,其中大型机场2个,其他为小型简易机场。由于内战破坏,大多数机场设施已毁坏。罗伯茨国际机场是利目前最主要的民用机场,目前开始逐步修复和扩建。

4. 水运

利比里亚目前主要有蒙罗维亚自由港、布坎南港、格林维尔港、哈珀港4个港口。蒙罗维亚自由港为利第一大港口,为主要货物进出港口。2010年9月,利比里亚议会批准马士基港务公司与利比里亚政府关于蒙罗维亚自由港25年特许经营权协议,马士基公司开始改善港口基础设施。目前一期码头和泊位工程已完工,二期堆场升级改造工程也已完成招标,中国港湾公司中标,正准备进场。布坎南港仍可使用,现为蒙罗维亚自由港的备用港口,其他港口基础设施基本损坏。利港务局现在正着力对其各港口进行疏浚,以尽快恢复正常使用。利比里亚政府正在计划通过外国援助或外来投资,用以改善3个小型港口的基础设施。

【互联网】

由于利比里亚互联网提供商缺乏宽带接入能力,用户只能以卫星连接方式高价获得有限的质量糟糕的互联网服务,随着引入3G业务,互联网普及率有所上升,主要的固定网络服务商是Libtelco。

【电力】

多年战乱使利比里亚全国市政供电系统遭到严重破坏,目前生产、生活用电主要依靠自备的燃油发电机来解决。国家电力公司使用重油发电,仅可供应首都及周边部分地区,每度电售价39美分。高额的电价和稀缺且不稳定的电力供应极大地制约了利比里亚经济发展,成为利比里亚政府亟待解决的难题。

【承包工程】

在国际社会的帮助下，利比里亚政府将全面恢复利道路、水、电等基础设施，战后重建工程预计需数十亿美元，其资金主要源自联合国开发计划署、世界银行和非洲发展银行等国际多边金融机构以及世界主要捐赠国，其中世界银行计划每年向利比里亚提供数千万美元用于道路设施重建。

物价一览表　　　　　表 4-15

序号	项目	单位	价格（含税价）	币种	备注
当地劳动力成本					
1	普通工人	/人.月	150	美元	
2	技术工人	/人.月	300	美元	
3	司机	/人.月	280～360	美元	
4	保安		260	美元	
5	当地杂工		150	美元	
当地办公生活费					
1	餐费	/人.天	60	美元	
2	酒店费	/人.天	160	美元	
3	翻译费	/人.天	200	美元	
4	水费	加仑	0.005～0.015	美元	
5	电费	/度	0.39	美元	
6	汽油价格	加仑	3.25	美元	
7	柴油价格	加仑	3.05	美元	
8	煤气	罐	45	美元	11kg
当地交通运输费					
1	租车费		140	美元	一天不含油 5 座

资料来源：在利比里亚中资企业现场采集、《对外投资合作国别（地区）指南》（2018 年版）。

部分资料来源

1 《对外投资合作国别（地区）指南》（2018 年版）

2　世界银行,《2019年营商环境报告》

3　利比里亚，百度百科.[2018-12-25]

4　中华人民共和国外交部 http：//www.fmprc.gov.cn/

5　中华人民共和国驻利比里亚共和国大使馆经济商务参赞处网站
　　http：//lr.mofcom.gov.cn/

6　中华人民共和国驻利比里亚共和国大使馆 http：//lr.china-embassy.org/chn/

7　世界银行网站 http：//www.worldbank.org/en/country/liberia

8　Liberia Overview，Worldbank.org，http：//www.worldbank.org/en/country/liberia/overview

4.5.7　南苏丹

本项目为援南苏丹成套项目，我们工作的主要内容是对项目的可行性工作成果文件作出评估。2018年5月，公司项目负责人与项目可研编制单位共同组成现场考察组，赴南苏丹进行现场调研。工作小组拜访了中国驻南苏丹经商处、南苏丹道路和桥梁部、瓦乌州政府、瓦乌州基础设施部、其他我国援建项目、当地中资企业等，就本项目的可行性、技术难度、项目投资估算等内容深入沟通。

（一）基本国情

【国名】

南苏丹共和国（The Republic of South Sudan）。

【简称】

南苏丹（South Sudan）。

【首都】

朱巴（Juba）。

【面积】

619745平方公里。

【人口】

1223万（2016年）。

【主要民族】

丁卡族，努维尔人，希鲁克族。

【主要宗教】

泛灵论，基督教，伊斯兰教。

【官方语言】

英语。

【行政区划】

南苏丹独立时，全国共划分为北加扎勒河、西加扎勒河、瓦拉卜、湖泊、联合、上尼罗河、琼莱、东赤道、中赤道和西赤道等 10 个州。2015 年 10 月，撤销原有 10 州建制，设立 28 州。2017 年，再次宣布将 28 个州划分为 32 个州，其中大加扎勒河地区有 10 个州，大赤道地区有 9 州，大上尼罗地区有 13 个州。

【地理条件】

地处北纬 4 ~ 10 度线之间，南苏丹位于非洲东北部，是内陆国，东邻埃塞俄比亚，南接肯尼亚、乌干达，西邻中非共和国，北接苏丹。东部、南部、西部边境地区的丘陵与山地使南苏丹地形呈槽型。地形平坦开阔，拥有大片草原、湿地。

【气候条件】

热带草原气候为主，盛行西南风和东北风。全境四季变化不明显，只有雨季和旱季之别，每年 5 ~ 10 月为雨季，11 月 ~ 次年 4 月为旱季，雨季高温多雨，旱季炎热干燥。雨季气温在 20 ~ 40℃之间，旱季气温在 30 ~ 50℃之间。

【政治体制】

总统制共和制。

【经济概况】

南苏丹是世界上最不发达国家之一，道路、水电、医疗卫生、教育等基础设施及社会服务严重缺失。南苏丹产业结构单一，重点和特色产业是石油。南苏丹经济发展严重依赖石油资源，石油收入占政府财政收入的 98%。由于连年战争，南苏丹经济极端落后，除石油开采外，几乎没有规模化工业生产，生产和生活资料严重依赖进口。农牧业方面，受战乱、土地所有权和农业技术等因素的限制，农业尚处于"刀耕火种"的原始状态，基本靠天吃饭，粮食不能自给；畜牧业以牛羊为主，游牧较为普遍，生产效率低下；蔬菜、水果和经济作物种植水平低，农产品处于净进口地位。

【中南关系】

20世纪70年代，中国就派医疗队、农业专家到苏丹南方，向当地人民提供帮助。苏丹南方自治政府成立后，中国与苏丹南方各层次友好交往不断加强，双方合作日益增多。2008年9月2日，中国驻朱巴总领馆开馆。2011年7月9日，"南苏丹共和国"正式建国，中国政府与南苏丹签署建交公报。同日，中国驻南苏丹大使馆开馆。

（二）初步印象

【治安情况】

南苏丹前后进行了40多年的独立战争，国内安全形势复杂严峻。2013年年底的内部武装冲突迄未平复，战争地区的治安完全没有保障，投资者应坚决避免前往这些地区；相对和平的地区，如首都朱巴，因为国家经济被战争拖垮而引发了高社会治安风险。投资者应主动和中国大使馆保持联系，获取安全方面的知识和信息，同时应避免前往不安全区域，夜晚尽量避免出门等，确保安全。

2018年，南苏丹首都朱巴局势持续升温，至少发生了4起冲突交火事件，造成近20人死亡，联合国营区周边也接连发生杀人、绑架和抢劫等暴力犯罪案件。任务区安全形势的恶化，给当地民众和联合国维和人员的生命安全带来严重威胁。

【住宿】

南苏丹基础设施较差，首都朱巴有数家中、外资酒店可提供住宿及餐饮服务。受经济水平影响，住宿条件普遍简陋，首都朱巴的宾馆大多是活动板房或帐篷，且价格较高。市区内有三家中国宾馆：北京朱巴饭店（Beijing Juba Hotel），电话00256-（0）477153888；颐和园商务酒店（Summer

Palace Business Hotel），电话 00256-（0）477224088；上海饭店（Shanghai Restaurant），电话 00256-（0）477105278。电力紧缺，分时段供应。当地电压为220V，中资旅馆备有国内制式电源插座，可直接使用。自备蚊帐，以防蚊蝇传染疾病。

人数较多的团组赴南苏丹，可以联系山东高速驻当地的基地住宿，基地基础设施较为齐全，基地供应中餐，有水、电、网络等基础设施，安全有一定的保障。

图 4-54　山东高速基地

【衣食】

南苏丹属热带气候，每年的 5～10 月为雨季，平均气温在 20～40℃之间，每天都会下雨；11～4 月为旱季，气温在 30～50℃之间，炎热干燥。自北向南温差较大。衣物以清凉、可遮挡阳光为主，雨具必不可少。

【交通】

境内公路通行情况差，去往各州主要靠飞机。朱巴机场有五条航线：朱巴—内罗毕、朱巴—亚的斯亚贝巴、朱巴—喀土穆、朱巴—坎帕拉四条线路每天一班，朱巴—开罗航线每周两班。国内各州散落有小型机场。

南苏丹各州间有长途客车，但车辆陈旧，道路多为土路，路况差，雨季期间不少道路无法通行。朱巴至乌干达尼姆勒的跨境公路是目前南商品进出口的主要通道。首都朱巴无公交系统，仅有民营的各式面包车往返载客，车况差，事故频发。当地人多选择被称为"Boda Boda"的个人营运摩托车作为市内交通工具，建议出行采取自驾车方式。

【医疗】

南苏丹医疗条件差,缺医少药,设施极度匮乏,影响恶劣的传染病主要有疟疾、黄热病、霍乱等。去往南苏丹应先行到国内卫生部门体检,并注射黄热病和霍乱等疫苗,入境时一并提交《健康检查证明书》和《国际预防接种证书》以备检查。自备传染病药物及常备药物,一旦出现发热等症状,需及时自我治疗并与当地红十字机构取得联系。朱巴现有一家中国诊所—颐廉堂诊所,电话:00249-(0)955392569。

图4-55 南苏丹乡村

【货币与通信】

当地货币为南苏丹镑(South Sudan Pound,简称SSP),美元亦可流通,一美元兑约300南苏丹镑。南苏丹方外汇管理政策较为严格。美元兑换当地货币一般情况下比较容易,但当地市场美元较缺。南苏丹无固定电话和传真,5家移动通信公司在南方运营,信号较差。

(三)营商环境

【总体情况】

2016—2018年,南苏丹营商环境便利度分数变动不大,水平较低。2019

年南苏丹营商环境便利度分数为 35.34 分，排名为 185 名，较 2018 年增加 2.04 分，但总体水平仍然极低。

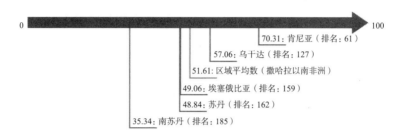

图 4-56　营商环境便利度分数

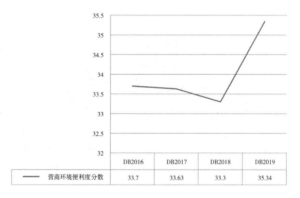

图 4-57　2016—2019 年南苏丹营商环境便利度分数

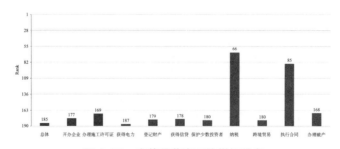

图 4-58　南苏丹营商环境指标排名

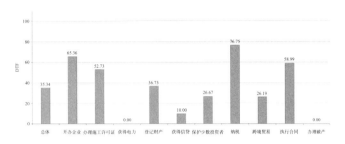

图 4-59 营商环境指标前沿距离分数

根据南苏丹营商环境的排名，总体水平较差，其开办企业和办理纳税较为方便，但获得电力和获得信贷前沿距离分数较低，拉低了南苏丹营商环境排名。南苏丹开办企业的营商环境便利度分数为 65.36 分，排名为 177 名，其中开办企业手续（数量）为 12 项，开办企业耗时（天数）为 13 天，开办企业成本（人均收入百分比）为 122.6，最低实缴资本（人均收入百分比）为 0.0。

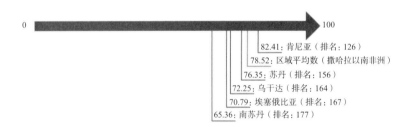

图 4-60 开办企业在南苏丹和可比经济体中的排名和营商环境便利度分数

开办企业在南苏丹和可比经济体中的分指标情况　　　　　　　　　　表 4-16

指标	南苏丹	撒哈拉以南非洲	经合组织高收入经济体	总体表现最佳者
手续—男性（数量）	12	7.4	4.9	1（新西兰）
耗时—男性（天数）	13	23.3	9.3	0.5（新西兰）
成本—男性（人均收入百分比）	122.6	44.4	3.1	0.0（斯洛文尼亚）
手续—女性（数量）	12	7.6	4.9	1（新西兰）

续表

指标	南苏丹	撒哈拉以南非洲	经合组织高收入经济体	总体表现最佳者
耗时—女性（天数）	13	23.4	9.3	0.5（新西兰）
成本—女性（人均收入百分比）	122.6	44.4	3.1	0.0（斯洛文尼亚）
最低实缴资本（人均收入百分比）	0.0	10.0	8.6	0.0（117经济体）

数据来源：《2019年营商环境报告》。

【投资行业准入限制】

南苏丹禁止投资武器和军事装备及弹药。

【工程承包限制】

外国企业可承包任何不违反法律规定的工程项目，外国公司只需具备相关行业资质、一定企业规模、经营业绩、经南苏丹司法部门许可，即可进入南苏丹市场承揽工程项目。

【土地使用限制】

南苏丹法律规定，外资企业或外国人仅可在指定的时间期限内，获得土地租赁权。

【劳工准入限制】

南苏丹目前尚未有外籍劳务配额的相关规定，但为保护本国人的利益，外籍劳务人员进入南苏丹工作需办理工作证和签证。

【对外国投资的优惠政策】

南苏丹鼓励投资农业、公路、港口、机场、供水及水处理、电力、水利、制造业、泛地产开发、公共基础设施、采矿、林业、畜牧、养殖、通信、金融、制药与化工、旅游开发及酒店服务等行业。根据南苏丹《投资鼓励法》，对于以上领域的投资，在企业注册成功后，即可在投资管理局确定的时期内享受对机械设备、资本和净利润方面的税收减免，并在法律规定的时限内获得政府提供的投资用地。

【南苏丹赋税】

南苏丹税务法（2009）是根据南部苏丹过渡宪法拟定的，其颁布的目的在于确定南苏丹的税务系统,建立税收及其他税费的计征准则和规范。

南苏丹税务局隶属于财政和经济计划部,行使税务法权,负责税收的计征工作。南苏丹税种相对较少,税率较低,税收体系不健全。

南苏丹主要的税种包括进口关税、个人所得税和营业利润税等。2011年南苏丹独立后,受南北苏丹关系影响,2012年南苏丹曾一度宣布石油停产,实施财政紧缩政策,直至2013年恢复石油生产。为增加财政收入,南苏丹中央政府及地方政府税收部门强征税收及重复征收现象不断增多,2013年国内冲突增加后,南苏丹财政更加拮据,各种变相税费五花八门。

进口关税指所有进入南苏丹的各种物品需缴纳的关税,税率如下:

表 4-17

编号	物品名称	税率
1	所有处理过的食物	2%
2	所有其他物品	4%
3	车辆、设备等类似物品	6%

个人所得税是指本地人从南苏丹创造的个人所得或其他国家所创造的个人所得,或非本地人在南苏丹创造的个人所得所需缴纳的税费。税率如下:

表 4-18

编号	个人所得金额(每月)	税率
1	≤ 300SSP	0%
2	≥ 301,< 5000	10%
3	≥ 5000	15%

南苏丹营业利润通常为10%,根据营业规模不同分为两类:

表 4-19

编号	营业类型	税率
1	小规模运营商/公司	10%
2	中等规模运营商/公司	15%

【投资注意事项】

中资企业在南苏丹开展投资合作需注意的问题：①南苏丹本国消费和购买力有限，市场和投资贸易机会对外部环境依赖严重；②基础设施和配套设施落后，能源不足，水电和通信费用高；③政府和公共部门办事效率较低，有腐败现象。总之，在南苏丹开展投资合作，有机会也有风险，但机会大于风险。

外国投资南苏丹面临诸多挑战，一是政府办事效率有待提高，治安恶化；二是经济底子薄，发展模式单一，财政拮据，基础设施差，社会服务缺失，物资匮乏，货币疲软，通货膨胀压力巨大；三是常年高温，疾病肆虐，缺医少药。针对上述问题，投资者应做好深入调研，全面评估可能遇到的困难，制定相应的应对措施和方案，充分准备并进行模拟演练，确保妥善应对挑战，加强抵御风险的能力。

（四）投资机会

2011年南苏丹独立之后，因为饱受战火，基础设施建设非常落后，国家处于战后重建阶段。南苏丹对外资的吸引力主要表现为：

1. 自然资源丰富，投资潜力巨大

南苏丹拥有丰富的矿产资源，拥有原苏丹85%的石油产能，除石油外，大多数矿藏资源尚待开发；拥有原苏丹大部分原始森林资源，赤道大区是柚木、桃花心木和各种热带硬木的著名产区；水利资源丰富，水电发展潜力巨大；可耕地2800万公顷，但由于战乱、土地所有权和农业技术等因素的限制，农业尚处于原始状态，生产效率低下。

2. 南北苏丹和解，经济复苏提速

南苏丹经济严重依赖石油资源，石油收入占政府财政收入的98%。自2009年以来，南苏丹当局一直试图推动本土炼油能力的建设，并筹划建设从朱巴通往肯尼亚拉穆港的输油管，以减少对北方的依赖。但这些项目进展缓慢，其主要原因是经济上的可行性问题，如果没有新的大型石油发现，新建输油管道不经济，同时也存在资金、技术和人才缺乏等制约。2013年4月，经过国际社会斡旋和两苏艰苦谈判，南苏丹石油恢复生产，设计生产能力可达36万桶。但是在"12.15冲突"爆发后，南苏丹石油产出跌至16万桶/天。

3. 成立投资管理局,提供政策保障

南苏丹投资管理局(SSIA)是苏丹南方政府于2009年按照投资促进法成立的投资促进部门,该局先后出台了多项投资保障措施和优惠激励政策。

【优先发展领域】

南苏丹国家经济发展规划重点领域包括:加强农业生产,改善和扩展道路基础设施,有效管理使用行业资源,提高畜牧生产,扩展和改善饮水和卫生基础设施。

改善基础设施以支持农业发展,使私营部门为主导的经济增长和可持续发展得到多元化,改善生活条件和减少贫困。主要举措包括:延伸和升级交通基础设施,尤其是道路;澄清有关的土地问题,保证获得土地及使用权;改善获得兽医服务、基本农具和投入以及市场的条件;确保使用部门发展拥有稳定、透明和持续性的政策和监管环境;深化和扩大金融服务。饮用水和卫生基础设施以及电气化,因其对减贫、成长和人类福祉的重要影响将受到重点关注。鉴于石油生产在该计划期和未来十年仍是政府收入和外汇的主要来源,要确保石油部门得到良好的管理。

该发展规划将提高农作物产量以及土地的覆盖面,不断提高谷类作物产量和全面提高其他主要粮食作物产量。

物价一览表　　　　　　表 4-20

序号	项目	单位	价格(含税价)	币种	备注
	当地劳动力(含社保)				
1	普通工人	人.月	80	美元	
2	技术工人	人.月	330	美元	
3	当地杂工	人.月	80	美元	
4	司机	人.月	100	美元	
5	保安	人.月	600/800	美元	无枪/有枪
6	厨师	人.月	1500	美元	
	当地办公生活费				
1	酒店费	人.天	80	美元	

续表

序号	项目	单位	价格（含税价）	币种	备注
2	餐费	人.餐	20	美元	
3	翻译费	人.月	5000	美元	月薪
4	租车费	辆.天	80	美元	
5	城市间交通费		600	美元	500km/飞机
6	租房费		3000	美元	月租金
7	网络费		1350	美元	包50个G
8	水费	t	35	美元	每吨
9	汽油价格	L	1	美元	每升
10	柴油价格	L	0.8	美元	每升
当地交通运输费					
1	车辆保险费	辆.车	500	美元	一年
2	车辆保养费	辆.次	300	美元	一次
3	车辆年检费（如有）	辆.次	80	美元	一年一次
4	集装箱（20）清关、提货、装卸及运至现场的全部费用		8000	美元	限重20t
5	集装箱（40）清关、提货、装卸及运至现场的全部费用		10000	美元	限重20t

资料来源：在南苏丹中资企业现场采集、《对外投资合作国别（地区）指南》（2018年版）。

部分资料来源

1 《对外投资合作国别（地区）指南》（2018年版）
2 世界银行，《2019年营商环境报告》
3 南苏丹，百度百科.[2018-12-25]
4 中华人民共和国驻南苏丹共和国大使馆经济商务参赞处网站 http://nsd.mofcom.gov.cn/
5 中华人民共和国驻南苏丹共和国大使馆 http://ss.chineseembassy.org/chn/
6 世界银行网站 http://www.worldbank.org/en/country/southsudan
7 South Sudan Overview，Worldbank.org，http://www.worldbank.org/en/country/southsudan/overview

8　Enterprise Survey 2016 http：//microdata.worldbank.org/index.php/catalog/2809

9　South Sudan –Impact Evaluation of the Entreprenant Status in South Sudan 2014-2016 http：//microdata.worldbank.org/index.php/catalog/2793

4.5.8　坦桑尼亚

本项目为援坦桑尼亚物资项目，我们的工作是对项目执行的全过程进行回顾与总结，将项目完成情况与预期目标进行对比分析，提供可靠有用的信息，总结经验教训，提出相应的对策建议，为提高援外政策、规划和项目的科学决策水平，改进和完善实施管理，提高援外资金使用效果。

2017年6月上旬，公司的项目负责人以及几位专家组成工作小组，赴坦桑尼亚进行项目实地调研工作，先后对驻坦使馆经商处、坦自然资源旅游部、Kibaha基地、Selous等相关部门以及物资售后服务企业进行走访调研，听取各方意见，对重点问题予以调查研究，并对物资使用人员进行问卷调研。

（一）基本国情

【国名】

坦桑尼亚联合共和国（The United Republic of Tanzania）。

【简称】

坦桑尼亚（Tanzania）。

【首都】

多多马（Dodoma）。

【面积】

94.5万平方公里。

【人口】

5395万（2017年）。

【主要民族】

苏库马人、尼亚姆维奇人、阿拉伯人。

【主要宗教】

伊斯兰教、天主教、基督新教。

【官方语言】

斯瓦希里语、英语。

【行政区划】

坦桑尼亚全国划分为31个省,其中大陆26个,桑给巴尔5个。全国现有133个县,其中大陆123个,桑给巴尔10个。达累斯萨拉姆既是全国最大的城市和港口,也是政治、经济和文化中心。

【地理位置】

坦桑尼亚位于非洲东部、赤道以南,北与肯尼亚和乌干达交界,南与赞比亚、马拉维、莫桑比克接壤,西与卢旺达、布隆迪为邻,东临印度洋。

【气候条件】

坦桑尼亚东部沿海地区和内陆的部分低地属热带草原气候,西部内陆高原属热带山地气候,大部分地区平均气温21~26℃。桑给巴尔的20多个岛屿属热带海洋性气候,终年湿热,年平均气温26℃。

【政治体制】

总统制共和制。

【经济概况】

坦桑尼亚经济以农牧业为主,结构单一、基础薄弱、发展水平低下,农业是坦桑尼亚的经济支柱,以种植业、养殖业、林业、渔业、牧业为主体。坦桑尼亚工业以农产品加工为主,产值约占国内生产总值的24.2%。旅游业和服务业均为坦桑尼亚稳定的收入来源。

【中坦关系】

中国于1961年12月9日与坦噶尼喀建交,1963年12月11日与桑给巴尔建交。1964年4月26日,坦噶尼喀与桑给巴尔联合,中国自然延续与二者的外交关系,将1964年4月26日联合日定为与坦桑尼亚联合共和国建交日。建交以来,两国关系友好密切,人员往来频繁。

(二)初步印象

【入境】

初到坦桑尼亚机场,需要排队填写入境卡,同时黑人工作人员会用流利的中文上前给你带来第一句问候"小黄本"。小黄本,即《疫苗接种或预防措施国际证书》,由于去坦桑尼亚需要接种黄热病疫苗,出国前一定要办理。坦桑尼亚支持落地签,但排队办理签证人员众多,有条件的可以国内办好签证,会节约很多时间。

【坦赞铁路】

提到坦桑尼亚,中国人引以为傲的便是坦赞铁路。坦赞铁路是一条贯通东非和中南非的交通大干线,是东非交通动脉。东起坦桑尼亚的达累斯萨拉姆,西迄赞比亚中部的卡皮里姆波希,全长1860.5km。坦赞铁路是中国最具代表性的援外项目,是迄今中国最大的援外成套项目之一,具有划时代的历史意义。时至今日,坦赞铁路仍被非洲人民亲切的称为"自由之路"、"友谊之路",被视为见证中非友好的不朽丰碑。周末的坦赞铁路始发站达累斯萨拉姆站由于周末不售票,火车站显得冷冷清清,少了往日的喧嚣。

图 4-61

【Selous】

除了坦赞铁路,坦桑尼亚另一个让世人皆知的便是它旅游胜地的身份。坦桑尼亚旅游资源极其丰富,同时也是野生动物的天堂,坦桑尼亚的野生动物数量达到了 400 万只,超过了非洲其他国家动物数量的总和。坦桑尼亚 Selous Game Reserve 便是野生动物的栖息所之一,Selous 保护区面积是塞伦盖蒂的四倍左右,是非洲最大的野生动物保护区。从达累斯萨拉姆需要搭乘飞机才能到达 Selous 保护区,在一棵大树下搭上草棚即成了 Selous 保护区的"候机楼",航空公司的联系方式钉在了树干上,跑道直接利用现有草地,这些标配也算是别具一格。

图 4-62

距离 Selous 保护区机场车程半小时的距离,是 Selous 保护区的 sable mountain lodge "酒店",酒店依山而建,极具非洲酒店特色,服务员也热情好客欢迎远道而来的朋友。在这里入住,远离城市的喧嚣,静静的感受大自然的亲近。

图 4-63

坦桑尼亚是联合国宣布的世界最不发达国家之一，经济落后，但整体社会治安状况较好，坦桑人对中国人较友善，可能大多数当地人觉得，中国人给他们提供了很多的工作机会，他们很珍惜。痛并快乐着，也许是长期在坦工作生活的华人最深刻的感悟，源于这份特别的经历，让那些在异国他乡奋斗的人们多了一份淡然和执着。

（三）营商环境

【总体情况】

坦桑尼亚自2017年起，营商环境便利度分数有较大提升，此后发展较为平稳，坦桑尼亚2019年营商环境便利度分数为53.63分，排名为144名，排名仍然较低。

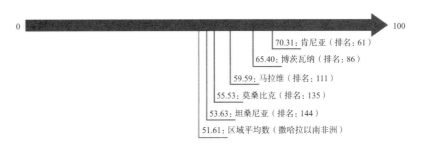

图4-64 营商环境便利度分数

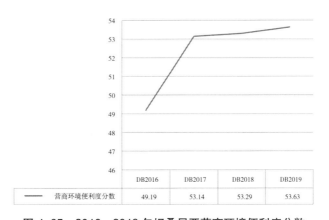

图4-65 2016—2019年坦桑尼亚营商环境便利度分数

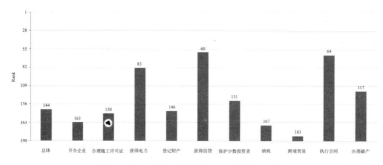

图 4-66 坦桑尼亚营商环境指标排名

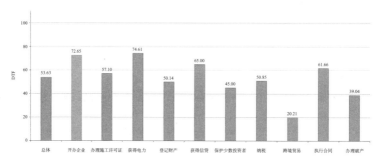

图 4-67 营商环境指标前沿距离分数

根据《2019年营商环境报告》,坦桑尼亚开办企业的营商环境便利度分数为 72.65 分,排名为 163 名,其中开办企业手续(数量)为 10 项,开办企业耗时(天数)为 27.5 天,开办企业成本(人均收入百分比)为 58.7,最低实缴资本(人均收入百分比)为 0.0。

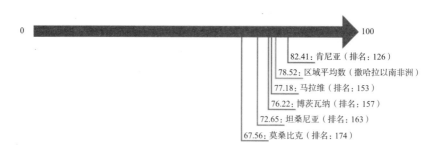

图 4-68 开办企业在坦桑尼亚和可比经济体中的排名和营商环境便利度分数

开办企业在坦桑尼亚和可比经济体中的分指标情况　　　　表 4-21

指标	坦桑尼亚	撒哈拉以南非洲	经合组织高收入经济体	总体表现最佳者
手续—男性（数量）	10	7.4	4.9	1（新西兰）
耗时—男性（天数）	27.5	23.3	9.3	0.5（新西兰）
成本—男性（人均收入百分比）	58.7	44.4	3.1	0.0（斯洛文尼亚）
手续—女性（数量）	10	7.6	4.9	1（新西兰）
耗时—女性（天数）	27.5	23.4	9.3	0.5（新西兰）
成本—女性（人均收入百分比）	58.7	44.4	3.1	0.0（斯洛文尼亚）
最低实缴资本（人均收入百分比）	0.0	10.0	8.6	0.0（117经济体）

数据来源：《2019年营商环境报告》。

【投资行业准入限制】

坦桑尼亚政府禁止的行业包括：（1）制造和加工迷幻药。（2）武器和军火。（3）砍伐木材、胶合板、合板以木材为主，使用原木作为原材料的行业需经旅游及自然资源部的批准。

坦桑尼亚政府限制的行业包括：（1）设立旅游、矿业企业，要求坦桑尼亚公民至少占有25%的股份。（2）从事药品生产的，要求必须与当地人共同经营。（3）从事海洋捕捞需要获得坦桑尼亚渔业部门许可。

【工程承包限制】

坦桑尼亚禁止外国承包商承包涉及国家安全，对社会、环境等带来严重影响的施工领域。外国承包商在坦桑尼亚经营其他工程项目时，必须到坦桑尼亚承包商注册协会（CRB）进行注册。

【土地使用限制】

国外投资者可通过以下途径获得土地：

（1）根据《土地法》第20条2款获得的衍生土地。

（2）向土地局局长申请土地占用权。

（3）从私人手中转租。

（4）从政府获取许可证。

（5）从其他持有土地占用权的人手中购买。

【劳工准入限制】

坦桑尼亚对外籍劳务无配额制度,但在坦桑尼亚长期工作和居住的外籍劳工,按照法律规定,须同时持有坦桑尼亚劳动部颁发的工作许可和移民局颁发的居住许可。

【对外国投资的优惠政策】

坦桑尼亚政府在农业及农产品加工业、出口导向型工业、制造业、采矿业、基础设施建设和能源投资、旅游及相关产业等给予外资部分优惠政策。如部分进口商品以及用于出口的商品和服务免缴增值税、投资于以上行业领域的资本货物免交进口关税、农业项目除建筑物外免征原材料和资本货物进口关税。但自2016年起,受新政府加强税收政策的影响,投资优惠政策有收紧的趋势。

【投资注意事项】

1. 客观评估投资环境

多年来,坦桑尼亚政局保持稳定,经济呈较高速发展态势,政府对于外商投资的态度是积极的,总体环境良好。坦桑尼亚政府近年来在国际货币基金组织和世界银行的支持下,执行经济调整计划,推行私有化,致力于营造良好的投资环境,并制定和出台了一些促进和保护投资的法律法规,按照市场经济要求保障企业合法权益。此外,坦桑尼亚还加入世界银行、外国投资保险组织、多边投资保护组织等机构,对保护外资做出了承诺。

2. 了解优惠政策

投资额在30万美元以上的外国独资或者合资企业可向坦桑尼亚投资中心申请办理"投资优惠证书",并享受诸多税收优惠政策。如果经济实力允许,建议境外公司注册资本为30万美元。

3. 关注政府重点吸引外资领域

政府重点吸引外资的最惠领域包括农业及农产品加工业、出口导向型工业、制造业、采矿业、基础设施建设和能源、旅游及相关产业。

4. 缴纳国家社会保障基金

所有在坦桑尼亚投资的商业企业均须向国家社会保障基金会(NSSF)申

请注册。拥有坦桑尼亚国籍者也不能免除。外籍雇员如果可以证明已经加入其他养老计划则可免除。支付比例为基本工资的10%。

5. 最低工资标准

从2011年底开始，坦桑尼亚劳动法规定城市政府所在地雇员、地区首府的各类雇员每月最低工资从8万先令提高到10万先令。

6. 外汇管制问题

坦桑尼亚已加入东非共同体，坦桑先令与肯尼亚及乌干达先令可自由兑换。当地贸易活动主要以美元作为支付和结算货币。坦桑尼亚银行的美元储蓄利率与国际标准利率相联系，各银行之间略有差异。外汇兑换相对简便和宽松，金融管理部门对外汇兑换业务持开放态度。

7. 投资贸易公司和零售商业的问题

近年来由于大量外国公司和个人到坦桑尼亚投资贸易公司和一般零售商业，对当地人的商业空间造成挤压。因此，坦桑尼亚移民局在为这类企业人员办理居住证时加大了审查力度，这类企业外国雇员不容易获得工作许可，从而造成企业已经开业经营数年，投资人却仍未获得合法工作许可的局面。

8. 中资企业或个人在投资中应该特别注意的事项

中资企业或个人在坦桑尼亚投资前应预先了解该国政治、经济、文化概况，充分考察项目经济和社会效益可行性。在投资过程中，尊重坦桑尼亚相关法律、政策和规定，特别是在获得经济效益的同时应积极履行企业社会责任，回报当地社会和民众，在投资项目建设过程中做好环境保护措施，尊重当地宗教信仰和不同民族的风俗习惯，与当地民众和谐相处。

（四）投资机会

1. 政治社会稳定

近年来，坦桑尼亚国内政局稳定，大力发展睦邻友好关系，是非洲国家少有的内政稳定的国家之一。坦桑尼亚共有126个部（种）族，从来没有发生过部族冲突；坦桑尼亚境内的基督教徒和伊斯兰教徒总体和睦；坦桑尼亚民主制度发展较为健全，被西方赞为非洲国家民主化的样板，政局发生动荡的可能性较小。

2. 自然资源丰富

坦桑尼亚有着丰富的农业、矿业以及旅游业资源。

农林渔业方面：坦桑尼亚拥有可耕地4400万公顷；拥有森林和林地面积共3350万公顷，其中8万公顷人工林场和1140万公顷天然森林可进行商业采伐；拥有6.4万平方公里的印度洋领海水域，22.3万平方公里的印度洋专属经济区水域以及5.8万平方公里的淡水湖面，海水和淡水捕捞的潜力巨大。

矿业方面：坦桑尼亚矿产资源丰富，现已查明的主要矿产包括黄金、金刚石、铁、镍、磷酸盐、煤以及各类宝石等，总量居非洲第5位。

旅游业方面：坦桑尼亚的旅游资源得天独厚，不仅拥有风光旖旎的坦噶尼喀湖、维多利亚湖、马尼亚拉湖和马拉维湖国家公园等景点，还拥有乞力马扎罗山、东非大裂谷等雄奇的自然景观以及塞伦盖蒂国家公园、米库米野生动物园等著名野生动物观赏区。

3. 投资环境相对完善

自1986年以来，坦桑尼亚政府在世界货币基金组织和世界银行的支持下，执行经济整改计划，推行私有化，致力于营造良好的投资环境，颁布了一些促进和保护投资的法律法规。坦桑尼亚政府在1997年、2002年分别出台新的《投资法》和《出口加工区法案》，为外来投资提供了较多优惠政策。外资企业到坦桑尼亚投资可以享受包括税收优惠、政策帮扶以及金融支持等多方面的优惠政策。

4. 地区辐射能力较强

坦桑尼亚地处非洲东海岸中部，地缘优势明显。作为东非共同体成员国之一，坦桑尼亚优越的地理位置是进一步向周边国家辐射的良好条件，因而投资坦桑尼亚市场有其战略意义。特别令人关注的是，坦桑尼亚已经与美国、欧盟等达成了开发市场的有关协定。因此，在坦桑尼亚投资所生产的产品，可以免关税，快捷地出口到美国、欧盟。

5. 具有潜力的投资领域

包括：制造业、农业、旅游业、基础设施、矿业。世界经济论坛《2016—2017年全球竞争力报告》显示，坦桑尼亚在全球最具竞争力的138个国家和地区中，排第116位。

物价一览表　　　　　　　　　　　表 4-22

序号	项目	单位	价格（含税价）	币种	备注
当地劳动力成本					
1	当地杂工	/人.月	200000	坦先令	
2	司机	/人.月	400000	坦先令	
3	保安	/人.月	600000	坦先令	
4	厨师	/人.月	300000	坦先令	
当地办公生活费					
1	翻译费	/人.天	150	美元	
2	卫星电视使用费	/年	50000	先令	
3	电费	/度	100/350	先令	75度以下/75度以上
4	水费	t	1130/12000	先令	市政供水/开车送水
5	汽油价格	/L	2270	先令	
6	柴油价格	/L	2070	先令	
当地交通运输费					
1	车辆保险费	/辆.年	2000	美元	
2	车辆保养费	/辆.年	2000000	先令	
3	车辆年检费	/辆.年	300000	先令	

资料来源：在坦桑尼亚中资企业现场采集、《对外投资合作国别（地区）指南》(2018年版)。

部分资料来源

1　《对外投资合作国别（地区）指南》(2018年版)

2　世界银行，《2019年营商环境报告》

3　坦桑尼亚，百度百科.[2018-12-26]

4　中华人民共和国驻坦桑尼亚联合共和国经济商务代表处 http://tz.mofcom.gov.cn/

5　中华人民共和国驻坦桑尼亚联合共和国大使馆 http://tz.china-embassy.org/chn/

6　世界银行网站 http://www.worldbank.org/en/country/tanzania

7　Tanzania Overview，Worldbank.org，http://www.worldbank.org/en/country/tanzania/overview

4.5.9 乍得

本项目为援乍得成套项目，我们的工作是对项目的前期工作、完成及运行情况进行后评估。2017年7月中下旬，公司的项目负责人以及几位专家组成工作小组，赴乍得进行项目实地调研。工作小组主要工作包括拜访中国驻乍得经商机构，乍得妇女、幼儿保护和国家团结部，乍得妇女培训中心协调委员会，就项目的运营管理等情况进行深入地沟通；访谈乍得中资企业、参观考察其他国家援建的成套项目，对乍方建设工程的相关情况进行了深入地了解和对比分析。

（一）基本国情

【国名】

乍得共和国（The Republic of Chad，La République du Tchad）。

【简称】

乍得（Chad）。

【首都】

恩贾梅纳（N'Djamena）。

【面积】

1284000平方公里。

【人口】

1445万人（2016年）。

【主要民族】

全国共有民族256个。北部、中部和东部居民主要是阿拉伯血统的柏柏尔族、瓦达伊族、图布族、巴吉尔米族等，约占全国人口的45%；南部和西南部的居民主要为萨拉族、马萨族、科托科族、蒙当族等，约占全国人口的55%。

【主要宗教】

居民中58%信奉伊斯兰教，18%信奉天主教，16%信奉基督教信教，4%信奉原始宗教。

【官方语言】

法语和阿拉伯语。

【行政区划】

根据 2018 年 5 月修改的新宪法，乍得全国划分为 17 个省，下辖市级行政单位。

【地理位置】

乍得是非洲中部的一个内陆国家，是世界上第 21 大的国家。位于非洲中北部，北接利比亚，东接苏丹，南接中非，西南与喀麦隆、尼日利亚为邻，西与尼日尔交界。

【气候条件】

北部属沙漠或半沙漠气候，中部属萨赫勒热带草原气候，南部属热带稀树草原气候，全年高温炎热。除北部高原山地外，大部分地区年平均气温 27℃以上，北部可达 29℃。

【政治体制】

总统制共和制。

【经济概况】

乍得是农牧业国家，经济落后，系世界最不发达国家之一。乍得是非洲四大产棉国之一和中非地区主要畜产国。农产品出口占据乍得出口的重要份额，主要出口农产品为棉花和阿拉伯胶。畜牧业约占乍得农业生产总值的 40%，占 GDP 的 18% 和出口的 30%，2000 年乍石油开发计划正式启动。2003 年 7 月，南部多巴油田顺利投产，西方加大对乍投资，乍得—喀麦隆输油管道开通，乍石油生产及出口能力骤增，经济一度高速增长。但受局势动荡和国际金融危机影响,经济增长放缓。2010 年以来,随着国内局势逐渐稳定，石油收入增加，经济有所好转。

【中乍关系】

1972 年 11 月 28 日，中国与乍得建交。1997 年 8 月 12 日，乍得政府违背中乍建交公报原则，中国政府宣布自 8 月 15 日起中止同乍得的外交关系。2006 年 8 月 6 日，中国与乍得恢复外交关系。复交以来两国关系取得了长足进展，双方高层互访频繁，在重大国际和地区事务中立场相近，在双方关心的重大利益问题上相互支持，各项经贸合作进展顺利。

（二）初步印象

在乍得恩贾梅纳机场内不能随意照相，如果被工作人员或安保发现的话会很难处理。另外乍得机场的工作人员会故意针对中国人，扣下护照，目的就是索要钱财，这时候可以拿出邀请函等文件解释说明，尽量不要"破财免灾"。同时，在拿行李的时候，不要让当地人帮你拿，否则会收费。总之，赴乍之前要了解当地的风俗习惯。

在乍得，宾馆、超市、葡萄酒厂等地方都设置了不同程度的安全检查，包括设置防撞障碍、排雷检查、安监系统等。乍得是一个比较动荡的国家，所以当地的安全防护工作做得特别仔细。即使是在相对稳定的时期，这些安检工作也是必不可少的。

乍得大部分建筑都是比较简易的低层建筑，以灰色和淡黄色为主，看上去比较单调和简陋。中国援建或者是中国企业建设的建筑为了符合当地风格，建筑造型也是比较简约，色调以灰色为主。但是中国建筑也保留了自己特有的风格，给人的整体感觉就是低调、大气，既可以展现我国的大国风范又与当地建筑相互匹配。每栋建筑的内部配套设备都非常好，建筑都配有车位、运动场等配套设施，使建筑功能更加完整。

图 4-69　中国援建建筑

中国援助的建筑功能性都比较强，主要是帮助当地人民提高生活水平等的功能。我们参观了一所由中国援建的学校，发现有学生正在上纺织课，大家都在认真的听讲，每个学生都配置一台纺织机和一些布料，大家可以边操作边学习。工作人员还向我们展示了学生的作品——一张地毯，说明学生们通过在这里的学习是可以真正的学到一些技术，并且可以运用到生活中的。

图4-70　纺织课

图4-71　学生作品

（三）营商环境

【总体情况】

2016年至今，乍得的营商环境便利度分值波动较大，根据世界银行公布的《2019年营商环境报告》，乍得营商环境便利度分数为39.36分，为近三年最高值，排名为181名，总体水平较低。

图4-72　营商环境便利度分数

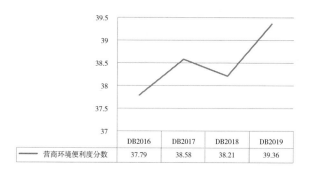

图 4-73　2016—2019 年乍得营商环境便利度分数

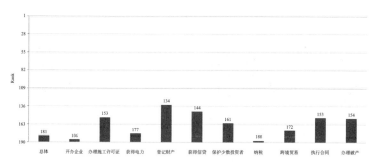

图 4-74　乍得营商环境指标排名

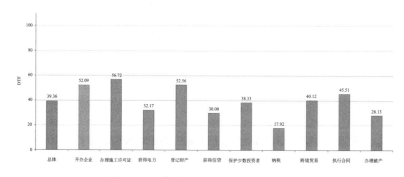

图 4-75　营商环境指标前沿距离分数

根据《2019 年营商环境报告》，乍得开办企业的营商环境便利度分数为 52.09 分，排名为 186 名，其中开办企业手续（数量）为 8 项，开办企业耗时（天数）为 58 天，开办企业成本（人均收入百分比）为 172.3，最低实缴资本（人均收入百分比）为 26.0。

乍得营商环境的排名，总体水平较差，其中获得信贷一项排名相对较高，为 144 名，而纳税仅为 188 名。不管是从法制化和便利化角度或者是企业生命周期角度来看，乍得均属于世界较低水平。

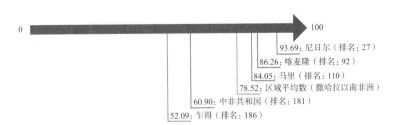

图 4-76　开办企业在乍得和可比经济体中的排名和营商环境便利度分数

开办企业在乍得和可比经济体中的分指标情况　　表 4-23

指标	乍得	撒哈拉以南非洲	经合组织高收入经济体	总体表现最佳者
手续—男性（数量）	8	7.4	4.9	1（新西兰）
耗时—男性（天数）	58	23.3	9.3	0.5（新西兰）
成本—男性（人均收入百分比）	172.3	44.4	3.1	0.0（斯洛文尼亚）
手续—女性（数量）	8	7.6	4.9	1（新西兰）
耗时—女性（天数）	58	23.4	9.3	0.5（新西兰）
成本—女性（人均收入百分比）	172.3	44.4	3.1	0.0（斯洛文尼亚）
最低实缴资本（人均收入百分比）	26.0	10.0	8.6	0.0（117 经济体）

数据来源：《2019 年营商环境报告》。

【投资行业准入限制】

乍得政府鼓励外国投资者在基础设施、电力、交通、教育、公共卫生、能源开发等领域进行投资，但根据乍得《投资法》规定，外资公司不能投资国家安全和战略工业。

【工程承包限制】

外国承包商在乍得承包工程需注册相应公司并获得许可。除业主或融资方有特别规定（如涉及国防等敏感工业），外国承包商在乍得可承包任何公开招标的工程项目，无禁止领域。

【土地使用限制】

乍得法律规定，任何已注册土地或建筑物转让给非乍得自然人或法人时，在不违反国际协议的情况下受到一定约束。实践中，外资企业与乍得私有土地所有人或国家达成土地购买意向后，即可向乍得土地和地产部提交相应材料、申请土地注册、支付购地款（包含各种税费和杂费等）、申领土地证。

【劳工准入限制】

乍得政府鼓励企业雇佣当地员工，外籍劳工要受到一定条件的限制。企业所雇佣的外籍劳工数量不得超过企业雇员总数的2%，但经隶属公职、劳动和就业部的国家就业促进局（ONAPE）批准后可有例外，雇佣外籍劳工需到ONAPE办理就业许可，且有效期不超过2年。

外国人在乍得经商需获得外商卡，外商卡有效期1年，可更换。

【对外国投资的优惠政策】

乍得政府为鼓励外商投资，制订了一系列税收优惠政策，包括企业运营第一个5年内免缴所得税、最低印花税、免营业执照费用，免房屋租用税以及建筑财产税。在整个协议阶段，企业可享受以下税务减免：变动资本中收入的预扣所得税，因公司加大资本投入、实物投资、合并、置办不动产所产生的所有登记费用、学徒税等。

【投资注意事项】

（1）政局变化风险和社会治安风险。乍得自独立以来，战乱不断，政局持续动荡，至2008年2月内战结束后，国内政局才趋于稳定。

（2）周边国家动荡不安，恐怖势力活动猖獗，影响乍得政经形势。

（3）乍得法律不健全，有法不依现象严重，行政效率低下，给投资者带来额外办事成本。

（4）乍得地处非洲腹地，交通不便，向周边国家延伸的可能性较小。基础设施条件差，土建成本高，投资软硬环境亟待改善。

（5）工业基础薄弱，物价高。

（四）投资机会

【农业、牧业、石油和矿产开发】

石油日产量 14 万桶，主要由美国、中国、英国等石油公司开发。除石油外，乍得其他矿产很少得到开发。迄今仅有 Kanem 地区的盐、Mayo Dallah 地区和 Léré 地区的黄金等少数矿产被手工开发。一方面是由于乍得矿业资源缺少详细的技术资料，另一方面是受地域、能源、运输和融资成本等因素的制约。

尽管矿业领域开发进展缓慢，但是仍具有巨大投资潜力。在 Aozou 地区的铀矿和锰矿开发潜力大。新近还发现多条多金属矿脉和黄金矿脉，充分证明乍得矿业资源特别是黄金资源丰富。

乍得是中部非洲地区主要畜产国，43% 的劳动力从事畜牧业。畜牧业约占乍得农业生产总值的 40%，占 GDP 的 18% 和对外出口的 30%。全国可耕地面积 5200 万公顷，仅开发不足 15%。乍得湖平原和南部地区是主要农业区。主要粮食作物有高粱、玉米和小米，还有少量稻米和小麦等，粮食大部分依赖进口。农村人口占全国人口的 70% 以上。主要经济作物为棉花，全国约 1/4 人口从事棉花种植，是世贸组织框架下非洲"棉花四国"之一。其他经济作物有烟草、花生、芝麻、甘蔗和阿拉伯树胶等。

乍得还是一个不为人了解的养殖业大国。主要家禽包括：牛、山羊、绵羊、骆驼、马、鸡。其中，牛主要有四个品种：Bororo、Bogolodji、Kouri 牛、阿拉伯牛。乍得是非洲第一大养马国，存栏数量超过 300 万。从法国殖民时代开始，乍得就推动马匹改良。乍得有多个马场，恩贾梅纳赛马场周日都会有赛马活动。

【工业】

主要为炼油业、农牧产品加工、手工业、建筑业、水利电力等。全国有 22 家棉花加工厂，总加工能力为 18.8 万 t。另有一些纺织、卷烟、面粉、饮料、制糖、农机制造等中小企业。乍电力供应不足，电价昂贵，全国仅 2% 的居民，首都仅 9% 的家庭能够用电。受电力不足和资金短缺等困扰，乍得工业发展困难较多。

【商业、交通、电信、金融等服务性行业】

20 世纪 80 年代以来，乍商业、交通、电信、金融等服务性行业逐步发展。

全国 20% 的人口从事服务业，主要集中于交通运输业和公共领域。

1. 公路基础设施

内陆国家，无铁路，主要靠公路运输。公路：总长 4 万 km，其中柏油路 1600km，多数公路仅能在旱季通行。

水运：主要集中于沙里河和洛贡河，内河航道总长 4830km，其中 2000km 河段能四季通航。出海须经喀麦隆杜阿拉港（距恩贾梅纳 1500km）或尼日利亚的哈科特港（距恩贾梅纳 1700km）转运。

空运：恩贾梅纳国际机场可起降波音 747 等大型飞机，通往欧洲及周边国家。

2. 电信和信息行业

通信业落后，费用高，覆盖率低。乍得电信公司（Soteltchad）垄断固定电话和国际长话业务。2000 年，"Anglo-Dutch MSI Mobicom（Celtel）"和"Egyptian Orascom"（Libertis）公司进入乍得移动通信市场，2004 年 Libertis 因未能偿税而倒闭。2005 年 10 月，瑞典移动电话公司 Millicom International Cellular（MIC）进入乍得市场并迅速扩展业务。

3. 银行和保险

随着石油开发不断推进，乍得财政收入逐年增加。但由于基础设施建设和民生投入加大，财政支出也较快上升。

货币发行受中部非洲国家银行（BEAC）掌控。金融市场不健全，贷款利率较高，居民储蓄率低。现有乍得发展银行（BDT）、乍得国际农业银行、乍得信贷银行（BTCD）、法国兴业银行乍得分行、子午线银行集团西非国家银行乍得分行（BMBT）、财政银行（FB）、苏丹商业银行乍得分行、乍得阿拉伯利比亚银行（BTAL）和萨赫勒—撒哈拉投资商业银行乍得分行等 9 家商业银行。

4. 旅游业

乍得气候多样，景色万千，地貌丰富，因此旅游资源丰富。主要有岩画、沙漠、绿洲、山川等。此外，乍得湖因为成千上万只水鸟和家禽而成为热门旅游景点。在靠近苏丹的沙漠地区，有多个野生动物园，如 Zakouma 和 Manda（分别由法国和欧盟资助建设）。在位于 BharAouk 地区的沙里河中段和南段，有多个狩猎场。

由于武装冲突频发，乍旅游业发展缓慢。在国际社会帮助下，各方已开展对话，冲突逐步得到解决，和平已成为发展大势。随着外国直接投资的增加，旅游业将获得较快发展，但其面临的制约因素（如交通、住宿等）仍不容忽视。

5. 房建和公共工程

随着石油基础设施工程逐渐完工，该领域对经济发展的贡献率出现下降。但是，鉴于未来石油收入的增多和国际发展援助方对基础设施领域（道路、供水、电力等）援助力度的加大，该领域也将重新进入发展的快车道。2009年1月和2月，恩贾梅纳启动了多项道路建设工程，带动了全国道路的发展。

在居住方面，乍得正从传统农村进入城镇化时代。和中非地区大部分国家一样，乍得主要城市的城镇化水平发展很快。但也面临交通不便、城市基础设施不足、住房短缺的问题。乍得已经利用石油出口收入，启动了建设社会住房、社会教育和城市基础设施等项目。

在住房方面，乍得在2006年启动了一个建设项目，对恩贾梅纳6000块地皮进行宜居治理，修建5000套社会住房，对多个城区进行整治，使低收入群体能够享受到住房和基本的基础设施。无论是城市还是农村，对教育（修建社会基础设施）和卫生（修整医院）的需求都很大，乍得应加大对这些项目的投入。

关于建筑材料，乍得境内的水泥全部从喀麦隆进口。由于缺乏竞争，水泥价格较高，标号325价格约10000中非法郎/袋（50kg）。由于在Doué区有石灰石资源，所以乍得在Pala利用中国优惠贷款建设了一个年产20万t水泥的水泥厂，已于2011年6月底建成。此外，在Mayo Dala地区，沙子、砾石、骨料和烧制砖头所需的黏土等多种建筑材料已在开发，另外乍得还有丰富的大理石资源。乍得政府希望开发丰富的地下矿产资源，减少进口建筑材料支出，降低建筑成本。

乍得境内的建筑公司，既有国际特别是欧洲公司，也有本地公司，包括Bouygues, Vinci（Sogea-Satom）, Lafarge和SNER。其他公司例如Schlumberger, Geyser等也参加国际和个人建筑招标。值得注意的是，乍得本地建筑公司迅速崛起，例如 SNER，公司数量也不断增长，目前达到 70 余家。多家本地企业也作为分包商参与了多巴至喀麦隆克里比（Kribi）的石油管道项目。

物价一览表　　　　　　　　　　　　　表 4-24

序号	项目	单位	价格（含税价）	币种	备注
当地劳动力成本					
1	普通工人	/人.月	100,000	中非法郎	
2	技术工人	/人.月	100000～300000	中非法郎	
3	司机		25	中非法郎	
4	保安		15	中非法郎	
当地办公生活费					
1	翻译费	/人.天	1500～2000	人民币	
2	网络费	/月	1000000	中非法郎	2m
3	卫星电视使用费	/年	160000	中非法郎	
4	电费	/度	125	中非法郎	工业用电
5	水费	/m³	200	中非法郎	15m³ 以内
6	柴油价格	/L	638	中非法郎	
7	房租	公寓	约 3000	美元	约 70m²
当地交通运输费					
1	车辆保险费	/辆.年	50000～200000	中非法郎	
2	车辆保养费	/辆.年	50000	中非法郎	

资料来源：在乍得中资企业现场采集、《对外投资合作国别（地区）指南》（2018 年版）。

部分资料来源

1　《对外投资合作国别（地区）指南》（2018 年版）

2　世界银行，《2019 年营商环境报告》

3　乍得，百度百科.[2018-12-27]

4　中华人民共和国驻乍得共和国大使馆经济商务参赞处网站
　　http://tchad.mofcom.gov.cn/

5 中华人民共和国驻乍得共和国大使馆 http://td.chineseembassy.org/chn/
6 世界银行网站 http://www.worldbank.org/en/country/chad
7 Chad Overview, Worldbank.org, http://www.worldbank.org/en/country/chad/overview

4.5.10 布隆迪

本项目为援布隆迪成套项目，我们的工作是对项目的可行性进行评估。2018年4月下旬，公司的项目负责人以及可研单位组成工作小组，赴布隆迪进行项目实地调研。工作小组主要工作包括拜访中国驻布隆迪经商机构及布隆迪主管机构，实地踏勘调研了解道路现状，确定适宜项目建设内容及投资规模。

（一）基本国情

【国名】

布隆迪共和国（The Republic of Burundi）。

【简称】

布隆迪（Burundi）。

【面积】

27834平方公里。

【首都】

布琼布拉（BUJUMBURA）。

【人口】

1121.5万（2016年）。

【主要民族】

胡图族、图西族和特瓦族。

【主要宗教】

天主教、基督新教、伊斯兰教。

【官方语言】

基隆迪语、法语。

【行政区划】

全国行政划分为1个直辖市（布琼布拉市）、17个省、129个县、2615个乡。

【地理位置】

布隆迪地处非洲中东部赤道南侧，北与卢旺达接壤，东、南与坦桑尼亚交界，西与刚果（金）为邻，西南濒坦噶尼喀湖。

【气候条件】

布隆迪属亚热带及热带气候。坦噶尼喀湖低地、西部河谷及东部均为热带草原气候；中西部属热带山地气候。

【政治体制】

总统制共和制。

【经济概况】

布隆迪属于低收入国家，为农牧业国家，是联合国宣布的世界最不发达国家之一，其发展经济的困难在于国家小，人口多，资源贫乏，无出海口。国家收入的70%来自农业，但农业基础设施落后，抵御自然灾害的能力低。主要的支柱产业为咖啡和茶，工业基础薄弱，在国民经济中居于第三位。

【中布关系】

1963年12月21日，中国与布隆迪建交。1965年1月29日布政府单方面宣布中断与中国的外交关系。1971年10月13日两国恢复外交关系。此后两国友好合作关系发展顺利。近年来，中布两国在联合国等国际场合为对方仗义执言，相互支持，政治互信水平不断提升。

（二）初步印象

"布隆迪位于非洲的'心脏'，是非洲中东部一个风景秀丽的山地国家，有绿色植被覆盖的绵延群山，有花团锦簇的热带风光。这里气候宜人，常年四季如春。"这是中国驻布隆迪大使馆经商处官网对布隆迪的评价，到了之后，才认识到，这些话并没有夸大，布隆迪可以称得上是非洲的"马尔代夫"。

走出机场，映入眼帘的就是郁郁葱葱的绿植以及仿佛近在眼前的蓝天白云。

图 4-77　布隆迪机场外广场

图 4-78　道路旁边种植的农作物

在布隆迪的大街上，我们经常能看见装饰得很漂亮的自行车，后来才了解到，在布隆迪"打车"打的就是"自行车"。由于自行车数量众多，而大多数道路没有配置人行车道、自行车道，所以布隆迪的道路是较为混乱的，汽车、自行车、摩托车和行人都挤在一起，因此，堵车是常发生的事情。

图 4-79　布隆迪的土路

图 4-80　路边的一辆"出租车"

布隆迪的居民大多以农务为生，自行车对于多数家庭而言是一个重要的家庭工具，在路上经常能看见在擦洗或者装备自行车的人，重视之情溢于言表。而没有自行车的也买不起车的人，多数是通过步行抵达目的地，当然也可以乘坐大众交通。

（三）营商环境

【总体情况】

布隆迪近几年营商环境便利度得分变化较小，根据世界银行公布的《2019年营商环境报告》，2019年布隆迪营商环境便利度分数为47.41分，较2018年提升0.73分，排名为168名，总体商业环境较落后。

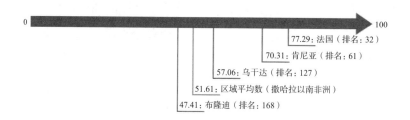

图 4-81　营商环境便利度分数

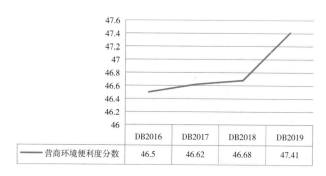

图 4-82　2016—2019 年布隆迪营商环境便利度分数

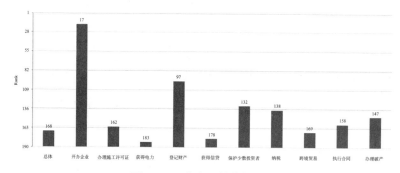

图 4-83　营商环境指标排名

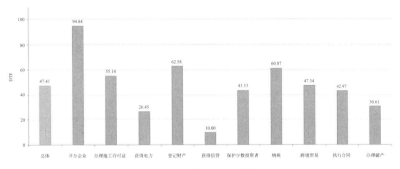

图 4-84 营商环境指标前沿距离分数

根据《2019年营商环境报告》，布隆迪开办企业的营商环境便利度分数为94.84分，排名为17名，其中开办企业手续（数量）为3项，开办企业耗时（天数）为4天，开办企业成本（人均收入百分比）为10.7，最低实缴资本（人均收入百分比）为0.0，整体表现较好。

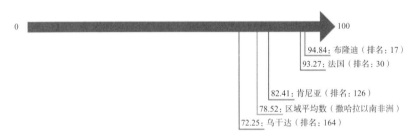

图 4-85 开办企业在布隆迪和可比经济体中的排名和营商环境便利度分数

开办企业在布隆迪和可比经济体中的分指标情况　　　　表 4-25

指标	布隆迪	撒哈拉以南非洲	经合组织高收入经济体	总体表现最佳者
手续—男性（数量）	3	7.4	4.9	1（新西兰）
耗时—男性（天数）	4	23.3	9.3	0.5（新西兰）
成本—男性（人均收入百分比）	10.7	44.4	3.1	0.0（斯洛文尼亚）
手续—女性（数量）	3	7.6	4.9	1（新西兰）
耗时—女性（天数）	4	23.4	9.3	0.5（新西兰）

续表

指标	布隆迪	撒哈拉以南非洲	经合组织高收入经济体	总体表现最佳者
成本—女性（人均收入百分比）	10.7	44.4	3.1	0.0（斯洛文尼亚）
最低实缴资本（人均收入百分比）	0.0	10.0	8.6	0.0（117经济体）

数据来源：《2019年营商环境报告》。

【投资行业准入限制】

按照布隆迪政府《投资法》规定，除兵器、弹药等军工厂外，布隆迪政府对外国投资的领域没有特别规定。重点鼓励外国公司来布隆迪进行基础设施、能源、工业、加工业、农业等领域的投资合作。

【工程承包限制】

布隆迪目前没有禁止外国承包商承包的领域，但特殊领域的承包需得到特殊部门的许可，如银行、外汇兑换领域需取得布隆迪中央银行特别许可，保险业需取得财政部特别许可。

【土地使用限制】

外国公民在符合布隆迪法律规定的情况下，可以自由买卖土地。目前布隆迪大量土地属于私人土地，向私人购买地产是永久性的，没有年限限制。

【劳工准入限制】

外国劳工在布隆迪开办企业，需在布隆迪出入境管理局办理2年以上(含2年)的长期居住证，不需要办工作证。办理居住证时，需缴纳150美元/人的居住签证费和1250美元的保证金，2年期满需另缴纳150美元进行居住证延期。

【对外国投资的优惠政策】

企业在布隆迪投资，可向布隆迪投资促进署（API）申请投资优惠证，并获得以下优惠政策：

（1）收购土地或不动产免征税。

（2）第一年投资额超过1亿布郎，并在布琼布拉市创造10个以上工作岗位，或第一年投资额超过5000万布郎，并在除首都外其他地区再创造5个工作岗位。满足以上条件的投资者可享受投资总额37%的税收减免。

（3）初级产品和设备享受进口零关税。

（4）投资额超过 5 亿布郎，享受进口减免 18% 的增值税。

（5）工作岗位在 50～200 个之间的企业享受所得税减免 2%，工作岗位在 200 个以上的企业享受所得税减免 5%。

【投资注意事项】

1. 客观评估投资环境

中国企业到布隆迪投资前，应着重对布隆迪安全形势、投资保护的法律法规、优惠政策、生产原材料、当地人员技术水平和工资、产品市场容量、年人均国内生产总值及收入、物价和消费水平等方面进行综合分析评估，选准投资行业和生产规模。

2. 适应法律环境的复杂性

布隆迪是个战后恢复重建的国家，各类法律、法规尚待健全。因此，企业在确定投资前，应到政府主管部门详细咨询了解相关政策和法律法规，规避风险。

3. 做好企业注册的充分准备

在申请注册企业前，应到当地政府主管部门咨询，按要求准备好注册所需的全部文件，避免走弯路。

4. 理性对待优惠政策

在布隆迪设立企业，应理性看待优惠政策，适当调整对优惠政策的期望值，以市场为导向、经济效益为核心，立足企业自身的发展潜能，充分核算税赋成本，有效控制工资成本。

5. 安全形势

近年来，发生多起当地匪徒对中资企业的袭击事件，中资企业须加倍警惕，重视防范，确保人身和财产的安全。2015 年 4 月，由总统"第三次"参选问题引发了政治危机，目前，虽然布隆迪大选结束并成立了新一届政府，但政治危机远没有结束，布隆迪政局复杂，社会动荡，安全形势恶化。虽然新一届政府力图稳定社会局势，安定民心，发展经济，但暗杀、袭警、爆炸等各种武装冲突不断，已造成 200 多人丧生，20 多万难民逃往邻国。在首都部分街区几乎每天都发生武装冲突和死亡事件。

（四）投资机会

1. 对外投资优惠的政策框架，布隆迪对外国投资的优惠政策繁多，其中主要体现在对不同体制的企业的优惠和对进入免税区企业的优惠两种。

2. 体制优惠政策，包括优先企业优惠政策、地方企业优惠政策、投资优惠政策三种。

3. 布隆迪为发展经济，鼓励外国公司或外国私营公司参与矿产资源开采。对在布投资勘探、开采及开发利用的外资企业给予25年的开采经营特许权，到期后可延长两次，每次10年。矿产开采所需的进口设备免征关税。开采所用水电费也有优惠。在对外贸易中，布隆迪共和国银行保证投资收益汇出；合同外币债务可用外币偿还，外国雇员的工资收入可自由汇出。在布做长期矿产投资的企业的利益不容侵犯。投资企业的产权转让或经营中止时，外国资本汇出不受限制。

4. 外国企业在特殊经济区域内创办的优惠政策。

物价一览表　　　　　　　　　　表4-26

序号	项目	单位	价格（含税价）	币种	备注
当地劳动力成本					
1	普通工人	月	80	美元	援布隆迪卡蒙盖手工业培训中心第十一期技术合作项目
2	技术工人	月	120	美元	
3	司机	月	200	美元	
4	保安	月	100	美元	
当地办公生活费					
1	网络费	月	200	美元	
2	卫星电视使用费	月	400	美元	
3	面粉	kg	2000	布法郎	
4	当地大米	kg	1700	布法郎	
5	牛肉	kg	6000	布法郎	
6	房屋租赁		2500~5000	美元	

续表

序号	项目	单位	价格（含税价）	币种	备注
7	房屋转让		10 万 ~ 15 万	美元	占地面积 250m²，内建三居室
8	四季豆	kg	1500	布法郎	
9	当地啤酒	瓶	1400	布法郎	
10	汽油 / 柴油	L	2100	布法郎	
11	电价	kW·h	73	布法郎	家庭生活用电 0 ~ 100kW
		kW·h	138	布法郎	家庭生活用电 101 ~ 300kW
		kW·h	260	布法郎	家庭生活用电 300kW 以上
		kW·h	93	布法郎	工商企业用电 0 ~ 200kW
		kW·h	149	布法郎	工商企业用电 201 ~ 500kW
		kW·h	190	布法郎	工商企业用电 500kW 以上
		kW·h	149	布法郎	国家机关用电
12	水价	m³	315	布法郎	民用水 0 ~ 20 m³
13		m³	613	布法郎	民用水 21 ~ 40 m³
14		m³	802	布法郎	民用水 41 m³ 以上部分
15		m³	609	布法郎	商业和工业用水
16		m³	613	布法郎	国家机关用水
17	土地	m²	80 ~ 100	美元	首都市中心地段的私人土地（有地产证）
当地交通运输费						
1	车辆保险费	年.辆	200	美元	援布隆迪医院第二期技术合作项目
2	车辆保养费	次.辆	400	美元	
3	车辆年检费	年.辆	100	美元	

部分资料来源

1 《对外投资合作国别（地区）指南》（2018 年版）

2 世界银行，《2019 年营商环境报告》

3 布隆迪，百度百科 .[2018-12-27]

4 中华人民共和国驻布隆迪共和国大使馆经济商务参赞处网站
   http://bi.mofcom.gov.cn/

5 中华人民共和国驻布隆迪共和国大使馆 http://bi.chineseembassy.org/chn/

6 世界银行网站 http://www.worldbank.org/en/country/burundi

7 Burundi Overview, Worldbank.org, http://www.worldbank.org/en/country/burundi/overview

4.5.11 毛里塔尼亚

本项目为援毛里塔尼亚成套项目，我们的工作是对项目的前期工作、完成及运行情况进行后评估。2017年7月中下旬，公司的项目负责人以及几位专家组成工作小组，赴毛里塔尼亚进行项目实地调研。工作小组主要工作包括拜访中国驻毛里塔尼亚经商机构、毛里塔尼亚海关总署、毛里塔尼亚两海关分署，并就物资的使用效果、实施企业的技术培训以及售后等情况进行深入地沟通。

（一）基本国情

【国名】

毛里塔尼亚伊斯兰共和国（The Islamic Republic of Mauritania）。

【面积】

103.07万平方公里，海岸线全长700km，国土面积世界排名第28名。

【人口】

截止2016年底全国总人口430万人，属多民族国家，总体上分为摩尔族和黑非民族（非洲黑人）两大类，其中摩尔人和黑人各占30%，具有阿拉伯文化语言传统的哈拉廷人占40%。主要部族是图库勒族、颇尔族、索尼盖族、乌洛夫族和班巴拉族。

【首都】

努瓦克肖特，人口87万（2012年），是政治、文化、商业、金融中心。7~10月较为炎热，气温26~40℃，11月以后，至来年春季，气温较为凉爽，温度13~28℃，温差较大。每年9至12月多风沙天气，盐蚀比较严重。

【重要节日】

毛里塔尼亚有8个法定假日：元旦、开斋节、宰牲节、伊斯兰历新年、五一国际劳动节、非统组织成立纪念日、国庆节。

【行政区划】

全国共划分为 13 个省，53 个县，人口较多的县下设行政区，全国共有 33 个行政区，216 个村镇。省长、县长和区长由政府任命，镇长由选民产生。

【简况】

毛里塔尼亚地处北纬 15～27 度之间，位于非洲西北部，西濒大西洋，北部与西撒哈拉和阿尔及利亚接壤，东南部与马里为邻，南与塞内加尔相望。全境地势平坦，只有中北部地势较高，有 2/3 的地区是沙漠，大部分地区是海拔 300m 左右的低高原，东南边境和沿海地区为平原。西北部地区属热带沙漠性气候，高温少雨，年平均气温 30～35℃，年降雨量 100mm 以下，土壤干燥多沙石、植物稀少；南部塞内加尔河流域为热带草原气候，年平均气温 30℃，年降雨量 250～650mm。

官方语言为阿拉伯语，法语为通用语言。民族语言有哈桑语、布拉尔语、索尼盖语和乌洛夫语。96% 的居民信奉伊斯兰教（国教）。在塞内加尔河沿岸地区还有一些居民信奉传统宗教。伊斯兰教的领袖对政府有一定的影响，但政、教分开，宗教人士不参与政府事务。毛里塔尼亚是一个多民族国家，总体上可以分为摩尔族和黑非民族两大类。毛里塔尼亚公立大、中、小学校实行免费教育。教学实行阿拉伯语和法语双语制。数学、物理等科目用法语教学。卫生条件简陋，缺医少药。主要流行的疾病有腹泻、结核、疟疾、急性呼吸道疾病、病毒性肝炎、血吸虫病等。夏季 7～10 月为雨季，蚊蝇较多，是疾病高发期。

【经济概况】

毛里塔尼亚属于中低等收入国家，由于基础差，自然条件制约，以及政局多变等原因，被联合国定为世界最不发达国家之一。农业生产落后，粮食不能自给，需求的三分之二靠进口和国际社会的援助；经济结构单一，基础薄弱，铁矿业和渔业是国民经济的两大支柱，外援在国家发展中起着重要作用。

由于缺少能源，毛里塔尼亚 50% 家庭用木柴烧饭，其中农村的这一比例达 76%，从而使为数不多的森林资源也面临着被砍伐、毁灭的危险；旅游业由于缺少投资，基础设施简陋，旅游文化水平不高，专业人员缺乏，政局不安定等原因，发展缓慢。毛里塔尼亚政府鼓励发展中小型企业和手工业，推动工业布局覆盖各省；吸引外资并鼓励私人投资，大兴基础设施建设，但国内市场狭小，需求不旺，投资有限，工业发展缓慢。

【中毛关系】

中国与其1965年7月19日建交。建交以来，无论毛里塔尼亚政权如何更迭，毛里塔尼亚始终对华友好，在重大国际问题上同中国保持一致或观点相近，是中国在非洲全天候的朋友。

（二）初步印象

印象词一：沙漠

进入毛里塔尼亚境内以后，在飞机上就能看见漫天的沙漠，犹如传说中的楼兰古国，黄沙漫漫，看不见一丝绿色。

图 4-86　飞机上俯瞰毛里塔尼亚

图 4-87　黄沙来袭时的港口

印象词二：虔诚

毛里塔尼亚是非洲大陆的第一个伊斯兰共和国，除了南部塞内加尔河沿岸一带少数居民信仰当地传统宗教以外，96%的居民都是虔诚的伊斯兰教教徒，每天定时祷告五次，从不延误。

印象词三：热情

由于资源紧张，所以当地的物价对于居民而言并不低，贫富差距也很明显。首都大街上，高楼大厦旁边就到处是用三根木棍搭建的简易帐篷，很多人就住在这样的帐篷里，但这并不妨碍他们对宗教的信仰和对生活的热情，所到住处见到的民众大部分都是微笑,并且会主动和我们打招呼,少部分的人还会说"你好"等简单的中国话。

图 4-88　大街上贩卖的面包

图 4-89　卖鱼的热情小哥

印象词四：差异

到了毛里塔尼亚以后才发现这里也是分"南方""北方"的,我们在首都地区鲜少能看见绿植,而到了北部号称为"经济首都"的努瓦迪布,则是完全不一样的景致。努瓦迪布地处毛里塔尼亚的最北端,纬度较高,加之为大西洋所环绕,气候温和,每天温度基本在 19～20℃,十分宜人。大部分的华人聚集于此从事渔业等相关工作,中国在毛里塔尼亚最大的企业——宏东（国际）渔业有限公司就在此地,努瓦迪布还有许多迷人的海滩、众多美丽的海鸟、异常丰富的鱼类资源,因为地处加拉利寒流与赤道暖流的交汇处,适宜各种鱼类生存,是世界著名的三大渔场之一。加之距离欧洲很近、对华友好、享有免税等许多优惠政策,可以说,努瓦迪布真是一个投资渔业、渔产品加工的好地方。

（三）营商环境

【毛里塔尼亚前沿距离分数】

前沿距离分数（DTF）显示每个经济体与"前沿水平"的距离,它代表自 2005 年以来每个指标在《营商环境报告》样本的所有经济体中观察到的最佳表现。经济体与前沿水平的距离反映在 0~100 的区间里,其中 0 代表最差表现,100 代表前沿水平。营商便利度排名范围为 1~190。毛里塔尼亚的 DTF

为 50.88 分，排名为 150 名，总体水平较低。

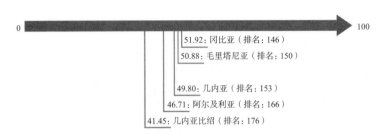

图 4-90 《2018 年营商环境报告》前沿距离分数（DTF）

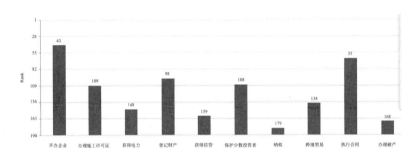

图 4-91 毛里塔尼亚营商环境指标排名

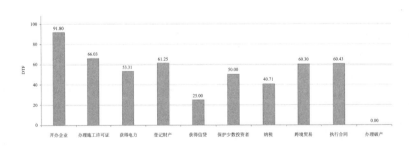

图 4-92 营商环境指标前沿距离分数

根据毛里塔尼亚营商环境的排名，总体水平较差，其中获得信贷前沿距离分数较低，拉低了毛里塔尼亚营商环境排名；开办企业和办理施工许可证较为方便。

2014年9月~2015年2月共调查了毛里塔尼亚的150个企业的企业主和高管,150家企业中,制造业为98家,服务业52家;小型企业63家、中型企业62家、大型企业25家;努瓦克肖特90家、努瓦迪布60家《企业调查——毛里塔尼亚(2014年)》❶。

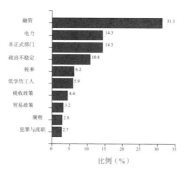

图 4-93

150家企业的企业主和高管中,认为经商环境最大的阻碍分别是融资(31.3%)、电力(14.3%)、非正式部门(14.3%)、政治不稳定(10.8%)、税率(6.2%)、低学历工人(5.9%)、税收政策(4.4%)、贸易政策(3.2%)、腐败(2.8%)、犯罪与渎职(2.7%)。

【毛里塔尼亚赋税】

毛里塔尼亚实行全国统一的税收制度,外国公司和外国人与毛里塔尼亚的法人和自然人同等纳税。

表 4-27

税种	税率	备注
营业税	150万乌吉亚	年营业额超过6亿乌吉亚时
增值税	14%	本期工程结算额×14%减去本期抵扣额(进项税抵扣)
最低工程承包税	2.5%	

❶ http://www.enterprisesurveys.org/data/exploreeconomies/2014/mauritania.

续表

税种	税率	备注
个人所得税	0%	30000 以下
	15%	30001～40000 应纳税额=（税前收入－社保个人部分－30000）×15%
	30%	40001～70000 应纳税额=（税前收入－社保个人部分－30000）×30%－6000
	30%	70000 以上 应纳税额=（税前收入－700－30000）×30%－6000
社保个人部分	1%	税前收入，当收入大于 7 万乌吉亚时，社保个人部分固定最大金额为 700 乌吉亚
社会福利费		计入外帐的个人工资数额，雇主承担部分为 13%，工人个人承担部分为 1%（可作为个税税前抵扣），雇主承担的劳动医保为 1%
学徒税	0.6%	按照本年人工成本基数
企业所得税	25%	本年企业利润总额为基数
房租收益税	10%	是房东负担的税费，租房时应予以明确
工商利润税	25%	不满 100 乌吉亚的应纳税净利润可略去
地产所得税	10%	年收益额度在 60000 乌吉亚以下的可免征此税

【面临的挑战】

1. 毛里塔尼亚经济主要是"提取和出口"，经济模式单一，就业率较低。其含有丰富多样的矿产资源，但吸引私人投资方面的挫折、铁矿石上市公司的业绩不佳以及相对低的收入限制了国家资源财富的最优和可持续利用，即使是最有利的前景国内大多数大型采掘业也创造了不成比例的就业机会。

2. 能否充分发挥毛里塔尼亚最大的非提取性自然资源在畜牧业和渔业中的潜力。

3. 毛里塔尼亚的城市化率是非洲大陆第二高，城市中心的快速扩张，对规划和提供服务方面提出了严峻的挑战，同时干旱也严重影响农村和游牧人口进入城市。城市中心具有非正式性、基础设施差、服务覆盖面差、自雇和人力资本弱等特点，既不利于吸引私营部门投资，也不利于创造更高的发展环境，如信息服务与第三产业。

4. 毛里塔尼亚的投资环境不是十分理想，主要表现在：经济基础落后、办事花费时间长、法制不健全、市场不规范、电信电力成本高等，公司需对上述不利因素有所了解和准备。

【注意事项】

2015年透明国际清廉指数显示，在168个国家和地区排名中，毛里塔尼亚排名第112位。根据毛里塔尼亚法律规定，行贿或受贿都是犯罪行为，同样受到法律制裁。因此，在毛里塔尼亚开展业务时，要合法经营。中国企业在毛里塔尼亚开展业务时，应着重促进当地就业，多雇用本地员工。平时应注意与当地同行企业沟通与交流，加强与所属当地行业协会的联系，讲行规、讲道义，合理合法开展竞争。资源类企业应遵守当地法律和行业指导意见，增强可持续发展观念。企业要有大局观念，自觉维护国家形象，与当地企业和谐相处，有序竞争。

（四）投资机会

1. 毛里塔尼亚是世界最不发达国家之一，经济基础薄弱，几乎没有像样的现代工业企业。

2. 毛里塔尼亚的投资吸引力主要表现在：政局相对稳定；鼓励投资的领域较多，投资者选择余地较大；与欧盟签有特别协议，可享受优惠待遇；对中国友好。

3. 为更好地吸引外资、改善投资环境，毛里塔尼亚在努瓦迪布创办了免税区。为保证边境与内陆安全在港口、公路、能源、电力、通信等基础设施方面做了大量工作。为推动投资便利化，毛里塔尼亚还出台了相应法律并创建一条龙服务窗口，为吸引投资创造更好的条件。

4. 世界银行公布的《2018年营商环境报告》排名中，毛里塔尼亚在190个国家/地区中排名150。

物价一览表 表 4-28

序号	项目	单位	价格（含税价）	币种	备注
人员费用					
1	工长	月/人	120000	乌吉亚	
2	技工	月/人	100000	乌吉亚	
3	司机	月/人	60000	乌吉亚	
4	普通小工	月/人	50000	乌吉亚	
5	普通公务员		40000 ~ 100000	乌吉亚	
6	高级技术人才		100000 ~ 300000	乌吉亚	
当地生活费					
1	水	/t	0.36 ~ 1.00	美元	
2	电	/度	0.11 ~ 0.13	美元	
3	气	/L	0.42	美元	
4	汽油	/L	1.4	美元	
5	散装进口米	/kg	0.75	美元	
6	食用油	/L	2	美元	
7	骆驼肉	/kg	4	美元	
8	香蕉	/kg	2	美元	
9	西红柿	/kg	1	美元	
10	面粉	/kg	0.60	美元	
11	带骨牛肉	/kg	4	美元	
12	羊肉	/kg	4	美元	
13	土豆	/kg	0.75	美元	
14	洋葱	/kg	0.80	美元	
15	酒店	/晚	150	美元	
16	旅馆	/晚	100	美元	
17	餐厅	/餐.人	15 ~ 20	美元	
当地交通费					
1	租车	/天	100 ~ 200	美元	
2	二手车	/车	10000	美元	
土地及房屋					
1	土地	/m^2	100	美元	

续表

序号	项目	单位	价格（含税价）	币种	备注
2	办公楼	/m². 月	20	美元	租金
3	住宅楼（别墅）	/栋.月	4000	美元	3000m² 租金
4	住宅楼（别墅）	/栋.月	400	美元	300m² 租金

部分资料来源

1　《对外投资合作国别（地区）指南》（2017 年版）
2　360 百科 https://baike.so.com/doc/1919465-2030721.html
3　中华人民共和国驻毛里塔尼亚伊斯兰共和国大使馆经济商务参赞处网站 http://mr.mofcom.gov.cn/
4　中华人民共和国驻毛里塔尼亚伊斯兰共和国大使馆 https://www.fmprc.gov.cn/web/zwjg_674741/zwsg_674743/fz_674747/t3261.shtml
5　世界银行官网 -Mauritania overviewhttps://www.worldbank.org/en/country/ mauritania/overview
6　毛里塔尼亚营商环境 Doing Business 2018 Mauritania-World Bank Group
7　Enterprise Survey http://microdata.worldbank.org/index.php/catalog/2809

4.5.12　科摩罗

因承接了援科摩罗某技术援助项目的后评估任务，国信公司工作团队有幸于 2017 年 8 月踏足了一个鲜有人知的东非国家——科摩罗。科摩罗在阿拉伯语中意为"月亮"，故素有"月亮国"之称。这个人口不足 100 万的印度洋小岛国，自然风光秀丽，但经济基础较为薄弱。

（一）基本国情

【国名】

科摩罗联盟（Union of Comoros）。

【简称】

科摩罗（Comoros）。

【首都】

莫罗尼（Moroni）。

【面积】

2236平方公里（包括马约特岛）。

【人口】

80万（2016年）。

【主要民族】

阿拉伯人后裔、卡夫族、马高尼族、乌阿马查族和萨卡拉瓦族。

【主要宗教】

伊斯兰教。

【官方语言】

科摩罗语、法语和阿拉伯语。

【行政区划】

3省（大科摩罗岛、昂儒昂岛和莫埃利岛）、15县、24个乡，马约特岛现被法国占领和控制。

【地理位置】

科摩罗是印度洋岛国，位于非洲东南莫桑比克海峡北端入口处，东、西距马达加斯加和莫桑比克各约500km，距坦桑尼亚670km。

【气候条件】

科摩罗群岛是一组火山岛群，岛上大部分为山地，地势崎岖，广布森林，属热带雨林气候,终年湿热。全年可分为旱季和雨季两个季节,旱季6~10月，平均气温19~27℃，雨季11月~次年5月，平均气温24~31℃。

【政治体制】

联邦制。

【经济概况】

科摩罗属世界最不发达国家和重债贫困国家之一。经济以农业为主,香草、丁香、鹰爪兰等香料产量居世界前列，有"香料岛"之称；工业基础脆弱，严重依赖外援;渔业资源和旅游资源丰富，海岛风光秀美，伊斯兰文化引人入胜。

【中科关系】

科摩罗于 1975 年 11 月 13 日与中国建交。中国始终支持科摩罗经济建设进程,在经济、社会、卫生、能源、通信、广播电视、交通运输和教育培训等领域开展了大量卓有成效的项目。近年来双边关系发展顺利。中、科两国相互信任、平等互利的友好合作关系取得新进展。

(二)初步印象

【依兰依兰】

香料是科摩罗主要的出口创汇产品,其中最出名的莫过于依兰依兰,是诸多名贵香水的重要香料。据说如果在其他国家买这种花的精油,价格会是科摩罗的 5 ~ 10 倍。

图 4-94 依兰依兰花

【热情好客的当地居民】

绝大多数的非洲人民都是热情好客的、质朴而美丽的。大科摩罗岛上,科方的技术负责人邀请我们到他家里小坐,全家人都非常热情,开心地与我们合影,温暖瞬间涌上心头。

图 4-95 调研组在民居内合影

（三）营商环境

【总体情况】

根据世界银行公布的《2019年营商环境报告》[1]，科摩罗营商环境便利度分数为48.66分，排名为164名；与2016—2017年相比，科摩罗营商环境便利度分数有小幅提高（+0.04），但排名退后了6名，表明总体商业环境虽有所改善但经济体地位仍然较低。

图4-96 营商环境便利度分数

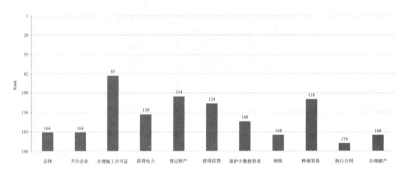

图4-97 营商环境指标排名

根据《2019年营商环境报告》，科摩罗开办企业的营商环境便利度分数为72.25分，排名为164名，其中开办企业手续（数量）为9项，开办企业耗时（天数）为16天，开办企业成本（人均收入百分比）为82.5，最低实缴资本（人均收入百分比）为28.5。

---

[1] 营商环境便利度排名截止日期是2018年5月1日，并且基于每个经济体在营商环境报告所包括的10个指标的便利度得分的平均值。

第4章 典型国家营商环境分析 267

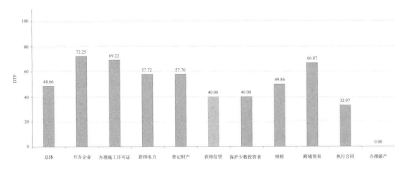

图 4-98 营商环境指标前沿距离分数

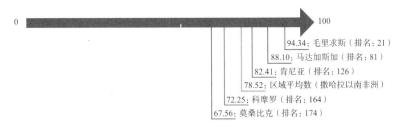

图 4-99 开办企业在科摩罗和可比经济体中的排名和营商环境便利度分数

开办企业在科摩罗和可比经济体中的分指标情况　　表 4-29

指标	科摩罗	撒哈拉以南非洲	经合组织高收入经济体	总体表现最佳者
手续—男性（数量）	9	7.4	4.9	1（新西兰）
耗时—男性（天数）	16	23.3	9.3	0.5（新西兰）
成本—男性（人均收入百分比）	82.5	44.4	3.1	0.0（斯洛文尼亚）
手续—女性（数量）	9	7.6	4.9	1（新西兰）
耗时—女性（天数）	16	23.4	9.3	0.5（新西兰）
成本—女性（人均收入百分比）	82.5	44.4	3.1	0.0（斯洛文尼亚）
最低实缴资本（人均收入百分比）	28.5	10.0	8.6	0.0（117 经济体）

数据来源：《2019 年营商环境报告》。

【投资行业准入限制】

除投资生产酒类等项目外，对外国企业和个人在科摩罗投资没有限制。但开设银行、移动通信公司、航空公司需要行业主管部门特批、发放经营许可。

【工程承包限制】

外国承包商可承包科摩罗政府、企业和个人发包的任何工程项目,但必须在科摩罗登记注册,并经科摩罗有关部门认定企业资质后,方可承包。

【土地使用限制】

科摩罗未颁布土地法。根据科摩罗《投资法》等现行法律规定,凡在科投资的外国公司或个人均有权购买土地。所购土地可永久使用,国家法律予以保护。在科摩罗政府优先发展的领域投资,如开办银行,建设酒店、开发和利用渔业和地热资源等,政府可以免费提供土地归其使用;除购买土地外,外国公司也可租用土地,租期年限为99年,租用土地价格一般由双方自行协商确定。由于1977年火灾,科摩罗所有地籍册已付之一炬,建议审慎进行土地买卖操作,以租赁为宜。

【劳工准入限制】

根据科摩罗《劳动法》规定,在科摩罗投资的外国公司可以招聘或派遣本国人来科工作,也可以雇佣当地人。科摩罗政府原则上希望外国公司尽可能多雇佣当地员工,但对外国员工没有配额限制,外国人在当地办理工作签证就可以工作,工作签证有效期2年,每年延期1次,每次延期1年。对来科工作的外国公司雇佣人员,科摩罗政府将视投资项目和投资额,予以免除其入境签证费(30欧元/人/次)和居留签证费(244欧元/年/人)的待遇。科摩罗国家投资促进署通过"一站式窗口"服务,协助外国公司办理有关入境和居留手册。

【对外国投资的优惠政策】

科摩罗《投资法》对外国投资的优惠政策进行了规定。对在农业、渔业、畜牧业、养殖业、旅游、信息和新技术领域的投资给予免除捐税待遇,免税期分为7年(投资额在1万~20万欧元)和10年(超过20万欧元)两个档期。科政府对投资实业的企业购买土地也有一些优惠政策及鼓励措施。

对投资超过3万美元(1000万科法郎)以上,雇佣5名当地员工的外资企业,可免除印花税、土地和厂房的转让税;免除企业用于建厂的进口建筑材料、机械设备、工具等的消费税;免除2年的营业税;免除进口原材料(包括产品包装材料）的消费税（根据行业和投资额，科政府还可以给予投资企业更优惠的政策）。

科政府鼓励外国企业在科摩罗投资开办独资企业并积极推动国有企业的私有化进程，鼓励外国企业并购、投资参股改造国有企业，如水电公司、电信公司等。

科摩罗联盟和各自治岛政府对向山区及不发达地区的投资给予鼓励优惠政策，包括减免进口设备的关税、用地赋税等政策。

【投资注意事项】

1. 世界金融市场动荡，虽然科摩罗法郎与欧元实行固定汇率，但欧元与美元汇率的波动会直接影响科法郎的汇率变化，企业应注意汇率风险。

2. 赴科摩罗前，企业应做好市场调研工作，了解科现行法律、法规对拟投资领域的相关规定，避免因盲目投资造成不必要的损失。

3. 科摩罗的地理气候环境导致该国发生传染病的几率较高，但医疗卫生设施较落后。此外，科摩罗系岛国，运输困难，供应匮乏，饮用水不好，常年不定时停水、停电，对人员工作和身体健康都有较大影响，企业和相关人员应关注科摩罗社会事务部国家卫生总局发布的有关传染病医疗方面的信息，注意卫生和健康安全。

4. 科摩罗政府机构工作效率较低，企业应做好工作的组织和安排。

5. 企业应密切关注科摩罗的政局发展，加强安全防范，遇紧急情况及时与中国驻科使馆联系。

6. 企业应积极利用保险、担保、银行等保险金融机构和其他专业风险管理机构的相关业务保障自身利益。如果在没有有效风险规避情况下发生了风险损失，也要根据损失情况尽快通过自身或相关手段追偿损失。

（四）投资机会

科摩罗在农业、食品加工、畜牧和养殖业、渔业、清洁能源开发等方面具有一定的开发前景。

1. 科摩罗农业较落后，农产品品种单一，粮食、蔬菜价格高，不能自给自足，主要依靠进口。科摩罗是香草、丁香等香料传统产地，独特的土壤、日照、降雨等海岛气候条件适合香料作物生长，使其出产的香料品质优良，在国际市场享有盛名。科摩罗缺乏农业技术和灌溉等配套设施，且尚有大片荒地未开发，适合种植开发粮食作物和具有高附加值的经济作物。

2.科摩罗畜牧和养殖业不发达，鸡蛋、肉类、牛奶等长期供不应求，依赖进口，价格昂贵。因此在畜牧、家禽饲养等产业方面也有投资机会。

3.科摩罗渔业资源较为丰富，但由于落后的捕捞技术和工具，仅能近海作业，捕鱼量不能满足国内需要，因此渔业领域存在增长潜力。

4.科摩罗能源不足，基础设施落后，当地各岛电力供应一直紧张，柴油发电价格昂贵。利用火山地热资源、太阳能发电具有发展前景。

物价一览表   表4-30

序号	项目	单位	价格（含税价）	币种	备注
当地劳动力成本（不含社保）					
1	普通工人	人.月	150~200	美元	社保为工资总额的 2%~5%
2	技术工人	人.月	200~300	美元	
3	司机	人.月	200	美元	
4	工程机械手	人.月	300	美元	
当地办公生活费					
1	水费	m³	220	科摩罗法郎	市政供水
		t	8000	科摩罗法郎	市场购生活用水
2	电费	度	132	科摩罗法郎	
3	煤气费	罐	27.6	美元	9kg
4	汽油价格	L	600	科摩罗法郎	
5	柴油价格	L	450	科摩罗法郎	
6	网络费	月	120	美元	1G
7	酒店住宿费	间.晚	90~150	欧元	单人间（含早）
		间.晚	125~170	欧元	双人间（含早）
8	餐费	人.餐	13~20	欧元	午、晚餐
9	口译费	人.天	100	欧元	当地聘请
10	房屋租赁价格	别墅.月	2000	美元	四室两厅两卫（约300m²）

续表

序号	项目	单位	价格（含税价）	币种	备注
11	土地租赁价格	m². 年	0.2 ~ 2	美元	地点不同，价格差异较大
当地交通运输费					
1	租车费	辆 . 天	120	欧元	
2	岛际机票费	人 . 往返	100 ~ 150	欧元	不同岛际、不同航空公司价格有差异
3	岛际船票费	人 . 往返	45 ~ 65	欧元	不同岛际、不同船务公司价格有差异
4	车辆保险费	辆 . 年	650 ~ 1160	美元	吉普车
5	车辆保养费	辆 . 次	360	美元	吉普车
6	车辆年检费	辆 . 年	290	美元	吉普车

资料来源：《对外投资合作国别（地区）指南》（2017年版）以及现场考察时当地询价结果。

部分资料来源

1 《对外投资合作国别（地区）指南》（2017年版）

2 世界银行，《2019年营商环境报告》，

3 科摩罗，百度百科.[2018-06-06]

4 中华人民共和国驻科摩罗联盟大使馆经济商务参赞处网站

http://km.mofcom.gov.cn/

5 世界银行网站 http://www.worldbank.org/en/country/chad/overview

6 Comoros Overview，Worldbank.org，http://www.worldbank.org/en/country/comoros/overview

4.5.13 加纳

本项目为援加纳成套项目，2017年7月9—17日，公司评估组赴加纳开展国外实地调研工作，调研内容主要包括拜访驻加经商机构、援助学校、加纳教育部、阿克拉市政府、援助职校实习单位及加纳自建、其他国家援建和中国援建的其他项目，并对援助学校的16位教师和33名学生进行了问卷调查和访谈，就本项目及加纳受援其他成套项目的实施、运营管理等情况进行深入沟通。

(一)基本国情

【国名】

加纳共和国(The Republic of Ghana)。

【简称】

加纳(Ghana)。

【首都】

阿克拉(Accra)。

【面积】

23.85万平方公里。

【人口】

2830万(2016年)。

【主要民族】

阿肯族、莫西—达戈姆巴族、埃维族、加—阿丹格贝族。

【主要宗教】

基督教、拜物教、伊斯兰教。

【官方语言】

英语。

【行政区划】

全国共设10个省,即大阿克拉省、阿散蒂省、布朗—阿哈福省、中部省、东部省、沃尔特省、西部省、上东部省、上西部省、北部省。省下设有138个县。

【地理位置】

加纳位于非洲西部、几内亚湾北岸,西邻科特迪瓦,北接布基纳法索,东毗多哥,南濒大西洋,海岸线长约562km。

【气候条件】

沿海平原和西南部阿桑蒂高原属热带雨林气候,白沃尔特河谷和北部高原地区属热带草原气候。4~9月为雨季,11~4月为旱季。各地降雨量差别很大,西南部平均年降雨量2180mm,北部地区为1000mm。

【政治体制】

总统制共和制。

【经济概况】

加纳经济以农业为主。加纳工业基础薄弱，原材料依赖进口，主要工业有木材和可可加工、纺织、水泥、电力、冶金、食品、服装、木制品、皮制品、酿酒等。2008年以来，受国际金融危机和国际油价上涨等不利因素影响，经济发展陷入困境，政府采取一系列稳定经济政策，加之加创汇支柱产品黄金和可可产销两旺，油气资源实现商业开采等利好因素，国际金融机构和投资者对加信心回暖，直接投资呈较快增长趋势，加经济继续保持较快发展。西方和周边国家航空公司纷纷增开至加纳航线，加作为西非交通及物流枢纽地位进一步得到加强，经济发展前景看好。

【中加关系】

中加两国1960年7月5日建交。加纳是撒哈拉以南地区第二个与中国建交的国家，近年来，双边关系深入发展，互访活动及经贸交往频繁，并签有经济技术合作协定、贸易协定和保护投资等多项协定，设有经贸联委会。

（二）初步印象

【HELLO】

在飞机即将降落于加纳首都阿克拉时，从飞机上远眺，映入眼帘的是陆地较为低矮的建筑。下飞机后，加纳人民的热情与友好迅速消除了长途飞行的疲惫。这里的人民对待华人非常友好，在看到亚洲面孔后即便是自驾在马路上，也有当地人会停下来主动询问"Are you Chinese？"，如果回答"Yes"，他们就会非常热情地交谈几句甚至合影，透出可爱的真诚。

【小日子】

加纳良好的治安和相对稳定的社会环境令加纳人民能够安心经营自己的小日子。虽然在加纳停留时间较短，但加纳人民的勤劳、乐观和善良给我们留下了深刻的印象。大街小巷头顶或手拿各种不同小商品的商贩随处可见，他们穿梭在车水马龙之中，被当地外国人称之为"流动超市"；在街道两旁摆

图 4-100　在镜头前展示的加纳儿童

摊设点的居民，会大声吆喝叫卖着自己的商品。这里的欣欣向荣和充满人情味的生活气息，悄然诉说着国家的变化和幸福的生活。

图 4-101　街头商贩　　　　　图 4-102　街头"头顶"商人

【多才多艺】

　　加纳人民能歌善舞，热情而富有感染力。在海边偶遇一位自弹自唱的草根艺人，他穿着具有自己民族特点的服饰，辅以树枝装饰，边弹当地特有的乐器，边舞自编的舞蹈，抒发着自由的情怀。纵然身处不发达的非洲地区，但能感受到他们对生活以及脚下这片土地的无限热爱。在海滩旁边的低矮围墙上，还有许多五颜六色的涂鸦。这些"作品"的表现手法虽极具夸张，但却恰恰展现出加纳人的活力与可爱。

图 4-103　海滩草根摇滚人　　　图 4-104　海滩涂鸦墙：非洲妈妈

【民族特色】

在商铺、机场经常看到许多本地的手工作坊，他们用类似于手工织布机一样的器械，配合五颜六色的线，做出许多精巧的饰品或生活用品。加纳人民对于色彩的搭配能力仿佛与生俱来，虽然皮肤黝黑，但大街小巷里人们的服饰非常艳丽，会让人眼前一亮，让我们再次感受到他们的活力。

图 4-105　机场偶遇手工艺人

【浪漫情怀】

在路上，偶遇一个广告拍摄组，地上洒满花瓣，一男一女两位演员在此浪漫场景下轻歌曼舞。女演员的裙子配色非常巧妙，鲜艳而不俗气，将加纳特有的非洲热带风情体现得淋漓尽致，让人情不自禁地想一起舞起来。

图 4-106　偶遇街拍广告

【现代元素】

相对非洲而言，加纳是较为发达的国家，也有部分现代化建筑和商场。首都阿克拉的高级大型商场陈列有各类商品，琳琅满目，颇具当代都市气息。在加纳，虽然能感受到贫穷，同时也能感受到进取与希望。

图 4-107　琳琅满目的商品

（三）营商环境

【总体情况】

加纳营商环境便利度分数自 2016 年起逐年提高，根据世界银行公布的《2019 年营商环境报告》，加纳 2019 年营商环境便利度分数为 59.22 分，排名为 114 名。在非洲国家中排名较高，但经济体地位仍然较低。

图 4-108　营商环境便利度分数

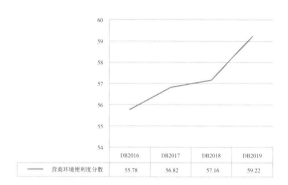

图 4-109　2016—2019 年加纳营商环境便利度分数

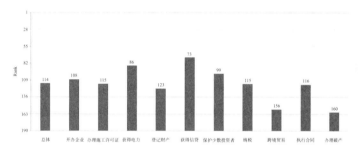

图 4-110　营商环境指标排名

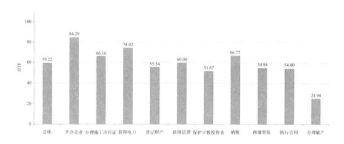

图 4-111　营商环境指标前沿距离分数

根据《2019 年营商环境报告》，加纳开办企业的营商环境便利度分数为 84.29 分，排名为 108 名，其中开办企业手续（数量）为 8 项，开办企业耗时（天数）为 14 天，开办企业成本（人均收入百分比）为 15.5，最低实缴资本（人均收入百分比）为 1.4。

图 4-112　开办企业在加纳和可比经济体中的排名和营商环境便利度分数

开办企业在加纳和可比经济体中的分指标情况　　　　　表 4-31

指标	加纳	撒哈拉以南非洲	经合组织高收入经济体	总体表现最佳者
手续—男性（数量）	8	7.4	4.9	1（新西兰）
耗时—男性（天数）	14	23.3	9.3	0.5（新西兰）
成本—男性（人均收入百分比）	15.5	44.4	3.1	0.0（斯洛文尼亚）
手续—女性（数量）	8	7.6	4.9	1（新西兰）
耗时—女性（天数）	14	23.4	9.3	0.5（新西兰）
成本—女性（人均收入百分比）	15.5	44.4	3.1	0.0（斯洛文尼亚）
最低实缴资本（人均收入百分比）	1.4	10.0	8.6	0.0（117 经济体）

数据来源：《2019 年营商环境报告》。

【投资行业准入限制】

加纳鼓励外资进入的行业包括：信息产业、采矿业、石油等能源领域、基础设施建设、农业及农产品加工业、旅游业、服务业、房地产开发业、渔业、废品处理、国有企业的私有化。

但根据《加纳投资促进中心法案》规定，以下行业只允许加纳人专营：

（1）在市场内经营、叫卖、售货亭销售等。

（2）除足球之外的其他博彩业。

（3）出租汽车和汽车租赁（外国人投入 25 辆以上新汽车，亦可经营）。

（4）美容美发。

（5）手机充值卡的印刷。

（6）基础文具制造。

（7）药品零售。

（8）袋装水的生产、供应和零售。

【工程承包限制】

加纳目前没有工程承包禁止领域的相关规定。

【土地使用限制】

外国投资者可通过租赁的方式获得土地使用权，租期最长为50年，期满可续约。

【劳工准入限制】

加纳相关法律规定外国劳工在加纳就业必须获得移民配额和工作许可。外国公司只能根据投资额确定的移民配额安排相应数量的外国员工，移民配额数量如下：

（1）投资额5万~25万美元，1人。

（2）投资额25万~50万美元，2人。

（3）投资额50万~70万美元，3人。

（4）投资额70万美元以上，4人。

【对外国投资的优惠政策】

加纳对阿克拉和特马以外的省会城市的制造业企业给予税款减免25%的优惠，省会以外其他地区的企业，税款减免50%。此外，加纳对投资住宿、餐饮、旅游运输、会议设施、休闲娱乐等旅游相关行业提供税收减免、免税期等优惠待遇。

【投资注意事项】

1. 近年来，加纳塞地兑美元的汇率波动较大，银行汇兑政策增加了新的限制，企业应注意汇率风险。

2. 赴加纳前，企业应做好市场调研工作，了解现行法律、法规对拟投资领域的相关规定，避免因盲目投资造成不必要的损失。

3. 加纳劳动法较严厉，对当地员工保护力度较大，且基础设施薄弱，企业需做好经营成本的管理工作。

4. 企业应提高风险防范意识，谨慎签订正式书面合同，防止上当受骗。

政府工程项目拖欠款现象比较严重，企业务必做好相关防范措施，积极协调。

5.企业应积极利用保险、担保、银行等保险金融机构和其他专业风险管理机构的相关业务保障自身利益。如果在没有有效风险规避情况下发生了风险损失，也要根据损失情况尽快通过自身或相关手段追偿损失。

6.加纳政府打击非法采金决心坚定，开展了相关治理行动，执法部门将依法严厉惩处非法采金人员。中国驻加纳使馆再次郑重提醒参与非法采金的在加中国公民停止活动，避免自身权益遭受损失。

7.虽然埃博拉疫情已经解除，中国驻加纳使馆依然提醒在加纳中国公民注意卫生与安全，尽量减少外出，减少在公共场所与人握手，避免到疫区出差或旅行，勤洗手，使用消毒水清洗卫生用具，在发现疑似病例时尽快与加纳当局或中国使馆取得联系。

【面临的挑战】

1.近年来，加纳对经营贸易的外资企业设立较高的门槛。规定从事一般贸易企业的最低注册资本为100万美元，同时要求外贸企业必须雇用至少20名当地员工。加纳投资法明确规定不允许外国人"在市场销售或叫卖、做小买卖或在小售货亭销售"，这些经营活动仅限于加纳本国人。近年来，加纳贸工部、投资促进中心、海关、移民局等部门组成联合执法小组，关闭了大量在加纳"市场"（主要是阿克拉Makola市场）经营的外国商铺（包括中国人）。提醒贸易公司不要在"市场"内开店，建议单独租赁办公场所及仓库，经营国际贸易和到港批发业务。

2.加纳矿业资源丰富，但采矿需得到加纳矿业委员会、环保局的批准。根据加纳法律，外国人只能开采$0.1km^2$(25英亩)以上的大型金矿。近年来，越来越多的外国商人到加纳非法淘金，对环境造成严重破坏，已经引起加纳政府和民众高度不满，加方军警和移民部门曾出面干涉并逮捕了一些矿主。

3.加纳劳动法较严厉，对当地员工保护力度较大，无形中增加了企业经营成本和管理难度。

4.加纳基础设施不发达，水、电、汽油等价格较高，停水、停电的现象时有发生。土地所有权问题争议较多，在租赁、购买土地和房产时要注意规避风险。

5. 中国人在当地要严格遵守当地法律，从事法律允许的行业，在法律规定的场所内经营；维护良好的市场秩序，鼓励企业强强联合，避免恶性竞争导致内耗严重；履行登记和告知义务，企业到加纳投资应及时到中国使馆报到并汇报有关情况。

（四）投资机会

【工矿业】

加纳工业基础薄弱，原材料依赖进口；技术装备落后陈旧，工业发展总体水平滞后，产品品种少，规格单一，质量不高，主要工业制成品和大部分日常用品都依靠进口。但这一落后的现状为外国直接投资（FDI）的进入提供了商机。近年来，工业在国民经济中地位有所上升。以黄金、钻石、锰和铝矾土开采为主，纺织、水泥、木材加工、电力、冶金、金属加工、酿酒、碾米等产业较为薄弱。黄金开采是采矿业的支柱。近年来，石油开采逐渐成为加纳经济新的支柱。

【农业】

农业是加纳经济的基础，农业人口占全国就业人数的56.2%。粮食作物主要分布在北部，主要作物为玉米、薯类、高粱、大米、小米等，正常年景可基本满足国内需要。可可种植主要分布在北部省以南所有省份，是传统出口商品，产量居世界前列，约占全球产量的13%。其他经济作物有油棕、橡胶、棉花、花生、甘蔗、烟草等。近年来，非传统农业出口商品有较大幅度增长。

【渔业】

加纳渔业资源丰富，分为海上渔业、泻湖渔业和内河渔业，海上渔业居主导地位，但捕鱼设备简陋，渔船燃料短缺，阻碍了渔业发展。

【市场及其他】

加纳优越的区位优势为投资者扩大市场提供了有力保障，且近年来，加纳政府高度重视扩大吸收外资促进经济社会发展。加纳地处西非要津，背靠西非2.5亿人口的大市场。作为西非经济共同体成员，其产品不但可以自由进入西非其他国家，而且在欧美国家享受免关税待遇；加纳社会稳定，经济发展快速平稳，长期以来加政府追求经济自由化的努力已初显成效，法制逐步健全、市场相对开放、吸引投资的政策也相对宽松，政府效率进一步提高。2017年1月，加纳新政府成立以来，提出了"一县一厂"、"为食品和就业而种植"等主要发展规划，并推动国内外投资者参与相关开发与建设。

世界经济论坛《2016—2017年全球竞争力报告》显示，加纳在全球最具竞争力的138个国家和地区中，排第114位。根据世界银行发布的《2019年营商环境报告》，加纳在190个参评国家（地区）中排名第114位。

物价一览表　　　　　　　　　　　　　　　表4-32

序号	项目	单位	价格（含税价）	币种	备注
当地劳动力成本					
1	普通工人	人·月	500	塞地	
2	技术工人	人·月	730	塞地	
3	当地杂工	人·月	460	塞地	
4	司机	人·月	600	塞地	
5	保安	人·月	350	塞地	
6	厨师	人·月	450	塞地	
当地办公生活费					
1	酒店费	人·天	135	美元	酒店名称：GS PLAZA 酒店，联系方式：0241319918
2	餐费	人·天	50	美元	
3	翻译费	人·月	3000	美元	导游费100美金/天
4	租车费	辆·天	100～200	美元	租车公司名称：SAUTGRU，联系方式：0544330262
5	城市间交通费		100	美元	交通工具
6	租房费	月	2200	美元	特马小区：400美金
7	网络费		3000	美元	其中初装费（如有）：500美金
8	卫星电视租用费	月	350	美元	
9	水费	m³	9	塞地	桶装饮用水价格：10塞地/桶（8L）
10	电费	度	0.16～0.76	塞地	按阶梯段收费；自发电每天按8～10h为宜

序号	项目	单位	价格（含税价）	币种	备注
11	汽油价格	L	3.79	塞地	
12	柴油价格	L	3.78	塞地	
当地交通运输费					
1	车辆保险费	辆.年	360 塞地/年、辆	塞地	三方险，全险根据车价而定，每年有一定的涨幅
2	车辆年检费（如有）	辆.次	150 塞地/次	塞地	
3	集装箱（20）		4400 塞地	塞地	清关、提货、装卸及运至现场的全部费用
4	集装箱（40）		8600 塞地	塞地	

部分资料来源

1 《对外投资合作国别（地区）指南》（2018年版）
2 世界银行，《2019年营商环境报告》
3 加纳，百度百科.[2018-12-06]
4 中华人民共和国驻加纳共和国大使馆经济商务参赞处网站 http：//gh.mofcom.gov.cn/
5 世界银行网站 http：//www.worldbank.org/en/country/ghana
6 Ghana Overview，Worldbank.org，http：//www.worldbank.org/en/country/ghana/overview

4.5.14 多哥

因承接了援多哥某技术援助项目的后评估任务，国信公司工作团队于2018年1月赴多开展调研工作。多哥于2010年底虽然成了一个"有支付能力的国家"，但仍是联合国公布的世界最不发达的国家之一。

（一）基本国情

【国名】

多哥共和国（The Republic of Togo）。

【简称】

多哥（Togo）。

【首都】

洛美（Lome）。

【面积】

56785平方公里。

【人口】

761万（2016年）。

【主要民族】

埃维族、米纳族、阿克波索族、阿凯布族、卡布列族。

【主要宗教】

拜物教。

【官方语言】

法语。

【行政区划】

全国分为滨海区、高原区、中部区、卡拉区和草原区五大行政区（地理经济概念，未设行政机构）、30个省、4个专区。

【地理位置】

多哥位于非洲西部，东邻贝宁，西靠加纳，北接布基纳法索，南濒几内亚湾；国土南北长600余公里，东西宽50～150km，呈走廊形；海岸线短而平直，长56km。

【气候条件】

多哥南部属热带雨林气候，年平均气温约27°C；北部属热带草原气候，年平均气温为30℃；南部地区11月中旬至次年3月为大旱季；3～7月中旬为大雨季，8～9月为小旱季，9月底～11月中旬为小雨季；中部地区只在4～10月有一次雨季；北部地区5～9月经历短暂的雨季，10月～次年4月为旱季。

【政治体制】

总统制共和制。

【经济概况】

多哥属联合国公布的世界最不发达国家之一，是传统的农业国。自然资源匮乏，经济结构单一；农业生产力不高，工业基础薄弱，交通等基础设施落后，经济发展严重依靠外援。

【中多关系】

1972年9月19日，中多建立外交关系。两国在许多重大问题上立场一致或相近，在国际事务中保持良好的磋商与合作，多哥在人权等问题和申奥、申博上均给予中国有力支持。两国双边关系发展顺利，经贸合作不断加强。

（二）初步印象

【一天内完成的南北大纵贯】

多哥是个全境狭长、国土面积不大的西非国家，全国共五个行政区。出于调研需求，项目组一早驱车从位于南部滨海区的首都洛美市向北出发，黄昏时分抵达了卡拉区的卡拉市，近8个小时跑了约420km，纵贯了2/3的国土面积。听当地的中国人介绍，在洛美，沿着国际公路无论向东还是向西行驶，很快就能接收到贝宁或加纳的通信信号。多哥果然是一个不需要太长时间就可以跑遍全国的国家。

图 4-113　一天内纵贯全国四区

图 4-114　美味的奶油菠萝

【不容错过的奶油菠萝】

来多哥不能不吃这里的奶油菠萝！这里的菠萝是一头尖一头扁的，就算是十分熟的，外表依然是绿色的，切开之后就可以直接吃，味道略带奶油味，十分香甜，而且价格非常便宜，每个折合人民币大约 5 元。

（三）营商环境

【总体情况】

根据世界银行公布的《2019 年营商环境报告》，多哥营商环境便利度分数为 55.20 分，排名为 137 名；与前三年相比，多哥营商环境便利度分数提升幅度较大，表明总体商业环境有了一定的改善，但经济体地位仍然较低。

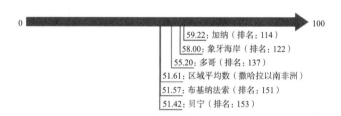

图 4-115　营商环境便利度分数

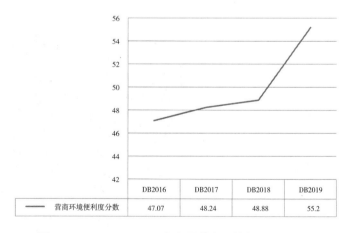

图 4-116　2016—2019 年多哥营商环境便利度分数

第4章 典型国家营商环境分析 287

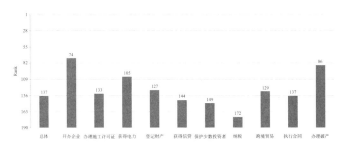

图 4-117 营商环境指标排名

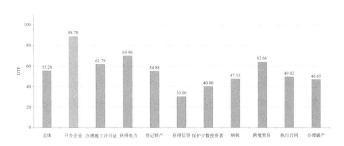

图 4-118 营商环境指标前沿距离分数

根据《2019年营商环境报告》，多哥开办企业的营商环境便利度分数为88.70分，排名为74名，其中开办企业手续（数量）为4项，开办企业耗时（天数）为5.5天，开办企业成本（人均收入百分比）为41.7，最低实缴资本（人均收入百分比）为6.7。

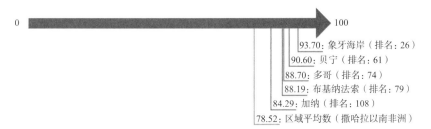

图 4-119 开办企业在多哥和可比经济体中的排名和营商环境便利度分数

开办企业在多哥和可比经济体中的分指标情况　　　　　　　　表 4-33

指标	多哥	撒哈拉以南非洲	经合组织高收入经济体	总体表现最佳者
手续—男性（数量）	4	7.4	4.9	1（新西兰）
耗时—男性（天数）	5.5	23.3	9.3	0.5（新西兰）
成本—男性（人均收入百分比）	41.7	44.4	3.1	0.0（斯洛文尼亚）
手续—女性（数量）	4	7.6	4.9	1（新西兰）
耗时—女性（天数）	5.5	23.4	9.3	0.5（新西兰）
成本—女性（人均收入百分比）	41.7	44.4	3.1	0.0（斯洛文尼亚）
最低实缴资本（人均收入百分比）	6.7	10.0	8.6	0.0（117 经济体）

数据来源：《2019 年营商环境报告》。

【投资行业准入限制】

所有符合现行法律规定、常设在多哥海关管辖区域内从事农业、工业、贸易、手工业及服务业活动的企业，均可享受投资法规定的优惠资格。采矿、银行、保险再保险及军工企业等，因属于专属法规的管辖，不享受投资法优惠资格。从事原货物买卖、经纪活动、动植物水产品以外的食物仓储及港口机场基础设施管理的企业也不在投资法优惠资格之列。

享受投资法优惠的资格：按照法定程序投资项目，其投资规模必须高于 5000 万西非法郎（约 10 万美元），就业机会大部分提供给当地人。

【工程承包限制】

多哥承包工程市场是对外开放的，无论是政府资金或国际融资项目（采购、服务项目、承包工程等），均需招标。凡是在官方媒体发布的国际公开招标公告，不论行业领域，外国承包商均可参与投标。

【土地使用限制】

多哥允许外资通过租赁方式获得经营用土地的使用权，与业主签署合同规定使用期，合同一般可续签；外资以企业名义可购买房产，房产包括土地和地面建筑，产权为永久性质，可变卖、贷款抵押，公证人行驶法律赋予的专属权参与不动产销售全过程，房产证由多哥土地产权证管理局及测绘与地籍管理局签发。

【劳工准入限制】

除免税区企业有对招聘当地人比例规定外，其他合作项目没有外籍人数比例限制。受雇于在多哥注册公司的外籍人员、投资公司职员或承包劳务人员在多哥停留半年以上必须申请居留证。

【对外国投资的优惠政策】

符合投资法规定的新设企业或现有企业，其前五年的纳税享受公司税税基缩减优惠，根据各阶段实际投入金额的百分比进行缩减，最高不能低于纳税年度应课税金额的50%。

申报制项下的投资，按投入机械设备C&F价值40%的比例从公司税税基中减扣，许可证制项下的投资减扣比例为50%。

投资项目规定有设立期的企业，在设立期内免缴公司税、最低包干税、职业税及土地税。申报制的投资设立期为24个月，许可证制为36个月。

在投资区兴办投资，可享受土地税、职业税30%的减免优惠，不同投资区的优惠年限不同。

利用本地原材料（本地原材料占进口原材料价值的80%）进行生产加工的企业，可享受职业税头3年30%的减免优惠。

【投资注意事项】

1. 多哥资源匮乏、市场较小、基础设施薄弱、资金短缺，对外部资金和市场的依赖性很大，不可预见因素多。因此，在多哥投资设立企业应做好充分的市场调研，包括政治局势、行业优势、政策法规、产品销路、市场容量、投资成本、劳动力素质、政府办事效率、外汇管制及风险等因素的利弊分析。

2. 尽管多哥的外债基本免除，但多哥国家财政负担依然很重。因此，中国承包工程企业对当地出资的承包工程招标项目需持谨慎态度，重点是关注由国际财团出资的承包项目。

3. 多哥的医疗卫生条件落后，主要传染病有疟疾、结核病、艾滋病等；当地食品卫生总体情况不佳，建议尽量减少在外就餐，不食用生冷食品。

4. 建议企业在多哥开展对外投资合作过程中使用中国政策性保险机构提

供的包括政治风险、商业风险在内的信用风险保障产品。

（四）投资机会

1. 多哥设立工业免税区，目的是促进经济和工业发展，促进出口和就业，鼓励利用当地原材料开发生产等。免税区推荐中国企业投资领域包括：食品工业、养殖业、农产品加工业（使用当地原料）；制药工业；手工制作业；机器、设备装配业；出口外向型服务。

2. 多哥是传统的农业国，经济基础薄弱，基础设施落后。根据多哥的发展战略，农产品流通、加工以及公路、电站、港口、电信等基础设施建设等方面均是多哥大力发展和重点扶持的投资领域。

物价一览表　　　　　　　　　　　　　　　　表4-34

序号	项目	单位	价格（含税价）	币种	备注
当地劳动力成本（不含社保）					
1	普通工人	人.天	1850~2800	西非法郎	长期雇工，需上社会保险，社保为工资总额的21.5%，其中个人支付4%，雇主支付17.5%
2	技术工人	人.天	3100~3500	西非法郎	
3	当地杂工	人.天	2500	西非法郎	
4	司机	人.天	2000	西非法郎	
5	保安	人.天	2000	西非法郎	
当地办公生活费					
1	水费	t	190~500	西非法郎	阶梯价格，另加18%增值税
2	电费	度	84~120	西非法郎	阶梯价格
		度	52	西非法郎	保税区企业优惠
3	煤气费	kg	5500	西非法郎	6kg煤气罐，押金1万西非法郎
		kg	14000	西非法郎	12.5kg煤气罐，押金2.5万西非法郎
4	汽油价格	L	595	西非法郎	
5	柴油价格	L	629	西非法郎	
6	网络费	月	60000	西非法郎	2MB
7	酒店住宿费	间.晚	35000	西非法郎	标准间（大床房，含早餐）
		间.晚	70000~100000	西非法郎	套房（含客厅的大床房，含早餐）
8	餐费	人.天	30	美元	不含早餐

续表

序号	项目	单位	价格（含税价）	币种	备注
9	房屋租赁价格	别墅.月	1000～1500	美元	一客三室一厨一卫，小型停车场，小型院落
10	土地价格	m²	50～300	美元	地段不同差异较大
当地交通运输费					
1	租车费	辆.天	100000	西非法郎	含司机工资，不含燃油费
2	集装箱运杂费	集装箱	750000	西非法郎	含海运、清关提货、装卸、当地运输费等

资料来源：《对外投资合作国别（地区）指南》（2017年版）以及现场考察时当地询价结果。

部分资料来源

1 《对外投资合作国别（地区）指南》（2017年版）
2 世界银行，《2019年营商环境报告》
3 多哥，百度百科.[2018-12-19]
4 中华人民共和国驻多哥共和国大使馆经济商务参赞处网站 http://tg.mofcom.gov.cn/
5 世界银行网站 http://www.worldbank.org/en/country/togo
6 Togo Overview，Worldbank.org，http://www.worldbank.org/en/country/togo/overview

4.5.15 圣多美和普林西比

因承接了援圣多美和普林西比某项目的评估任务，国信公司于2017年7月踏上了刚刚与中国建交的美丽岛国——圣多美和普林西比（以下简称圣普）。与其他非洲国家相比，圣普对中国人来说显得更为陌生，我们这个考察团应该是两国建交后的首批考察团，是圣普岛上100个中国人的一份子。整体上看，圣普基础设施较为落后，但城区主要建筑还保留着葡萄牙殖民时代的风格，可以想见当年的繁华，两岛风景优美，是难得的海滨度假胜地，目前80%的游客来自于葡萄牙。

（一）基本国情

【国名】

圣多美和普林西比民主共和国（The Democratic Republic of Sao Tome and Principe）。

【简称】

圣多美和普林西比（Sao Tome and Principe）。

【首都】

圣多美。

【面积】

1001平方公里。

【人口】

20万（2016年）。

【主要民族】

班图人。

【主要宗教】

天主教。

【官方语言】

葡萄牙语。

【行政区划】

圣多美和普林西比全国分为7个县，即：阿瓜格兰德（Agua-Grande）、梅索西（Me—Zochi）、坎塔加洛（Cantagalo）、考埃（Caue）、伦巴（Lemba）、洛巴塔（Lobata）和帕盖（Pague），除帕盖县在普林西比岛外，均在圣多美岛。

【地理位置】

圣多美和普林西比位于非洲西部几内亚湾东南部，东距非洲大陆201km，由圣多美和普林西比两个大岛及附近的卡罗索、佩德拉斯、蒂尼奥萨什和罗拉斯等14个小岛组成。

【气候条件】

圣多美和普林西比属热带雨林气候，终年湿热，两主岛平均气温27℃。

1～5月为大雨季，6～9月为旱季，10～12月为小雨季。年均降雨量1000～2500mm。两岛盛行温和湿润的南风和东南风。

【政治体制】

总统制共和制。

【经济概况】

圣多美和普林西比是联合国公布的世界最不发达国家之一，是以种植可可等经济作物为主的农业国。独立后曾长期实行以国营经济为主的经济政策。2012年，圣普政局基本稳定，国际货币基金组织、世界银行、欧盟和葡萄牙等向圣普提供一定援助。

【中圣关系】

1975年7月12日，中国与圣普建交。1997年7月11日，中国政府宣布自即日起中止同圣普的外交关系，并停止执行两国政府间一切协议。2016年12月26日两国复交。

（二）初步印象

2017年7月，接到委托任务，需要对圣普方提出的某项目可行性进行现场考察。圣普是大西洋上的一个岛国，位于非洲中西部几内亚湾的东南侧，主要由圣多美岛和普林西比岛两岛组成。

圣普北距非洲大陆400多公里，东距非洲大陆200多公里，西南两侧则面向辽阔的大西洋，由于东北侧有非洲大陆的庇护，圣普的气象条件和气候环境都相对温和：两主岛平均气温27℃，盛行温和湿润的南风和东南风，大风的时候极少。由于复交不久，前往圣普的最大障碍是签证的问题，持因公护照无需签证，但因私护照则面临各种的不确定性。

【历史与现代的碰撞】

圣多美岛市内街道整洁，极少高楼大厦。最高的建筑是一座白色的七层楼房，其余都是带有庭院的平房或环海而筑、红顶白墙的二层小楼，大部分公共建筑都是葡萄牙殖民时代留下来的，风格统一，非常有历史感。另一方面现代化的酒店又给人以极强的视觉冲击，与历史形成鲜明的对比，历史与现代在此交汇碰撞。这种碰撞也正代表着非洲的涅槃与重生。

294 投资非洲

图 4-120

【休闲恬静的岛上生活】

圣普人的生活悠闲恬静,由于人口少,而海岛资源丰富,岛上居民可以保障衣食无忧,傍晚时分,儿童快乐的在海边戏耍,而渔民们每天只需出海捕捞一条沙丁鱼就足够了。夜晚,在酒店的吧台,还能欣赏到来自于非洲的歌手深情的演唱一曲《朋友》。

图 4-121

(三)营商环境

【总体情况】

自 2016 年起,圣多美和普林西比营商环境便利度分数逐年提升,根据世界银行公布的《2019 年营商环境报告》,圣普营商环境便利度分数为 45.14 分,排名为 170 名,总体商业环境虽有所改善,但经济体地位仍然较低。

图 4-122 营商环境便利度分数

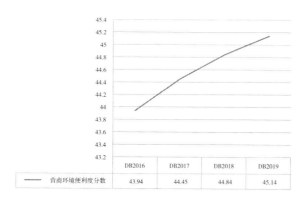

图 4-123 2016—2019 年圣多美和普林西比营商环境便利度分数

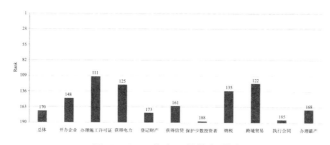

图 4-124 营商环境指标排名

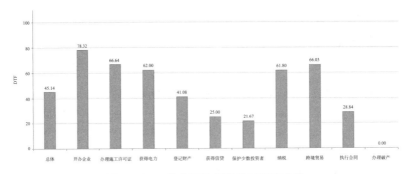

图 4-125 营商环境指标前沿距离分数

根据《2019 年营商环境报告》,圣多美和普林西比开办企业的营商环境便利度分数为 78.32 分,排名为 148 名,其中开办企业手续(数量)为 6 项,开办企业耗时(天数)为 7 天,开办企业成本(人均收入百分比)为 12.3,最低实缴资本(人均收入百分比)为 178.5。

图 4-126 开办企业在圣多美和普林西比和可比经济体中的排名和营商环境便利度分数

开办企业在圣多美和普林西比和可比经济体中的分指标情况　　表 4-35

指标	圣多美和普林西比	撒哈拉以南非洲	经合组织高收入经济体	总体表现最佳者
手续—男性(数量)	6	7.4	4.9	1(新西兰)
耗时—男性(天数)	7	23.3	9.3	0.5(新西兰)
成本—男性(人均收入百分比)	12.3	44.4	3.1	0.0(斯洛文尼亚)
手续—女性(数量)	6	7.6	4.9	1(新西兰)
耗时—女性(天数)	7	23.4	9.3	0.5(新西兰)
成本—女性(人均收入百分比)	12.3	44.4	3.1	0.0(斯洛文尼亚)

续表

指标	圣多美和普林西比	撒哈拉以南非洲	经合组织高收入经济体	总体表现最佳者
最低实缴资本（人均收入百分比）	178.5	10.0	8.6	0.0（117经济体）

数据来源：《2019年营商环境报告》。

【投资行业准入限制】

圣多美和普林西比政府致力于发展基础设施建设，目前暂无禁止准入的行业限制。

【劳工准入限制】

赴圣普工作的外籍人员需持以受聘工作为目的的居留签证。该居留签证需由雇主申请，并提供阐明合同的条件以及所涉工作领域内缺乏符合条件的圣多美和普林西比公民与合法居留人的说明后，交圣普劳动部，获取批准后取得。

【对外国投资的优惠政策】

对来投资的农业企业，无限制的免除进口设备，材料进口税。

符合税收优惠法典相关优惠要件的投资享受税收优惠，优惠形式可为税收豁免、降低税率、扣减可征税项或征税项、加速折旧和摊销，或投资税收抵免。

（四）投资机会

圣普地理位置优越，渔业、旅游、石油等资源丰富。圣普政府致力于发展基础设施建设、改善税收政策吸引中国企业赴圣普投资，与中国企业开展互利合作，推动圣普的可持续发展。同时也致力于促进和鼓励中国私营企业来投资旅游业、可再生能源、贸易和基础设施。

深水港及渔业：圣普海洋资源十分丰富，但目前渔业发展面临着没有足够深度的港口停靠大型渔船的问题。中国企业可赴圣普投资渔业配套设施建设，包括实验室、港口等。

基础建设：圣普地处几内亚湾的地理中心，位置优势明显。投资其国内交通、港口、机场等重要项目，可拉动圣普与内陆非洲国家更为频繁的互动，推动双边的合作贸易。

石油：圣普在石油开采方面仍处在探索阶段，中国企业可在石化领域进行投资和贸易。

物流：圣普的长远愿景是在未来将自身发展为"西非的新加坡"，为区域各国的出口、转运、发挥枢纽作用，中国企业可关注此领域。

部分资料来源

1. 世界银行，《2019 年营商环境报告》
2. 圣多美和普林西比，百度百科 .[2018-12-28]
3. 中华人民共和国驻圣多美和普林西比民主共和国大使馆经济商务参赞处网站 http：//st.mofcom.gov.cn/
4. 世界银行网站 http：//www.worldbank.org/en/country/saotome
5. 世界银行网站 -DOING BUSINESS
   http：//chinese.doingbusiness.org/zh/data/exploreeconomies/sao-tome-and-principe#
6. Saotome Overview，Worldbank.org，http：//www.worldbank.org/en/country/saotome/overview

4.5.16　尼日尔

因承接了尼日尔某大型项目的可研评估任务，国信咨询于 2013 年 12 月来到尼日尔考察，工作组拜访了中国驻尼日尔经商处、尼能源部、财政部、塔瓦政府，并现场勘察项目场址，就项目的可行性、技术难度、项目投资估算等内容深入沟通。

（一）基本国情

【国名】

尼日尔共和国（The Republic of Niger）。

【简称】

尼日尔（Niger）。

【首都】

尼亚美（Niamey）。

【面积】

126.7万平方公里。

【人口】

2147.73万（2017年）。

【主要民族】

豪萨族、图阿雷格族、颇尔族。

【主要宗教】

伊斯兰教、拜物教。

【官方语言】

法语。

【行政区划】

全国划分为蒂拉贝里、多索、塔瓦、马拉迪、津德尔、阿加德兹和迪法7个大区、1个大区级市即首都尼亚美，36个省和265个镇。

【地理位置】

尼日尔是西非的一个内陆国家，东邻乍得，西界马里、布基纳法索，南与贝宁、尼日利亚接壤，北与阿尔及利亚、利比亚毗连。

【气候条件】

尼日尔北部属热带沙漠气候，南部属热带草原气候，全年分旱、雨两季，是世界上最热的国家之一，年平均气温30℃。4、5月份为最热季节，白天气温可达50℃；1、2月份为最凉爽季节，夜间气温可低到10℃以下。全年分旱、雨两季，6～9月为雨季，10月～次年5月为旱季。干旱是主要自然灾害。

【政治体制】

总统制共和制。

【经济概况】

尼日尔以农牧业为主，是联合国公布的最不发达国家之一。农牧林业等第一产业是尼日尔最主要的经济部门,尼日尔工业基础薄弱,主要以炼油业为主,采矿业为辅。尼日尔旅游业因达喀尔汽车拉力赛小有起色,但发展仍十分缓慢。

【中尼关系】

中华人民共和国与尼日尔共和国1974年7月20日建交。1992年与尼外交关系中止。1996年8月19日中尼复交。此后两国关系得到迅速恢复和发展。

(二)初步印象

【炎热之下蕴藏生机】

考察组在尼日尔最大的感受就是无边的沙漠和炎热的气候,但它也拥有充满生机的尼日尔河。在尼日尔还有罕见的毛色较淡的白长颈鹿。

图 4-127

【考察需要安保护卫】

2013年考察组去现场考察时,由于当地安保环境,需要配安保公司一同前往现场,除了安全形势,进场道路也是非常颠簸起伏,一路下来体力消耗非常大。

图 4-128

【跨省交通不便】

考察组从尼亚美去塔瓦省考察，当地无便捷的陆路交通，更不用说铁路，只能坐当地小飞机。在通往现场的路上，我们路过一个当地村庄的小学，就两间教室，非常的简陋。

图 4-129

（三）营商环境

【总体情况】

根据世界银行公布的《2019年营商环境报告》，尼日尔营商环境便利度分数为53.72分，排名为143名；与前三年相比，尼日尔营商环境便利度分数稳步提升，表明总体商业环境虽有所改善但经济体地位仍然较低。

图 4-130 营商环境便利度分数

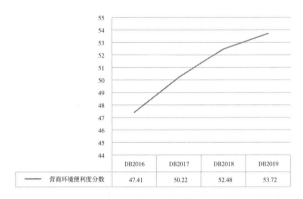

图 4-131 2016—2019 年尼日尔营商环境便利度分数

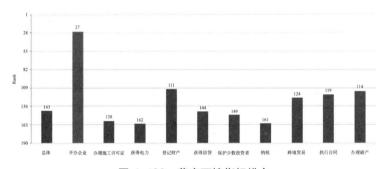

图 4-132 营商环境指标排名

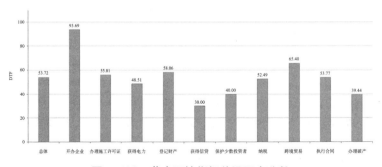

图 4-133 营商环境指标前沿距离分数

根据《2019 年营商环境报告》，尼日尔开办企业的营商环境便利度分数为 93.69 分，排名为 27 名，其中开办企业手续（数量）为 3 项，开办企业耗时（天数)为7天,开办企业成本(人均收入百分比)为8.1,最低实缴资本(人均收入百分比)为11.6。

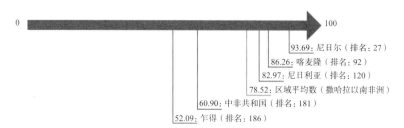

图4-134 开办企业在尼日尔和可比经济体中的排名和营商环境便利度分数

开办企业在尼日尔和可比经济体中的分指标情况　　表4-36

指标	尼日尔	撒哈拉以南非洲	经合组织高收入经济体	总体表现最佳者
手续—男性(数量)	3	7.4	4.9	1(新西兰)
耗时—男性(天数)	7	23.3	9.3	0.5(新西兰)
成本—男性(人均收入百分比)	8.1	44.4	3.1	0.0(斯洛文尼亚)
手续—女性(数量)	3	7.6	4.9	1(新西兰)
耗时—女性(天数)	7	23.4	9.3	0.5(新西兰)
成本—女性(人均收入百分比)	8.1	44.4	3.1	0.0(斯洛文尼亚)
最低实缴资本(人均收入百分比)	11.6	10.0	8.6	0.0(117经济体)

数据来源:《2019年营商环境报告》。

【投资行业准入限制】

根据尼日尔投资法,不允许外国投资者投资木材生产。鼓励外国企业投资石油、矿产、基础建设、工业和农业,对于上述投资,一般尼日尔政府要占不少于20%的干股。

【工程承包限制】

在尼日尔承包工程无特殊禁止领域,但有些小型工程只能提供给当地承包商。外国投资商只要在当地注册(备案),能提供资质和缴税证明,具有一定的业绩和资金保证即可承包工程。

【土地使用限制】

尼日尔土地法关于外资企业获得土地没有特别的规定，土地可自由买卖，可在已购买的土地上修造各种建筑物（需事先经有关市政部门批准），且无年限限制。

【劳工准入限制】

外籍劳工领取长期居住证后即可在尼日尔当地工作，可就业岗位不受限制。

【对外国投资的优惠政策】

尼日尔制订了鼓励外国投资的投资法，给予外资免除主要赋税的优惠。尼日尔鼓励外商投资矿产、农业、工业和基础设施建设，并给予免税优惠，优惠政策依据投资额确定优惠档次。在特殊行业中的投资例如发电、非石油及矿业法中涉及的采矿、低成本住房建设、工业设备及配套、农业等，可100%减免增值税。

【投资注意事项】

1. 尼日尔属于西非内陆国家，交通不便，工人劳动能力较低，投资环境有待完善，目前外资企业主要集中在能源和矿产领域。

2. 赴尼日尔前，企业应做好市场调研工作，调查当地合作者的资信情况、法规对拟投资领域的相关规定，避免因盲目投资造成不必要的损失。

3. 中国企业在尼日尔承包工程前应了解业主的资金情况和支付能力，以免资金回收困难。

4. 尼日尔政府机构工作效率较低，企业应做好工作的组织和安排。

5. 企业应积极利用保险、担保、银行等保险金融机构和其他专业风险管理机构的相关业务保障自身利益。如果在没有有效风险规避情况下发生了风险损失，也要根据损失情况尽快通过自身或相关手段追偿损失。

（四）投资机会

尼日尔目前仍属于低度开发国家，基础设施落后，工农业基础薄弱。目前尼日尔政府正在实施"第二期复兴计划"，鼓励在能源矿产开发、道路桥梁、电力输送、水利建设、通信及农业和农产品加工等领域进行投资。

尼日尔拥有丰富的矿产资源，其中磷酸盐尚未开发，能源矿产开发领域可投资潜力巨大。

尼日尔能源储量大多在尼北部和东部沙漠地带，因气候条件较为恶劣，暂无交通、电力等基础建设，因此在开发矿产资源的同时，可在基础设施建设领域进行投资。

物价一览表　　　　　　　　　　　表 4-37

序号	项目	单位	价格（含税价）	币种	备注
当地劳动力成本（不含社保）					
1	普通工人	人.月	30000～90000	西非法郎	社保为工资总额的 22.15%
当地办公生活费					
1	水费	t	127	西非法郎	0～10t
			279		11～40t
			448		40t 以上
2	电费	度	59	西非法郎	0～50 度
			79		50 度以上
3	液化气	5kg	3750	西非法郎	6kg
4	汽油价格	L	540	西非法郎	
5	柴油价格	L	538		
6	煤油价格	L	496		
7	网络费	月			
8	酒店住宿费	人.天			
		人.天			
9	餐费	人.餐			
10	房屋租赁价格	别墅.月	160 万	西非法郎	尼亚美 400m² 带独立院落
11	土地价格	m²	80～200	美元	地点不同，价格差异较大
当地交通运输费					
1	租车费	辆.天			

资料来源：《对外投资合作国别（地区）指南》（2018 年版）。

部分资料来源

1. 《对外投资合作国别（地区）指南》（2018 年版）
2. 世界银行，《2019 年营商环境报告》
3. 尼日尔，百度百科.[2018-12-28]
4. 中华人民共和国驻尼日尔大使馆经济商务参赞处网站 http：//ne.mofcom.gov.cn/
5. 世界银行网站 http：//www.worldbank.org/en/country/niger/overview
6. Niger Overview，Worldbank.org，http：//www.worldbank.org/en/country/niger/overview

4.5.17 塞拉利昂

本项目为援塞拉利昂成套项目，我们工作的主要内容是对项目的可行性工作成果文件作出评估。2018 年 11 月，公司项目负责人与项目可研编制单位共同组成现场考察组，赴塞拉利昂进行现场调研。工作组拜访了中国驻塞拉利昂经商处、塞拉利昂渔业部、当地中资企业等，并数次勘察塞拉利昂码头拟建港址，就本项目的可行性、技术难度、项目投资估算等内容深入沟通。

（一）基本国情

【国名】

塞拉利昂共和国（The Republic of Sierra Leone）。

【简称】

塞拉利昂（Sierra Leone）。

【首都】

弗里敦（Freetown）。

【面积】

71740 平方公里。

【人口】

740 万（2016 年）。

【主要民族】

曼迪族、泰姆奈族、林姆巴族、克里奥尔人。

【主要宗教】

伊斯兰教、基督教。

【官方语言】

官方语言英语，另有15种部族语言，主要为曼迪语、泰姆奈语、林姆巴语和克里奥语。

【行政区划】

全国分为3个省和1个区，即北方省（North Province）、南方省（South Province）、东方省（East Province）和弗里敦所在的西区（West Area）。3个省之下设有12个行政区，行政区以下设149个酋长领地。

【地理位置】

塞拉利昂位于非洲西部，北、东北与几内亚接壤，东南与利比里亚交界，西、西南濒临大西洋。海岸线长约485km。

【气候条件】

属热带季风气候，高温多雨。5~10月为雨季，11月~次年4月为旱季。年平均气温约26℃。2~5月气温最高，室外最高温度可达40℃以上，8~9月气候最为凉爽，最低温度可达15℃左右。年平均降水量2000~5000mm，是西非降雨量最多的国家之一。

【政治体制】

总统制共和制。

【经济概况】

塞系联合国公布的世界最不发达国家之一，经济以农业和矿业为主。农业产值占国内生产总值的44%，农业人口占全国人口的65%，粮食不能自给。连年战乱给塞经济造成巨大破坏，基础设施毁坏严重，货币大幅贬值，国民经济濒于崩溃。随着内战结束，政局趋稳，塞政府集中精力重建经济，制定《减贫与增长临时战略文件》，优先发展农业、基础设施建设和矿业开发，大力争取外援和吸引外资，经济形势明显好转。

【中塞关系】

1971年7月29日，中华人民共和国与塞拉利昂共和国建交，建交以来，两国关系发展顺利。1989年，两国签订贸易协定。2001年，两国签订投资促进和保护协定。2009年4月，两国成立经贸联委会并在塞召开首届会议。中方向塞主要出口机电产品、纺织服装和化工产品等，进口铁矿砂、原木、天然橡胶和可可豆。

（二）初步印象

【治安情况】

塞拉利昂自2002年内战结束后，在国际社会的帮助下政局日益稳定，反政府武装组织已不复存在，社会治安日趋良好。2016年8月，为应对区域内日益上升的恐怖主义威胁，塞拉利昂成立国家安全委员会保护国家安全。根据塞拉利昂法律，除军队、警察及政府允许的保安公司以外，禁止普通公民持有枪支器械。

据2017年全球和平指数（GPI）显示，塞拉利昂在163个国家（地区）中排第39位，是西非地区最和平的国家，在非洲国家中列第三位。

塞拉利昂对国内治安管控力度较大，无明显恐怖袭击案件，无直接针对中国企业和公民的恐怖袭击及绑架案件，但在中资企业驻地的盗窃案件甚至抢劫事件时有发生。

【住宿】

塞为世界最不发达国家之一，医疗卫生条件差，疟疾、伤寒、黄热病、霍乱、肝炎、肺炎等传染性疾病多发，其中疟疾发病率最高。赴塞公民应注意防止蚊虫叮咬，并携带相应药品，必要时可赴援塞医疗队（弗里敦）及条件较好的当地医院就医。塞基础设施建设相当落后，水、电、燃油、生活物资等供应紧张且价格居高不下，赴塞公民对此应有思想准备。

人数较多的团组可以联系滨图玛尼酒店，该酒店由中资企业管理，条件较好，基础设施较为齐全，基地供应中餐，有水、电、网络等基础设施，安全有一定的保障。

图 4-135　滨图玛尼酒店

【交通】

公路总长约 11999km，其中 8555km 为等级公路（初级、二级、支线），40% 的等级公路路况较差。

全国有 33 个大小不等的港口和码头，多由外国公司经营。主要港口弗里敦为深水良港，可停泊万吨轮船，年吞吐量 125 万 t。佩佩尔、邦特、尼蒂为矿产品和农副产品出口港。内河航线 750km，终年可通航的有 600km，部分河流每年仅 3 个月可通航。

弗里敦隆吉机场是唯一的国际机场。另有国内机场 12 个，可停降小型飞机。目前，塞国际航班均由外国航空公司运营。

塞拉利昂无直达中国航班，需在伦敦、巴黎、布鲁塞尔、加纳等地转机。隆吉机场是塞唯一的国际机场，自隆吉机场至首都弗里敦市可驱车（3h 左右）或乘渡船（约 30min，单程票价 40 美元）。首都至各省会城市公路路况相对较好，但弗里敦市内街道狭窄且损毁严重，交通较为混乱。塞拉利昂无铁路交通。中国驾照不能在当地使用，如需驾车，需换领当地驾照。交通规则为右侧行驶，不允许右舵车上路。

【医疗】

当地医疗条件非常落后，婴幼儿和孕产妇死亡率极高。人均寿命妇女约为 51 岁，男子约为 49 岁。

塞政府要求用人单位根据工资为职工购买医疗保险。公司亦根据经营状况为职工发放一定医疗补贴。塞普通公民可在国家保险公司购买商业医疗保险，但由于塞多数公民收入水平低，温饱问题尚未解决，因此仅有少数富人购买商业医疗保险。

塞当地主要医院有：Kingharman Road Hospital（电话：00232-30-758888）；中塞友好医院（我国援塞医疗队所在医院，值班电话：00232-88-899630）。

【货币与通信】

货币为利昂（Leone），人民币1元约折合1176利昂（2018年7月）。通信落后，固定电话较少，当地人多使用手机。相同电信公司之间手机通话费约为每分钟人民币6角（单向收费）；不同电信公司之间手机通话费约为每分钟人民币8角（单向收费）。从塞拉利昂向国内打手机约每分钟人民币2元。手机制式有GSM和3G两种，中国手机兼容以上两种制式。互联网落后，信号不稳定且网速较慢。电源接口类型为英式标准插头（品字形插头），标准电压为230V。

（三）营商环境

【总体情况】

塞拉利昂近几年营商环境便利度分数变化不大，根据世界银行公布的《2019年营商环境报告》，塞拉利昂营商环境便利度分数为48.74分，排名为163名。

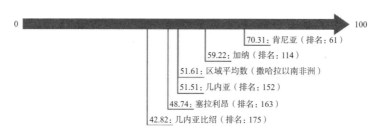

图4-136　营商环境便利度分数

第4章 典型国家营商环境分析 311

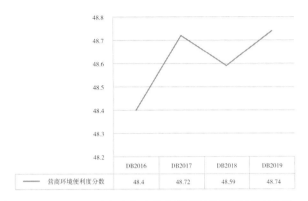

图 4-137　2016—2019 年塞拉利昂营商环境便利度分数

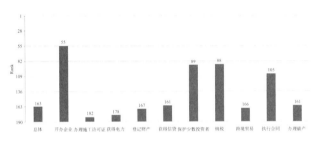

图 4-138　营商环境指标排名

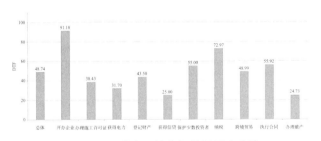

图 4-139　营商环境指标前沿距离分数

根据《2019 年营商环境报告》，塞拉利昂开办企业的营商环境便利度分数为 91.18 分，排名为 55 名，其中开办企业手续（数量）为 5 项，开办企业耗时（天数）为 8 天，开办企业成本（人均收入百分比）为 8.4，最低实缴资本（人均收入百分比）为 0。

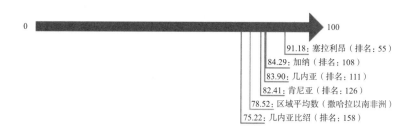

图 4-140　开办企业在塞拉利昂和可比经济体中的排名和营商环境便利度分数

开办企业在塞拉利昂和可比经济体中的分指标情况　　　　表 4-38

指标	塞拉利昂	撒哈拉以南非洲	经合组织高收入经济体	总体表现最佳者
手续—男性（数量）	5	7.4	4.9	1（新西兰）
耗时—男性（天数）	8	23.3	9.3	0.5（新西兰）
成本—男性（人均收入百分比）	8.4	44.4	3.1	0.0（斯洛文尼亚）
手续—女性（数量）	5	7.6	4.9	1（新西兰）
耗时—女性（天数）	8	23.4	9.3	0.5（新西兰）
成本—女性（人均收入百分比）	8.4	44.4	3.1	0.0（斯洛文尼亚）
最低实缴资本（人均收入百分比）	0.0	10.0	8.6	0.0（117 经济体）

数据来源：《2019 年营商环境报告》。

【投资行业准入限制】

塞拉利昂政府鼓励在农业和农产品加工、出口型纺织业、能源业、制药业、心理诊所及传染病医院、健康美容业、畜牧业、旅游业、渔业和鱼产品加工、采矿业、金融业、通信和基础设施等领域进行投资。

投资水泥块生产和供应、沙石和花岗岩开采供应、交通工具租赁、面包房、矿泉水生产、二手轮胎的进口和销售、汽车修理厂、木质和金属门窗及家具的制造和销售、原木交易、二手服装的进口和销售、手工采矿、手工捕鱼、石油产品零售、粮食和食品零售等行业，外商参股股份不得超过总股份的 40%。

【工程承包限制】

塞拉利昂政府尚无禁止外国承包商承包的工程领域。由于塞拉利昂政府缺乏资金，很多工程项目的出资方为国外政府或国际组织。出资方往往对承包商的资格进行限制。

【土地使用限制】

塞拉利昂允许外资企业租赁土地，租用国有土地时限不得超过21年，期满可续租，续租时限不得超过21年。租用各省土地时限不得超过50年，期满可续租。租用私人土地时限不得超过50年。土地租用租金每7年需重新审定。

【劳工准入限制】

外籍劳工在塞拉利昂的就业与社会保障部登记并取得工作许可后，即可在塞拉利昂工作。

【对外国投资的优惠政策】

根据《塞拉利昂发展出口和投资公司法》，塞拉利昂政府建立了如下投资鼓励机制：

（1）塞拉利昂银行（央行）通过商业银行，为出口塞拉利昂本地商品的出口商提供出口贷款，包括购买机器装备用于生产、加工和包装出口产品。

（2）对于建立在塞拉利昂首都弗里敦以外地区的企业，可优先获得国家发展银行贷款，优先获得工厂所在地区的租地，优先得到国内和国际咨询服务，可享受更低的企业税费率。

（3）对有外资参加投资的企业和外方投资者清算的财产，允许按照兑换管理规定，按比例每年汇出利润和红利。

（4）投资农业项目，企业进口农业用品，可免除10年内进口关税、销售税、企业所得税（自成立之日起10年），从事水稻种植的外资企业，可享受10年免缴企业所得税，之后5年内仅缴纳10%的优惠税率。

（5）投资渔业项目，企业自成立起3年内，可免除所有进口机器和设备的进口关税。

（6）投资房地产行业，企业自成立之日起7年内，进口建材及与建筑相关的用品关税为5%，销售税为10%，免征企业所得税和工资税。

【投资注意事项】

1.适应法律环境的复杂性，塞拉利昂为英联邦国家，中国企业到塞拉利昂投资应注意法律环境问题。

2. 近年来国际社会要求塞拉利昂政府减少优惠政策的呼声越来越高，中国企业应适时调整对优惠政策的期望值，科学进行成本核算，逐步过渡到不依靠优惠政策进行投资决策。

3. 企业进行投资决策前应开展详细调研，塞拉利昂水、电、运输等基础设施条件极不完善，初级工业制成品严重依赖进口，企业投资前需开展详细调研，降低投资风险。

（四）投资机会

塞拉利昂自然条件优越，矿产资源丰富。土壤有机质含量较高，适合开展稻米、木薯、棕榈和橡胶等粮食作物和经济作物种植，农业发展潜力较大。

塞拉利昂地质构造独特，铁矿石、金红石、铝矾土和钻石等矿产资源丰富。其铁矿石储量巨大，因此采矿业的发展潜力不容小觑。

塞拉利昂渔业资源丰富，水产储量约 100 万 t，沿海盛产黄花鱼、小黄鱼、邦加鱼、金枪鱼、虾、舌鳎、绿鳎和鸦片鱼。因此渔业的投资机会较大。

塞拉利昂海滨地区风光秀丽，适宜发展旅游产业，但由于交通不便和资金缺乏，塞旅游资源一直未得到有效开发。塞主要旅游景点包括弗里敦 50km 原始沙滩、Gola 热带雨林森林公园、滨图玛尼山脉和铁吉山脉等。随着埃博拉疫情的控制，塞拉利昂旅游业存在巨大的投资空间。

物价一览表　　　　　　表 4-39

序号	项目	单位	价格（含税价）	币种	备注
当地劳动力成本（不含社保）					
1	普通工人	人 . 月	约 650000	利昂	社保为工资总额的 22.15%
2	技术工人	人 . 月	800000 ~ 1300000	利昂	
当地办公生活费					
1	水费	m³	5600 ~ 6900	利昂	民用
			5700 ~ 8600		工业

续表

序号	项目	单位	价格（含税价）	币种	备注
2	电费	度	1040	利昂	
3	液化气	23kg	100000	利昂	
4	汽油价格	L	6000	利昂	
5	网络费	月			
6	酒店住宿费	人.天			
7	餐费	人.餐			
8	土地租赁价格	公顷.年	1000～1500	美元	首都繁华地段
9	土地购买价格	m^2	15～99	美元	首都，地点不同，价格差异较大
10	办公楼租金	m^2/年	200～300	美元	首都
11	住宅	别墅.月	2000～3500	美元	首都
12	工业厂房	m^2/月	4～10	美元	首都
当地交通运输费					
1	租车费	辆.天			

资料来源：《对外投资合作国别（地区）指南》（2018年版）以及现场考察时当地询价结果。

部分资料来源

1 《对外投资合作国别（地区）指南》（2018年版）

2 世界银行，《2019年营商环境报告》

3 塞拉利昂，百度百科.[2018-06-06]

4 中华人民共和国驻塞拉利昂共和国大使馆经济商务参赞处网站

　http://sl.mofcom.gov.cn/

5 世界银行网站 http://www.worldbank.org/en/country/sierraleone

6 世界银行网站 -DOING BUSINESS

　http://chinese.doingbusiness.org/zh/data/exploreeconomies/sierra-leone#

7 Sierra-leone Overview，Worldbank.org，http://www.worldbank.org/en/country/sierraleone/overview

4.5.18 几内亚比绍

因承接了援几内亚比绍某技术援助项目的后评估任务,国信公司工作团队于 2017 年 9 月走进了这个"热带水乡"。

(一)基本国情

【国名】

几内亚比绍共和国(The Republic of Guinea-Bissau)。

【简称】

几内亚比绍或几比(Guinea-Bissau)。

【首都】

比绍(Bissau)。

【面积】

36125 平方公里。

【人口】

182 万(2016 年)。

【主要民族】

巴兰特族、富拉尼族、曼丁哥族。

【主要宗教】

伊斯兰教。

【官方语言】

葡萄牙语。

【行政区划】

3 省(北部省、东部省、南部省)、8 个行政区和 37 个县,县下设乡镇。

【地理位置】

几内亚比绍位于非洲西部,包括比热戈斯群岛(Bijagos Archipelago)等 88 个岛屿,西濒大西洋,北邻塞内加尔,东、南邻几内亚。

【气候条件】

几内亚比绍气候因地区而异,沿海地区为热带海洋性季风气候,内陆则为典型的热带草原气候。全年分为旱雨两季，5～10月是雨季，高温潮湿；11～5月是旱季，干燥少雨。年均气温为27℃，日最高气温39℃，最低气温12℃，年均降雨量从北往南为1500～3000mm不等。

【政治体制】

半总统共和制。

【经济概况】

几内亚比绍是联合国公布的最不发达国家之一。经济以农业为主，是世界第7大腰果生产国，也是非洲第2大腰果生产国；工业基础薄弱，以农产品和食品为主；渔业资源较为丰富，是大西洋最重要的渔场，拥有7万多平方公里的专属经济区。

【中几比关系】

几内亚比绍于1974年3月15日与中国建交。1990年5月31日，中止外交关系。1998年4月23日，中、几比恢复外交关系。复交后，双方关系发展较快。2006年以来，几比领导人多次参加中非合作论坛、中葡合作论坛等重要会议。

（二）初步印象

【红与绿浑然天成的城市】

本次调研集中在几比的首都比绍，比绍市内热带森林葱茏茂密，湖泊棋布，街面整洁干净。这里的建筑以米白和砖红色为主，特别是砖红色的屋顶与郁郁葱葱的树木融合地恰到好处；这里的道路无论是硬化过还是未硬化的，好像最终都会变成砖红色。

图4-141 总统府

图4-142 红顶绿树

图4-143 整洁的街道

【一言不合就爆炸的炸弹树】

调研组在酒店庭院内发现了一棵"神奇"的树,挂满了柚子般大小的果实,翠绿翠绿的,大家都好奇地纷纷站在树下欣赏、拍照。后来向当地的中国人询问后,才知道这种树叫"炸弹树",果实比椰子还要坚硬许多,每当果实成熟的时候就会自动爆裂开,有些外壳碎片甚至能飞出 20 多米,威力如一颗小型手榴弹,杀伤力很是强大,因此它的果实被叫做"炸弹果"。

图 4-144

（三）营商环境

【总体情况】

几内亚比绍近几年营商环境便利度分数变化不大,得分和排名均处在非洲较低水平,根据世界银行公布的《2019 年营商环境报告》,几内亚比绍营商环境便利度分数为 42.85 分,排名为 175 名。

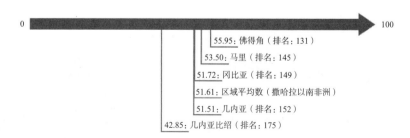

图 4-145 营商环境便利度分数

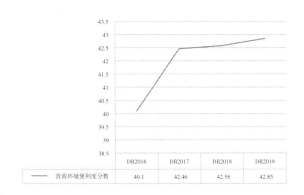

图 4-146　2016—2019 年几内亚比绍营商环境便利度分数

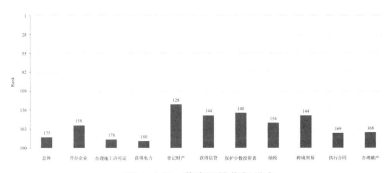

图 4-147　营商环境指标排名

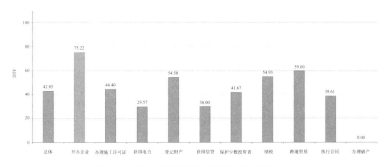

图 4-148　营商环境指标前沿距离分数

根据《2019 年营商环境报告》，几内亚比绍开办企业的营商环境便利度分数为 75.22 分，排名为 158 名，总体排名和得分均落后于其他非洲国家，其中开办企业成本（人均收入百分比）为91.0，最低实缴资本（人均收入百分比）为6.0。

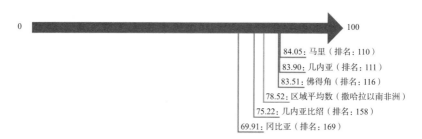

图4-149　开办企业在几内亚比绍和可比经济体中的排名和营商环境便利度分数

开办企业在几内亚比绍和可比经济体中的分指标情况　　　　表4-40

指标	几内亚比绍	撒哈拉以南非洲	经合组织高收入经济体	总体表现最佳者
手续—男性（数量）	8	7.4	4.9	1（新西兰）
耗时—男性（天数）	8	23.3	9.3	0.5（新西兰）
成本—男性（人均收入百分比）	91.0	44.4	3.1	0.0（斯洛文尼亚）
手续—女性（数量）	9	7.6	4.9	1（新西兰）
耗时—女性（天数）	9	23.4	9.3	0.5（新西兰）
成本—女性（人均收入百分比）	91.0	44.4	3.1	0.0（斯洛文尼亚）
最低实缴资本（人均收入百分比）	6.0	10.0	8.6	0.0（117经济体）

数据来源：《2019年营商环境报告》。

【投资行业准入限制】

几内亚比绍《投资法》规定外国投资者享有与本国投资者同样的权利与保障，享有法律规定的投资鼓励政策。《投资法》还规定，投资项目须与涉及公共卫生、健康、环境保护和荒漠化等有关法律相符。

【工程承包限制】

外国企业不得经营违反当地《环保法》的工程项目，外国企业在当地承揽业务，只需具备相应的行业资质、技术实力、企业规模和经营业绩等即可。

【土地使用限制】

由于历史原因,几内亚比绍没有出台土地法规,而是"谁开垦谁占有"。现有土地全部为私人占有,外国企业在几内亚比绍获得土地,需通过律师事务所办理公证手续,所有权和使用权(包括方式和年限等)均由当事人谈判决定。

【劳工准入限制】

几内亚比绍对外籍劳工没有严格限制。外籍雇员在几内亚比绍工作需办理工作签证,费用一般为30~40美元。外籍雇员可以在几比申请1~5年居留许可,有关居留条件视投资大小而定(工本费约为100美元)。

【对外国投资的优惠政策】

几比对于不涉及限制类的投资项目,可以享受减半(50%)待遇。如果涉及投资金额比较大,几比财政部长需会商该国央行行长意见后办理,一般由财政部下属的投资保护办公室对项目是否给予优惠待遇做出裁决。经几比投保办批准的项目,可享受以下鼓励待遇:减免工业税、资本税和附加税;减免关税(指用于投资基础性研究和实施临时或永久性设施所需物资的进口,项目实施后前两年生产所需的原辅助材料的进口)。

几比对种植10公顷以上的造林项目,给予免税待遇,最长期限3年。对在比绍以外地区实施基础设施项目,减征应征税额的50%;对实施公路、码头和仓库等基础设施,给予免税待遇。对出口导向型投资项目,减征应征税额的10%,最长期限为6年。对进口替代类项目,特别是以粮食自给为目的的进口替代项目,减征应征税额的10%,最长期限为6年。对职业技能培训项目,给予免税待遇。

几比政府鼓励外国投资优先投资内地、边远和岛屿等地区(目前几比尚未设立工业园、开发区和保税区等),允诺给予土地转让等方面的优惠待遇,有关优惠政策及配套办法正在拟订中。

【投资注意事项】

1. 几内亚比绍政局动荡,突发事件频繁,因此政策不稳定性增加、投资风险较大。

2. 几内亚比绍政策透明度不高,优惠政策申请条件繁琐,政府部门办事效率低下，官员贪腐严重，得到优惠政策付出的公关成本较高。

3. 几内亚比绍投资软硬件条件严重滞后，水、电、通信等基础设施网很难满足生产生活需求。

4. 几内亚比绍当地生存条件比较恶劣，饮用水氟含量严重超标，疟疾、霍乱、艾滋病等疫病肆虐，对在当地工作的人员健康构成威胁。

（四）投资机会

1. 几内亚比绍基础设施极其薄弱，电力设施严重滞后，全国各城市普遍缺电；没有形成一定规模的自来水水厂，也没有完整的给排水系统；公路水平在西共体排名最末位，境内尚无铁路，客货运输船只等硬件缺乏；移动通信网严重落后，互联网连接速度较慢且不稳定，普及率低。上述各类基础设施均有极大的投资空间和工程承包机会，且能享受行业鼓励政策。

2. 几内亚比绍是典型的农业国，主要作物有水稻、腰果、棕榈、木薯、花生、棉花、土豆、玉米和高粱等；几比水资源丰富，也有利于农业灌溉。但几比出口产品单一，以腰果为主，缺乏农业技术和配套的农机设施，生产多元化需求高，因此几比农业工业化领域存在开发的空间。

3. 几内亚比绍渔业资源丰富，年捕捞量可达 30 万～35 万 t，但几比目前无工业捕鱼船，渔业收入主要靠出售捕鱼证，投资者可多加关注几比渔业经营相关的政策规定，向几比引入先进的捕捞技术和工具，促进几比渔业转型发展。

物价一览表　　　　　　　　　　　　　　　　　　　　表 4-41

序号	项目	单位	价格（含税价）	币种	备注
当地劳动力成本（不含社保）					
1	普通工人	人.天	1500～2000	西非法郎	雇主和雇员分别承担职工税
2	技术工人	人.天	2500～3800	西非法郎	
3	司机	人.天	1500～2000	西非法郎	
当地办公生活费					
1	水费	m³	0.42	美元	
2	电费	度	0.16	美元	月用电量 50 度以内
		度	0.33	美元	月用电量 50～200 度以内
		度	0.67	美元	月用电量 200 度以上

续表

序号	项目	单位	价格（含税价）	币种	备注
3	煤气费	罐	27.4	美元	25kg/罐
4	汽油价格	L	1.5	美元	
5	餐费	人.天	20000～30000	西非法郎	
6	酒店住宿费	间.晚	87000	西非法郎	大床房
7	翻译费	人.天	100	美元	当地聘请口译人员
8	土地出让价格	公顷	100	美元	主要针对对国计民生有影响的重要项目，具体金额要与土地地主商谈
9	房屋租赁价格	月	800～2200	美元	含水电设施，不同类型房屋价格不同
当地交通运输费					
1	租车费	辆.天	75000	西非法郎	含司机工资，不含燃油费
2	码头装卸费	集装箱	100	美元	6.096m 集装箱
		集装箱	150	美元	12.192m 集装箱
3	码头搬运费	集装箱	100	美元	6.096m 集装箱
		集装箱	150	美元	12.192m 集装箱
4	码头仓储费	集装箱	200	美元	6.096m 集装箱
		集装箱	300	美元	12.192m 集装箱

资料来源：《对外投资合作国别（地区）指南》（2017年版）以及现场考察时当地询价结果。

部分资料来源

1 《对外投资合作国别（地区）指南》（2017年版）

2 世界银行，《2019年营商环境报告》

3 几内亚比绍，百度百科.[2018-12-28]

4 中华人民共和国驻几内亚比绍共和国大使馆经济商务参赞处网站
http：//gw.mofcom.gov.cn/

5 世界银行网站 http：//www.worldbank.org/en/country/guineabissau

6 GuineaBissau Overview，Worldbank.org，http：//www.worldbank.org/en/country/guineabissau /overview